总主编 安炳浩 张敏

标准韩国语

同步练习册·第三册

第7版

北京大学、复旦大学、对外经济贸易大学、
延边大学等25所大学《标准韩国语》教材编写组共同编写
孙鹤云 [韩] 裴圭范 编

图书在版编目（CIP）数据

标准韩国语第三册（第7版）同步练习册 / 安炳浩，张敏总主编；孙鹤云，（韩）裴圭范编. —北京：北京大学出版社，2023.1
（标准韩国语丛书）
ISBN 978-7-301-32879-8

Ⅰ.①标… Ⅱ.①安… ②张… ③孙… ④裴… Ⅲ.①朝鲜语–习题集 Ⅳ.①H55-44

中国版本图书馆CIP数据核字（2022）第025943号

书　　　名	标准韩国语第三册（第7版）同步练习册 BIAOZHUN HANGUOYU DI-SAN CE (DI-QI BAN) TONGBU LIANXICE
著作责任者	安炳浩　张　敏　总主编　孙鹤云　〔韩〕裴圭范　编
责任编辑	刘　虹
标准书号	ISBN 978-7-301-32879-8
出版发行	北京大学出版社
地　　　址	北京市海淀区成府路205号　100871
网　　　址	http://www.pup.cn　新浪微博：@北京大学出版社
电子信箱	liuhong@pup.cn
电　　　话	邮购部 010-62752015　发行部 010-62750672　编辑部 010-62759634
印　刷　者	河北文福旺印刷有限公司
经　销　者	新华书店
	787毫米×1092毫米　16开本　15.75印张　330千字 2023年1月第1版　2023年1月第1次印刷
定　　　价	69.00元

未经许可，不得以任何方式复制或抄袭本书之部分或全部内容。
版权所有，侵权必究
举报电话：010-62752024　电子信箱：fd@pup.pku.edu.cn
图书如有印装质量问题，请与出版部联系，电话：010-62756370

本书采用出版物版权追溯防伪凭证，读者可通过手机下载APP扫描封底二维码，或者登录互联网查询产品信息。

前　言

　　《标准韩国语》自出版以来，受到广大读者的欢迎。应读者的要求，我们组织编写了《标准韩国语同步练习册》（以下简称《同步练习册》），帮助韩国语学习者更好地掌握教材的内容，以达到事半功倍的效果。

　　《同步练习册》是《标准韩国语》的配套读物，共三册。内容包括学习要点提示、扩展练习和习题答案。

　　学习要点提示将每课的教学内容进行全面的梳理和总结，对难点进行必要的提示，使学习者能更全面系统地巩固和掌握所学内容，对教师组织课堂教学也会有切实的帮助。

　　扩展练习是本书的重点。语言学习离不开练习，尤其是基础语言学习阶段，练习更是必不可少的。尽管教材中提供了一定数量的习题，但主要是配合相关语言点教学而设，远不能满足"在语言中学习语言"，在语言练习中培养、建立语感的需要。为此，我们精心编写了足够分量的练习，内容包括教材讲授的知识并参照"韩国语水平考试"的相关要求有所深化，形式上采用与"韩国语能力考试"相同或接近的试题样式，从形式和内容两个方面向"韩国语水平考试"靠拢，以帮助学习者在将来的考试中取得理想的成绩。每个教学单元之后都附有一套"综合练习"，学习者可以以此检测自己本单元学习的效果。

　　为方便学习者，本书习题均附有答案（为方便教学，原附在教科书里的"参考答案"也移至《同步练习册》里），部分无标准答案的主观题尽可能提供参考答案或答题提示。

　　作为《标准韩国语》的配套辅助读物，本书全面反映教材的教学内容，并在此基础上有所拓展和延伸，为学习者提高语言能力奠定坚实的基础。

目录 차례

第 1 课　自我介绍　자기소개 ·· 1

第 2 课　天气预报　일기예보 ·· 9

第 3 课　家事　집안일 ··· 16

第 4 课　长江，中国的母亲河　장강, 중국 최고의 젖줄 ········· 24

第 5 课　兴趣与业余活动　취미와 여가 활동 ························· 31

综合练习1　종합연습 1 ··· 38

第 6 课　物品交换　물건 교환 ··· 44

第 7 课　韩国的节日　한국의 명절 ·· 49

第 8 课　北京旅行　북경 여행 ··· 57

第 9 课　结婚　결혼 ··· 63

第 10 课　压力与疾病　스트레스와 병 ····································· 69

综合练习2　종합연습 2 ··· 75

第 11 课　纸巾与糖　휴지와 합격엿 ·· 78

第 12 课　智能手机与社交网络服务　스마트폰과 SNS ············ 83

第 13 课　韩国　한국 ··· 88

第 14 课　预约　예약 ··· 94

第 15 课　运动　운동 ··· 99

综合练习3　종합연습 3 ··· 104

第 16 课　孔子的故乡　공자의 고향 ·· 108

第 17 课	申师任堂　신사임당	113
第 18 课	就业难与待业　취업난과 백수	118
第 19 课	外貌　외모	124
第 20 课	秦始皇陵兵马俑　진시황릉의 병마용	129
综合练习4	종합연습 4	134
第 21 课	首尔　서울	136
第 22 课	韩国的生活风俗　한국의 생활 풍속	141
第 23 课	丝绸之路——东西文明的桥梁　실크로드—동서문명의 가교	147
第 24 课	兴夫与游夫　흥부와 놀부	153
第 25 课	环境问题　환경 문제	157
综合练习5	종합연습 5	162
练习册答案		167
教科书答案		198

第1课 自我介绍 자기소개

<핵심 사항>

- 자기를 소개할 때, 지켜야 하는 예절과 내용을 정확히 이해한다.
  正确掌握自我介绍时应注意的礼节和内容。
- 자기 소개 과정을 통해 학생 스스로가 자신의 장단점과 미래에 대해 진지하게 생각할 기회를 갖는다.
  通过自我介绍，使学生能够认真思索自己的优缺点及未来。
- -ㄴ 걸 보면
- -았/었더니
- -다시피 하다
- -면서(요)

<一、어휘 check>

1. 주어진 단어를 이용하여 다음 문장을 완성하세요.

<보기> 사투리	서열	예전	초면
당황하다	무례하다	여부	방식
사적	-다시피 하다		

(1) 왕동 씨는 말을 할 때 (　　　　　　　)를 많이 쓰네요.

(2) (　　　　　　　)에 한국 사람들은 항상 한복을 입었습니다.

(3) 전화로 시험 합격(　　　　　　　)를 알아봐야 겠어요.

(4) 면접 볼 때 (　　　　　　　)지 말고 또박또박 대답하십시오.

(5) (　　　　　　　)에 실례가 많았습니다.

(6) 그 사람과 나는 사고 (　　　　　　　)이 너무 달라요.

(7) 회사에도 나이나 지위에 따른 (　　　　　　　)이 있습니다.

(8) 너무 힘들어서 집에까지 거의 기어오(　　　　　　　).

(9) 어른께 함부로 말하는 것은 (　　　　　　　) 행동입니다.

(10) 그 일은 저의 (　　　　　　　)인 일이니 상관하지 마세요.

<二、문법 point>

1. '-ㄴ 걸 보면'을 사용하여 대화를 완성하세요.

(1) ㄱ: 미미 씨한테 무슨 좋은 일이 있대요?
ㄴ: 네,_____요즘 데이트를 하는 것 같아요.

(2) ㄱ: 왕동 씨가 뭐래요?
ㄴ: _____내일 모임에 안 올 것 같아요.

(3) ㄱ: 이 드라마는 어떻습니까?
ㄴ: _____재미없을 것 같습니다.

(4) ㄱ: 영호 씨 고향이 어디입니까?
ㄴ: 잘 모르겠지만_____서울 사람은 아닌 것 같아요.

(5) ㄱ: 리리 씨는 요즘 얼굴을 볼 수 없네요. 어디 갔어요?
ㄴ: 글쎄요._____.

(6) ㄱ: 왕동 씨 어디 아파요?
ㄴ: 네, 어제부터_____아무래도 감기에 걸린 것 같아요.

2. (   ) 안의 동사를 '-았/었더니'를 사용하여 바꾸세요.

(1) 어젯밤에 나쁜 꿈을 (꾸다→   ) 온종일 기분이 별로예요.

(2) 너무 허겁지겁 (먹다→   ) 체한 것처럼 속이 답답해요.

(3) 모처럼 화장을 하고 모임에 (가다→   ) 사람들이 예쁘다고 난리였어요.

(4) 친구들과 놀다 늦게 집에 (들어가다→   ) 엄마가 나한테 화를 내셨어요.

(5) 늦어서 (뛰어왔다→   ) 숨이 차요.

(6) 숙제하느라 온종일 책상에 (앉아 있다→   ) 머리가 아파요.

(7) 할일 없이 집에 (누워있다→   ) 너무 심심했어요.

3. '-다시피 하다'와 '-면서(요)'를 사용하여 문장을 완성하세요.

(1) 요즘, 비, 오다
___

(2) 왕동 씨, 사업, 시작하다
___

(3) 보너스, 가족, 여행
___

(4) 여자친구, 데이트, 만나다
___

(5) 감기, 병원, 살다
___

(6) 아드님, 상장, 받다
___

(7) 장만하다, 집, 좋다
___

(8) 아침, 테니스, 다니다
___

(9) 오늘, 왕동 씨 아버지, 생신
___

(10) 우리 동네, 이사, 오다
___

4. 틀린 곳을 고치십시오.

(1) 사람들이 <u>좋아했는 걸 보니</u> 그 소설은 재미있을 것 같습니다.
___

(2) 자세히는 모르겠지만 표정이 <u>안 좋았었는 걸 보니</u> 시험에 떨어진 것 같아요.
___

(3) 너무 <u>뛰었다더니</u> 숨이 찹니다.
___

(4) 공부를 열심히 <u>하였다더니</u> 성적이 이게 뭐니?
___

(5) 매일 운동을 해서 <u>날씬해진다면서요</u>?
_____

(6) 배가 너무 고파서 그릇까지 <u>먹었다시피 했습니다.</u>
_____

(7) 얇은 옷을 입고 <u>외출한다더니</u> 감기에 걸렸습니다.
_____

(8) 다음달에 송이 씨가 <u>결혼했다면서요</u>?
_____

(9) 우리는 거의 매일 <u>만나고시피</u> 했습니다.
_____

(10) 교과서를 다 <u>외우는 걸 봤으면</u> 그 아이는 정말 똑똑한 것 같습니다.
_____

● ＜三、다음을 완성하세요.＞

1. 자기 소개서 쓰는 방법입니다. 잘 읽고 대답해 보세요.

1. 간결한 문장으로 쓴다.
   불필요한 말들은 빼도 된다. 너무 길게 쓰지 말고 분량이 정해져 있으면 규정에 따르고, 그렇지 않을 경우 A4 용지 1-2장 정도가 적당하다.
2. 초고(草稿)를 작성하여 쓴다.
   한 번에 작성하지 말고 초고를 작성해 여러 번에 걸쳐 수정 보완을 한다.
3. 최소한의 정보는 반드시 기재한다.
   자신이 강조하고 싶은 부분을 중점적으로 언급하되, 개인을 이해하는 데 기본 요소가 되는 성장 과정, 지원 동기, 장점 등은 반드시 기재하도록 한다.
4. 구체적으로 쓴다.
   "다양한 아르바이트를 통해 경험을 쌓았습니다.", "여행을 통해 많은 것을 느꼈습니다."라는 막연한 표현보다는 어떤 경험을 쌓았는지, 그것이 자신에게 어떻게 도움이 되었는지를 구체적으로 써야 한다.

(1) 자기 소개를 할 때 주의해야 할 점은 무엇입니까?
_____
_____

(2) 자기 소개에서 불필요한 것은 무엇입니까?
　　① 자기 경력　　　② 부모님 이름　　　③ 아르바이트 경험
　　④ 출신 학교　　　⑤ 지원 동기

2. 다음은 왕명 씨의 자기 소개글입니다. 잘 듣고 표를 완성하세요.

이름	
고향	
가족 관계	
성격	
별명	
단점	
장래 희망	

3. 여러분이 회사에 취직하기 위해 면접을 보려고 합니다. 면접관의 질문에 대답을 해 보십시오.

(1) 만나서 반갑습니다. 어렸을 때 특별히 생각나는 일이 있습니까? 만약 있다면 한 가지 소개해 보십시오.

(2) 별명이 있습니까? 만약 있다면 왜 그런 별명이 붙게 되었는지 설명해 보십시오.

(3) 당신의 취미는 무엇입니까?

(4) 앞으로 어떤 사람이 되고 싶습니까?

4. 3번의 대답을 바탕으로 자기를 소개하는 글을 써 보세요.

5. 자신이 쓴 자기 소개서를 친구들 앞에서 큰 소리로 읽어 보세요.

<四、다음 글을 읽고 질문에 대답해 보세요.>

사업상 외국인과 접촉하는 빈도가 급격하게 늘어나고 있다. 사업의 성패를 좌우하는 요인은 물론 그 분야에 대한 전문성이겠지만, 국제 비즈니스맨으로

서 기본 소양 매너와 상대방 문화와 관습을 깊이 이해하는 것도 성공적인 국제 비즈니스맨이 되는 필수 요소다. 예컨대 중국인은 체면치레를 굉장히 중요시한다. 따라서 중국인과 상담할 때 가장 신경 써야 할 부분은 그들이 체면을 잃었다고 느끼게 해서는 안 된다는 점이다. 또 중국인과 거래할 때에는 먼저 인간적으로 가까워지려고 노력한 다음에 서서히 사업 얘기로 들어가야지 서구식으로 단도직입적으로 사업 얘기로 들어가면 실패하기 십상이라는 게 통설이다. 위의 예가 민족적 기질에서 기인하는 것이라면, 좀 더 구체적으로 문화권별로 금기시되는 행동이나 주의사항도 부지기수다. 나라마다 자국의 전통문화를 소중히 여기는 것은 인지상정이며, 따라서 항상 방문국 고유의 풍습과 문화를 존중하는 마음을 갖고 행동에 유의해야 한다. 문화적 특성의 근저를 이루는 요인 중 하나가 종교다. 따라서 외국인을 자주 접하는 사람은 세계의 주요 종교에 대해 어느 정도 지식을 갖추는 게 바람직하다.

(1) 성공적인 국제 비즈니스맨이 되는 필수 요소는 무엇입니까?

(2) 중국인과 상담할 때 가장 신경 써야 할 부분은 무엇입니까?

(3) 외국인을 자주 접하는 사람은 종교에 대해서도 잘 알아야 합니다. 그 이유는 무엇일까요?

〈五、속담〉

1. 다음은 '아무리 뜻이 굳은 사람이라도 여러 번 권하거나 꾀고 달래면 결국은 마음이 변한다는 뜻'을 가진 한국 속담입니다. (   ) 안에 알맞은 말을 넣어 속담을 완성하세요.   (   )

열 번 (   ) 안 (   )가는 나무 없다.

① 찍고-살아   ② 꺾고-넘어   ③ 찍으니-잠자러   ④ 찍어-넘어

2. 적절한 속담을 활용하여 대화를 완성하세요.

미미 : 강강 씨, 요즘 무슨 좋은 일 있어요?
강강 : 네, 제가 좋아하는 경미 씨와 드디어 사귀기로 했거든요.
미미 : 그렇게 열심히 쫓아다니더니. 하하, 정말로＿＿＿＿＿＿＿＿＿＿＿＿.
       대단해요, 강강 씨.
강강 : 대단하기는요.

〈보충단어〉

금메달 리스트	（名）	金牌得主，金牌榜
막노동	（名）	苦力，零工，杂活
접촉	（名）	接触
빈도	（名）	频率
소양	（名）	素养，素质
체면치레	（名）	面子
단도직입적	（冠）	单刀直入式，开门见山
기질	（名）	气质
금기시되다	（自）	被视为禁忌
부지기수	（名）	不计其数，不胜枚举

第2课 天气预报 일기예보

<핵심 사항>
- 날씨에 관련된 표현을 익힌다. 熟悉与天气有关的表达方法。
- 하도-아/어/여서
- -(으)ㄹ까 봐
- -에 따라
- -기(를) 바라다

<一、어휘 check>

1. 주어진 단어를 이용하여 다음 문장을 완성하세요.

<보기> 예상   한풀 꺾이다   저벌   보람있다
       미끄러지다 강추위   차츰   마음껏
       대체로   머무르다   일다

(1) 두 팀의 실력이 비슷해서 어떤 팀이 이번 시합에서 이길지 (　　　)할 수가 없어요.
(2) 자, 마음에 드는 게 있으면 (　　　　　　　) 골라 보세요.
(3) 잘못을 했으면 (　　　　　　)을 받아야 합니다.
(4) 계속 비가 내리더니 아침부터 (　　　　　　　) 날이 개기 시작했어요.
(5) 여자들은 (　　　　　　) 미용에 관심이 많습니다.
(6) 이 정도에 (　　　　　) 말고 더 노력하십시오.
(7) 태풍 때문에 파도가 심하게 (　　　　　　) 있습니다.
(8) 동생이 길에서 (　　　　　　) 다리를 크게 다쳤습니다.
(9) 양로원에 봉사활동을 가는 것은 참 (　　　　　　) 일입니다.
(10) 그렇게 덥더니 오늘은 더위가 (　　　　　　) 듯해요.

2. 서로 관련있는 말을 찾아 연결해 보세요.

(1) 습도가 높아서 · · 전화했습니다.
(2) 좋아하는 과일이 있으면 · · 골라 드세요.
(3) 딸기가 하도 비싸서 · · 맞는 옷이 없어요.
(4) 덩치가 하도 커서 · · 마음껏 드세요.
(5) 약속을 잊어버리셨을까 봐 · · 땀을 너무 많이 흘리게 되거든요.
(6) 입맛에 따라 · · 안 샀다.

〈二、문법 point〉

1. '하도-아/어/여서'를 사용하여 대화를 완성하세요.

(1) ㄱ: 어디 놀러 갔다 왔어요?
    ㄴ: 네, _____ 가까운 산에 등산 갔다 왔어요.
(2) ㄱ: 면접은 어땠어요?
    ㄴ: _____ 대답을 잘 못했어요.
(3) ㄱ: 일은 다 끝냈어요?
    ㄴ: 아니요, _____ 아직 다 못했어요.
(4) ㄱ: 무슨 일이 있었어요? 왜 어제 안 왔어요?
    ㄴ: _____ 갈 수가 없었어요.
(5) ㄱ: 점심 먹으러 안 가요?
    ㄴ: 저는 됐어요. _____ 아직까지 배가 부르거든요.
(6) ㄱ: 미미 씨 얼굴색이 나쁘네요. 어디 아파요?
    ㄴ: 어제 친구들을 만났어요. _____ 아직도 속이 아프네요.

2. 〈보기〉처럼 '-(으)ㄹ까 봐'를 사용하여 ( ) 안의 동사를 올바르게 활용해 보세요.

〈보기〉
(늦다→늦을까 봐) 퇴근 시간 10분 전에 미리 나왔어요.

(1) (춥다→　　　　　　　　) 옷을 두껍게 입고 나왔는데 그렇게 춥지는 않네요.

(2) 처음 운전을 하는 거라 (사고나다→　　　　　　　　) 힘을 너무 줬더니 온 몸이 다 아프네요.

(3) 어제 비가 와서 (여행 못 가다→　　　　　　　　) 걱정했는데 날이 개서 다행이에요.

(4) 너무 늦게 집에 들어가서 엄마한테 (혼나다→　　　　　　　　) 가슴이 조마조마합니다.

(5) (지각하다→　　　　　　　　) 학교까지 뛰어갔습니다.

(6) 친구 결혼식에 (늦다→　　　　　　　　) 미미 씨는 서둘러 택시를 탔습니다.

(7) 아무리 배가 고파도 천천히 먹어라. 그러다 (체하다→　　　　　　　　) 걱정이다.

3. 다음 단어 중 알맞은 것을 골라 (　　) 안에 넣으세요.

병원　　입맛　　사람　　가격　　나라

(1) (　　　)에 따라 햄버거 값이 차이가 납니다.

(2) 결혼 상대를 고르는 기준은 (　　　)마다 다릅니다.

(3) 가족 여행 상품이 너무 많아요. 특히, (　　　)에 따라 여행 상품의 내용이나 기간이 달라집니다.

(4) 같은 병이라도 (　　　)에 따라 검진하는 게 달라서 병원비가 똑같지 않습니다.

(5) 음식을 정성껏 차렸으니 (　　　)에 따라 골라 드세요.

4. 다음 보기 중 알맞은 동사를 골라 (　　) 안에 넣으세요.

끝내다　　조심하다　　입다　　참석하다　　줄이다　　보내다

(1) 날씨가 갑자기 추워진다고 하니 옷을 두껍게 (　　　) 나가기 바라요.

(2) 내일 회의를 할 예정이니 오늘밤까지 준비를 (　　　)기 바랍니다.

(3) 앞으로 알차고 보람있는 시간을 (　　　)기 바랍니다.
(4) 유행성 독감이 날이 갈수록 심해지고 있으니 특별히 건강 관리에 (　　　)기 바랍니다.
(5) 중요한 일이 있으니 오늘 모임에 꼭 (　　　)기를 바랍니다.
(6) 건강에 나쁘니 술과 담배를 (　　　)시길 바랍니다.

5. 다음을 보고 올바른 것은 ○, 틀린 것은 × 하세요.

(1) 오늘은 내가 한턱 내는 거니까 마음껏 먹어요. (　　)
(2) 백화점이라 물건이 너무 비쌀까 봐 걱정했는데 그렇지 않아 다행이에요. (　　)
(3) 하도 추우니 스키장에 안 가려 했어요. (　　)
(4) 미미 씨, 예전보다 더 날씬하고 예뻐지고 있기 바래요. (　　)
(5) 사람의 성격은 음식에 따라 달라지기도 합니다. (　　)
(6) 아이가 하도 놀어서 성적이 좋지 않습니다. (　　)
(7) 비가 너무 많이 와서 소풍을 못 갈까 봐 걱정이 됩니다. (　　)

〈三、다음 글을 읽고 질문에 대답해 보세요.〉

　　물이 부족한 시대가 올 것인가? 기상과 물 전문가들은 2025년경에는 세계 52개국 30억 명이 물 부족에 허덕일 것으로 전망하고 있다. 미리 준비하는 국가만이 미래 사회에서 살아남을 것으로 경고하고 있으며, 대한민국도 예외가 될 수는 없다. 대한민국의 경우, 이미 기후 변화로 인한 물 부족 현상이 곳곳에서 감지되고 있다. 강원도는 물이 풍부한 곳으로 유명하지만 태백시의 겨울은 눈이 오지 않고 건조한 날씨만 계속됐던 해도 있었다. 이 때문에 제한 급수를 실시하는 등 물 부족으로 인해 주민들은 생활 곳곳에서 정말 끔찍한 고통을 겪었다고 한다. 이렇듯 최악의 물 부족 사태를 맞았던 태백시의 사례는 물 부족 문제가 큰 재앙으로 바뀔 수 있다는 것을 보여주는 사례다. 태풍이나 홍수보다 가뭄이 더 무섭다는 것을 시사해주고 있다. 일부 전문가들은 물 부족에 대응하기 위해서는 빗물 관리, 해양심층수 개발 등 대체 수자원 개발 기술을 서둘러 확보하는 것이 시급하다는 의견을 내놓고 있다. 또한 여름철 강우가 집중되는 대한민국 기후의 특성을 반영하는 물 공급 대책을 서둘러 마련해야 한다고 목소리를 높이고 있다.

(1) 물 부족 사태의 심각성은 어느 정도인가요?

(2) 물 부족으로 인한 피해의 예를 중국에서 찾아 들어보세요.

(3) 이 글에서 주장하는 바는 무엇인가요?

(4) '예외가 될 수 없다'는 말로 새로운 문장을 만들어 보세요.

(5) 물 부족 사태를 해결하기 위해 어떤 대책이 마련되어야 할까요? 자신의 생각을 500자 내외로 써 보세요.

<四、다음을 잘 듣고 각 생활지수 별로 해당하는 숫자를 연결해 보세요.>

   나들이 지수 •   • 10

   빨래 지수 •   • 70

   자외선 지수 •   • 40

   운동 지수 •   • 50

   세차 지수 •   • 20

   불쾌지수 •   • 30

<五、속담>

1. 다음은 한국 속담 중 하나입니다. 이 속담의 뜻에 맞는 경우를 찾아 보세요.

   (   )

   > 개구리 올챙이 적 생각 못한다.
   >   这句话的字面意思是"成了青蛙，忘了蝌蚪时"，类似于汉语的"得了金饭碗，忘了要饭时"。

   ① 열심히 노력해서 드디어 좋은 직장을 얻었어요.
   ② 조금 인기가 있다고 그렇게 잘난 체를 하다니 말이 되니?
   ③ 역시 착한 일을 하면 복을 받는가 봐.
   ④ 그렇게 함부로 말을 하면 어떡해. 말이란 언제나 조심해서 해야 하는 거잖아.

2. 적절한 속담을 활용하여 대화를 완성하세요.

   > 미미 : 저 사람 너무 많이 변했어요.
   > 칭칭 : 전에는 인사도 잘하고 그러더니 인기가 높아졌다고 이젠 보고도 아는 척도 안하네요.
   > 미미 : 글쎄 말이에요. (   ) 안 되지요.

<보충단어>

-경	(接尾)	（接在表示时间、日期的名词后面表示）大概，左右，许
허덕이다	(自)	挣扎，呻吟；苦熬
예외가 될 수는 없다	(词组)	毫无例外，无疑
-로 인하다	(惯用型)	因为
감지되다	(自)	察觉，觉察
제한 급수	(名)	限制供水
재앙	(名)	灾祸
시사하다	(他)	预示，启示，启迪
해양심층수	(名)	海洋深层水

시급하다	（形）	紧急，紧迫，急迫
목소리를 높이다	（词组）	高呼
아는 척	（惯用型）	装作知道，装作认识

第3课 家事 집안일

<핵심 사항>
- 가사와 관련된 단어나 표현을 익힌다.
  熟悉与家事相关的单词或表达方法。
- 어디, 누구, 무엇, 언제
- -더라, -던데요
- -지 그랬어요?
- -면서

<一、어휘 check>

1. 주어진 단어를 이용하여 다음 문장을 완성하세요.

<보기> 헬쑥해지다	양상	바람직하다	더구나
갈아 끼우다	시골	평소	핵가족
틀에 박히다	-에 비하다	맞벌이하다	사정
고치다	페인트칠을 하다		

(1) 왕동 씨, 이 전구 좀 (　　　　　) 주실래요?
(2) 요즘은 거의 다 (　　　　　)이라 식구수가 2-3명밖에 되지 않아요.
(3) 그동안 일하느라 너무 고생을 해서 얼굴이 (　　　　　).
(4) 시험 전에만 공부하지 말고 (　　　　　) 공부하는 습관을 들여야 합니다.
(5) 그 영화는 별로예요. 내용이 너무 (　　　　　) 재미가 없어요.
(6) 갑자기 급한 (　　　　　)이 생겨 회의에 참석할 수가 없습니다.
(7) 일이 되어가는 (　　　　　)을 보니 이번 실험은 아무래도 성공하기 힘들 것 같습니다.

(8) 건물에 (   ) 마치 새것처럼 깨끗해졌네요.
(9) 우리 이번 여름에는 (   )에 있는 친척집에 놀러 갈래?
(10) (   ) 이번 일은 그에게도 중요한 일입니다.

〈二、문법 point〉

1. '어디, 누구, 무엇, 언제'를 사용하여 (   ) 안에 적절한 말을 넣으세요.

(1) 미미 씨, (   ) 갔었어요? 아까 집에 갔더니 없던데요.
(2) 여름 방학에 (   )와 같이 여행을 갈 생각이에요?
(3) 기억은 안 나지만 (   ) 그 사람을 만난 적이 있는 것 같아요.
(4) 왕동 씨 집이 (   )입니까? 주소를 알려주시면 제가 찾아갈게요.
(5) ㄱ: 우리 이번 주말에 (   )을 할까요?
    ㄴ: 글쎄요. 영화 보러 갈까요?
(6) ㄱ: 어서 오세요. (   )를 찾으세요?
    ㄴ: 네, 저는 김 과장님을 만나러 왔어요. 자리에 계시나요?

2. '-더라, -던데요'를 사용하여 대화를 완성하세요.

(1) ㄱ: 엄마, 내 사전 못 봤어요?
    ㄴ: 아까까지만 해도 책상 위에_____. 잘 찾아봐.
(2) ㄱ: 선생님께서 이 초콜릿을 선물하면 좋아하실까요?
    ㄴ: 틀림없이 좋아하실 거예요. 지난번에 보니까 선생님께서 초콜릿을 잘 _____.
(3) ㄱ: 우리 이번에는 어디로 여행 갈까?
    ㄴ: 글쎄, 서울은 어때? 서울은 깨끗하고 볼 것도 살 것도 _____.
(4) ㄱ: 그 영화 어떻대요? 재미있대요?
    ㄴ: 사람들이 그러는데 내용도 재미있고 특히 주인공들이 _____.
(5) ㄱ: 한국에 놀러갔다 왔다면서? 여행은 어땠어?

ㄴ: 좋았어. 특히 제주도를 갔는데 기후도 좋고 풍경도 _____
_____.

(6) ㄱ: 미미 씨가 새로 사귄 남자친구는 어떻대?

ㄴ: 응, 실은 나도 아직 한 번도 못 봤어. 그렇지만 키도 크고 능력도 있고 꽤 _____.

3. '-지 그랬어요?'를 사용하여 대화를 완성하세요.

(1) ㄱ: 엄마, 배 아파요. 화장실 가고 싶어요.

ㄴ: 어쩌니, 여긴 화장실이 없는데. 집에서 나오기 전에 _____
_____.

(2) ㄱ: 머리가 너무 아파서 못 견디겠어요.

ㄴ: _____

(3) ㄱ: 왜 이제서야 오는 거니?_____

ㄴ: 미안해. 갑자기 급한 일이 생겨서 말이야.

(4) ㄱ: 주말에 혼자 집에 있었더니 참 심심하더라.

ㄴ: 우리 집에_____

(5) ㄱ: 휴, 이제 다 옮겼어요.

ㄴ: 그렇게 무거운 걸 혼자 다 옮겼어요? 나한테_____

(6) ㄱ: 벌써 미미 씨한테 말했어요? 그건 미미 씨한테는 비밀인데.

ㄴ: 어머, 몰랐어요. 진작에 _____

4. 서로 어울리는 문장끼리 줄을 긋고 '-면서' 문형을 활용하여 의미가 통하도록 한 문장으로 쓰세요.

(1) 나이가 들다. • • 사람의 수명이 길어졌다.
(2) 경쟁이 치열해지다. • • 출산율이 급격히 떨어졌다.
(3) 자동차 수가 증가한다. • • 각양각색의 꽃이 피기 시작했다.
(4) 의학 기술이 고도로 발달되다. • • 좋은 직장을 얻기가 더 힘들어졌다.
(5) 따뜻한 봄이 되다. • • 공기 오염이 심각해졌다.
(6) 결혼 연령이 갈수록 높아진다. • • 사람들의 얼굴에 주름이 생긴다.

(1) _____.
(2) _____.
(3) _____.

(4) _____.
(5) _____.
(6) _____.

5. 다음 문장을 올바르게 고치세요.

(1) 미인의 기준이 서구화됨으로 무리하게 살을 빼려는 여성들이 점차 늘고 있다.

(2) 그 사람은 안 만나고 싶은데요. 그 사람한테는 연락하지 말았지 그랬어요?

(3) 뭣 좀 살 것이 있어서 급하게 나가서 왔어요.

(4) 요즘은 맞벌이를 하는 부부가 늘어나면서 남자들도 집안일을 안 할 수 없으므로 되었어요.

(5) 전체적으로 페인트칠을 다시 하겠고, 장판과 벽지를 바꿨어요.

(6) 더구나 외국에 공부하러 갈까말까하는 자녀들을 위해 혼자 사는 아빠들도 많습니다.

(7) 할아버지는 할머니와 같이 시골에서 농사를 짓으며 계십니다.

(8) 깜빡 잊고 부탁하신 자료를 안 가져올 겁니다.

(9) 취업에 대한 의식도 더 적극적으로 변해 결혼과 관계없게 일하겠다는 여성이 늘고 있습니다.

(10) 냄비는 국이나 찌개를 끓이도록 사용한다.

<三、다음 글을 읽고 질문에 대답해 보세요.>

　　18일 통계청에 따르면, 2월 비경제 활동 인구는 1638만 4000명으로 작년 같은 달보다 15만 1000명(0.9%) 늘어나며 역대 최대치를 기록했다.

　　비경제 활동 인구 항목 가운데 최대 비중을 차지하는 것은 가사 인구이다. 가사 인구란 집에서 청소, 요리, 빨래 등 가사일을 하는 사람들을 뜻한다. 가사 인구는 전년 동월과 대비하면 23만 8000명(4.1%)이나 증가했다. 10년 전인 2000년 2월과 비교해 보면 60만 명 이상이나 늘어났다. 지난 10년간 가사 인구는 2003년만 빼고 해마다 늘었다.

　　가사 인구를 성별로 보면 여자가 작년 2월보다 3.8% 늘어난 584만 8000명, 남자가 15.3% 증가한 17만 9000명이었다. 이것은 여성 취업자가 경제 위기를 맞아 상대적으로 더 타격을 받은 영향도 있는 것으로 보인다.

　　실제 2월 중 취업자가 12만 5000명 증가했지만 여자 취업자 증가폭은 9000명에 그쳤고, 실업자는 남자가 16.7% 증가한 반면 여자는 45.1%이나 늘었다.

1. 2월 비경제 활동 인구는 작년 같은 달보다 얼마나 늘었습니까?
　　　　　　　　　　　　　　　　　　　　　　　　　　　　　(　　)
　① 13%　　② 14%　　③ 15%　　④ 16%　　⑤ 17%

2. 비경제 활동 인구 항목 중 최대 비중을 차지하는 것은 무엇입니까?
　　　　　　　　　　　　　　　　　　　　　　　　　　　　　(　　)
　① 가사 인구　② 자정 인구　③ 가정 인구　④ 가구 인구　⑤ 가수 인구

3. 가사 인구 중 여자의 비율이 더 높은 이유는 무엇입니까?
　　　　　　　　　　　　　　　　　　　　　　　　　　　　　(　　)
　① 여자가 힘이 없어서　　　　　② 여자들이 착하니까
　③ 남자들의 수가 더 많아서　　　④ 남자들이 힘이 세서
　⑤ 여자들이 경제 위기를 맞아 상대적으로 더 타격을 받아서입니다.

<四、다음 글을 잘 읽고 질문에 대답해 보세요.>

　　활명수 광고에서는 한 청년이 음악을 듣고 가는 도중 뜬금없이 헤드폰에서 아버지 목소리가 나온다. 이어 '헤드폰에서 아버지 목소리가 나올 확률,

第3课 家事

0.00000001%'라는 내레이션이 나오며 상황이 반전된다. 뒤이어 식탁에 모여 앉은 가족이 등장하며 '하루 한 끼 가족이 밥상에서 만나자'는 카피로 광고는 마무리 된다. 광고를 시청한 소비자는 '소화제 광고라고 하기에는 새롭고 특이하다'는 반응을 보였다. 그간 '113년의 역사' '구한말 왕들도 마시던 소화제'라며 브랜드 이미지와 역사, 약의 효능을 강조하던 것에서 벗어난 새로운 광고 캠페인이다.

광고를 기획한 웰콤의 관계자는 '가족이 함께할 때 아이들이 스트레스를 덜 받고 소화도 더 잘된다는 연구 결과를 바탕으로 제작했다'며 '소화제를 팔기보다는 소화불량을 없애자는 발상의 전환이 광고 제작의 배경이 됐다"고 설명했다. 밥상을 두고 가족이 마주한 자리에서 이어지는 대화가 아이들의 미래를 바꾸고, 스트레스를 줄일 수 있다는 다큐멘터리에서 모티브를 얻었다는 것이다. 그는 '소화제를 팔기보다는 소화 장애를 예방하는 것이 사회적으로 근본적인 대안이 될 수 있을 것'이라며 '공익 메시지를 강조한 것'이라고 밝혔다. 이어 '소비자들의 반응을 반영해 추가 제작 여부를 결정할 것'이라고 덧붙였다.

1. '활명수 광고'가 소비자들에게 새롭고 특이하다는 반응을 준 이유는 무엇입니까?

2. '활명수 광고'에서 특히 강조하고 있는 것은 무엇입니까?

3. 아래 그림을 보고 광고 한 편을 만들어 보세요.

주제 :

제목 :

내용 :

광고 효과 :

‹五、속담›

1. 다음 경우에 맞는 속담을 찾아 보세요.

> 아내는 매일같이 집안일을 혼자 했습니다. 어느 일요일, 아내가 남편에게 청소를 하라고 말했습니다. 하지만 남편은 들은 척도 않고 약속이 있다며 그냥 나가버렸습니다. 그날도 남편은 밤 12시가 넘어서 들어왔습니다. 아내가 남편에게 화를 냈습니다. 그러자 남편은 슬그머니 주머니에서 뭔가를 꺼냈습니다. 그것은 "초콜릿"이었습니다. 남편은 청소하다가 힘이 들 때 이 초콜릿을 먹으면 괜찮을 거라며 아내에게 초콜릿을 주었습니다. 아내는 기가 막혀 아무 말도 할 수가 없었습니다.

( )

① 개구리 올챙이 적 생각 못한다. ② 고양이 쥐 생각한다.
③ 가는 날이 장날. ④ 열 번 찍어 안 넘어가는 나무 없다.

2. 다음은 한국 속담입니다. 속담의 뜻을 잘 생각해 본 뒤 이 속담을 넣어 짧은 글을 써 보세요.

> '고양이 쥐 생각한다', 这句话的字面意思是"猫想老鼠", 类似于汉语的"猫哭老鼠——假慈悲"。

〈보충단어〉

통계청	（名）	统计厅
비경제	（名）	非经济
역대 최대치	（名）	历史最大值
타격을 받다	（词组）	受到打击；遭受损失
뜬금없이	（副）	突然，意外地
헤드폰	（名）	耳机
내레이션	（名）	（电影等）画外音
반전	（名）	反转，逆转
카피	（名）	广告稿
다큐멘터리	（名）	纪录片
모티브	（名）	动机，主旨，主题
메시지	（名）	消息，信息

第4课 长江，中国的母亲河
장강, 중국 최고의 젖줄

〈핵심 사항〉

- 중국의 자연유산과 문화유산 중 대표적인 것 몇 가지를 들어 그 의미를 한국어로 설명할 수 있다.
  学生能够用韩国语说明几处具有代表性的中国自然遗产和文化遗产。
- 전통문화와 현대문화의 적절한 계승과 발전 방향에 대해 자신의 생각을 논리적으로 말할 수 있다.
  学生思考传统文化与现代文化如何才能妥善地继承与发展，并将自己的想法有条理地表达出来。
- -ㄹ 정도로, -ㄹ 정도이다
- -잖아요
- -(으)로
- -아/어/여 오다

〈一、어휘 check〉

1. 설명에 맞는 단어를 괄호에서 찾아 쓰세요.

〈보기〉 젖줄	거대하다	상상하다	근대화
이래	넋이 나가다	눈부시다	달하다
변화무쌍하다	봉우리	비옥하다	온화하다
풍부하다	화석	어귀	

(1) 설명: 필요한 것을 가져다 주는 주요한 수단.

　　　예) 서울의 _____인 한강.

(2) 설명: ㉠ 의식을 잃다. ㉡ 무엇에 열중하다.

　　　예) 경치가 너무 멋져 _____ 정도예요.

(3) 설명: 기후가 따뜻하고 화창하다.
　　　예) 봄이 되니 날씨가 _____.
(4) 설명: 변화하거나 발전하지 않고 어떤 상태에서 돌처럼 굳어 버린 것.
　　　예) _____처럼 굳은 표정.
(5) 설명: 기름지다.
　　　예) 땅이 _____ 농사가 잘 된다.
(6) 설명: ㉠ 빛이 아주 아름답다. 예) _____아침 햇살.
　　　　㉡ 활동이나 업적 따위가 매우 뛰어나다. 예) _____ 과학 기술의 발전.
(7) 설명: 산꼭대기의 뾰족하게 솟은 머리.
　　　예) 금강산 _____ 에 올라가고 싶다.
(8) 설명: 변화가 많거나 너무 심해서 비교할 만한 것이 없음.
　　　예) 서울의 발전은 정말로 _____.
(9) 설명: 일정한 정도나 수준에 이르다.
　　　예) 10만 명에 _____인파.
(10) 설명: 양이 넉넉하고 많다.
　　　예) 경험이 _____.

2. 아래의 문형을 사용하여 문장를 완성하세요.

　　한국에서 한강이 갖는 의미만큼이나 중국에서 장강이 갖는 의미가 큽니다. 한강이 한반도 문명의 (　　　)로서 의미가 있듯이 장강도 중국 문명 발상지로서의 의미가 크지요. 주변에 (　　　)가 발달하고, 강에 어류가 풍부해서 (　　　) 장강 유역에 사람들이 모여 살기 시작했기 때문입니다. 그런데 요즘에는 장강 유역이 (　　　)의 중심이 되고 있습니다. 장강 유역에는 상해나 중경, 남경 등의 도시가 있습니다. 특히 양자강 (　　　)의 중심인 상해 주변의 발전은 정말 눈부실 정도입니다.

<보기> 출생지, 생일, 고향, 발상지, 미래에는, 평야, 일찍부터, 고대화, 근대화, 삼각주, 어느, 이래, 젖줄, 정도

<二、문법 point>

1. '-ㄹ 정도로, -ㄹ 정도이다'를 사용하여 (   ) 속의 단어를 올바르게 바꾸세요.

(1) ㄱ: 전철에 사람들이 많았어요?
    ㄴ: 네, 얼마나 많은지 (숨이 막히다) _____.

(2) ㄱ: 요즘 회사 일이 많아요?
    ㄴ: 네, 일도 많고 퇴근 시간도 늦어서 (데이트할 시간도 없다) _____.

(3) ㄱ: 왕동 씨, 얼마 전에 아들이 태어났다면서요?
    ㄴ: 네, 얼마나 귀여운지 (눈을 뗄 수 없다) _____.

(4) ㄱ: 와, 미미 씨 정말 그림 잘 그리네요.
    ㄴ: 맞아요. 어찌나 그림을 잘 그리는지 화가라고 (착각하다) _____.

(5) ㄱ: 아이가 못 본 사이에 정말 많이 컸네요.
    ㄴ: 네, 정말 (몰라보다) _____ 훌쩍 컸어요.

(6) ㄱ: 이번 시험은 너무 어려웠어요.
    ㄴ: 특히 수학 시험이 너무 어려워서 한 문제도 (풀 수 없다) _____.

2. '-잖아요'를 사용하여 대화를 완성하세요.

<보기> ㄱ: 이 집 음식은 너무 비싸요.
       ㄴ: 그렇지만 맛있잖아요.

(1) ㄱ: 오늘따라 날씨가 왜 이렇게 덥지요?
    ㄴ: 미미 씨도 참. _____

(2) ㄱ: 왕동 씨는 한국 음식을 좋아하는 모양이에요.
    ㄴ: 네, _____.

(3) ㄱ: 미미 씨는 왜 한국 드라마를 즐겨 보세요?
    ㄴ: _____

(4) ㄱ: 학생들의 실력이 날이 갈수록 좋아지는군요.
    ㄴ: _____

(5) ㄱ: 저 사람 누구더라. 낯이 익는데.
    ㄴ: 지난 번에 내가 소개해 준 내 _____

(6) ㄱ: 또 김치를 사? 며칠 전에 _____ ?
　　ㄴ: 그건 벌써 다 먹었거든.

3. '-(으)로'를 사용하여 문장을 완성하세요.

(1) 저, 막내, 애교
_____

(2) 국회의원, 뽑다
_____

(3) 그, 외아들, 크다
_____

(4) 성격, 남편, 맞다
_____

(5) 누가, 책임자, 일하다
_____

(6) 어떤, 사위, 삼나
_____

4. 서로 어울리는 것끼리 줄을 긋고 <보기>와 같이 "-아/어/여 오다" 문형을 사용하여 의미가 통하도록 한 문장으로 쓰세요.

<보기> *이러한 풍습이 있습니다. ── *풍습은 약 1,500여 년 전부터 계속되었습니다.
　　　→이러한 풍습은 약 1,500여 년 전부터 계속되어 왔습니다.

(1) 이것은 재미있는 이야기이다. •　　• 아이들이 어렸을 때부터 쓴 일기장이다.
(2) 저것들은 일기장입니다. •　　• 2년 전부터 독립해 혼자 산다.
(3) 그동안 한국어 실력을 익혔다 •　　• 한국어 실력은 실제로 써보기 바랍니다.
(4) 그 여자는 아름답다. •　　• 옛날부터 전해진 이야기이다.
(5) 나는 산다. •　　• 그 여자 이야기를 오래 전부터 들었다.

(1) _____.
(2) _____.
(3) _____.

(4) _____.
(5) _____.

5. 틀린 곳을 고치십시오.

(1) 사람들은 흔히 사랑은 돈 때문에 살 수 없다고 말합니다.
(2) 그동안 밀린 빨래와 집안 청소를 했더니 팔이 떨어지는 정도입니다.
(3) 미미 씨는 인기가 많은 것은 아무래도 얼굴이 예뻤기 때문인 것 같아요.
(4) 그렇게 열심히 하면 반드시 반장이 뽑힐 겁니다.
(5) 높은 산봉우리가 마치 학이 날아가는 것 같은 모양이잖아요.
(6) 일찍부터 장강이라는 이름 대신 양자강이라는 이름으로 불러왔다.
(7) 우리가 여행을 떠난 지 이제 나흘이 지났지요? 정말 오래 되었네요.

〈三、다음을 잘 듣고 올바른 것을 찾아보세요.〉

1. 한국에 있는 세계문화유산이 아닌 것은 무엇입니까?
   (   )

   ① 석굴암·불국사   ② 종묘   ③ 해인사 장경판전
   ④ 이화원   ⑤ 화성

2. 화성을 만든 사람은 누구입니까?
   (   )

   ① 진시황   ② 당조   ③ 징조   ④ 성조   ⑤ 정조

3. 화성이 만들어진 시기는 언제입니까?
   (   )

   ① 15세기   ② 16세기   ③ 17세기   ④ 18세기   ⑤ 19세기

4. 화성의 특징은 무엇입니까?
   _____
   _____
   _____

第4课　长江，中国的母亲河

<四、다음 글을 읽고 물음에 답해 보세요.>

　　유네스코의 세계 문화유산 선정은 이제 세계 각국의 문화와 자연의 관광상품 개발의 장으로 변모하고 있으며 가히 '문화올림픽'이라고 불릴 만큼 그 경쟁이 치열해지고 있다. 1985년 <세계 문화유산 및 자연유산 보호협약>에 가입한 중국은 1987년 만리장성 등 여섯 곳이 문화유산으로 지정되기 시작하여 2014년까지 모두 47개의 문화유산을 보유하고 있다. 아직 개발되지 않은 엄청난 잠재 문화, 자연자원을 감안하면 중국이 머지않아 이 부분 최고가 될 것으로 전망된다. 중국은 각 성으로부터 세계유산 신청을 받아서 중국 자체적으로 평가 후 세계유산 예비목록을 작성하고 평가 순서에 따라 체계적으로 세계 문화유산의 문을 두드리고 있다. 중국의 세계 문화유산에 대한 고찰을 통하여 중국의 문화적 함의를 읽고 중국의 역사와 자연을 이해하는 것은 의미 있는 일이 될 것이다.

1. 유네스코 세계 문화유산 선정은 세계 문화사적으로 어떤 의미를 가지고 있나요?

2. 현재 중국이 보유한 세계 문화유산은 어떤 것들이 있을까 그 내용을 찾아보고 발표해 보세요.

3. 중국의 문화유산 관리 상태를 자신의 경험에 따라 말해 보세요.

<五、속담>

1. 다음 대화에 맞는 속담을 찾아 보세요.

준걸: 아무래도 이 일은 제 적성에 안 맞는 것 같아요. 다른 일을 찾아야겠어요.
미미: 준걸 씨, 벌써 몇 번째예요?
준걸: 그래도 이 일은 정말 재미가 없어요.
미미: 왜 그렇게 참을성이 없어요? 뭘 하든 하나라도 열심히 해 본 뒤 다른 것을 해야지 그러면 어떡해요?

(   )

① 우물을 파도 한 우물을 파라.
② 열 번 찍어 안 넘어가는 나무 없다.
③ 개구리 올챙이 적 생각 못 한다.
④ 고양이 쥐 생각한다.

2. 다음은 한국 속담입니다. 이 속담이 들어갈 부분은 어디입니까? 적절한 곳을 찾아 보세요.

"우물을 파도 한 우물을 파라", 这句话的字面意思是 "挖井要挖到底", 比喻工作要集中力量一件一件做。做事要善始善终。

　중국 속담에 우공이산(愚公移山)이라는 것이 있다. ①우공이 산을 옮긴다는 말이다. ②이것은 남이 보기엔 어리석은 일처럼 보이지만 한 가지 일을 끝까지 밀고 나가면 언젠가는 목적을 달성할 수 있다는 뜻이다. 우리 속담에도 ③이런 말이 있다. ④이 땅을 살아가는 젊은 세대는 아마도 바보 같은 우공을 미련하고 융통성 없는 늙은이로만 여길 지도 모른다. 그러나 그런 우직함과 끈기가 있었기에 산을 옮길 수 있었다. 그런 힘이 지금의 젊은 세대에게 필요한 것이 아닐까?

〈보충단어〉

등재되다	（自）	记载
국방요새	（名）	国防要塞，国防堡垒
융합하다	（自）	融合
백미	（名）	佼佼者
장	（名）	平台
가히	（副）	可以，足以，堪
감안하다	（他）	考虑，斟酌
문을 두드리다	（词组）	敲门

第5课 兴趣与业余活动
취미와 여가 활동

> **<핵심 사항>**
> - 현대인의 여가 생활이 갖는 의미와 그 유형에 대해 말할 수 있다.
>   能够说明现代人业余活动的意义与类型。
> - -더니
> - 얼마나 -다고요
> - -(으)시지요
> - -줄 알다/모르다

<一、어휘 check>

1. 다음 단어 중 발음이 틀린 것을 찾으세요.　　　　　　(　　　　)

　① 활동적 [활똥적]　　　② 독특하다 [독트카다]
　③ 윷놀이 [윤노리]　　　④ 뜻밖이다 [뜻바끼다]
　⑤ 양로원 [양노원]

2. 다음 단어를 사용하여 문장을 완성하세요.

<보기> 도전하다	가야금	갈수록	계발하다
교류	그만두다	남다르다	능력
독특하다	뜻밖이다	패기	아찔하다
정착	취업	치열하다	상쾌하다

(1) 경제 위기 때문에 (　　　　　　) (　　　　　　)문이 좁아지고 있습니다.

(2) 저 건물은 외관이 무척 (　　　　　　　　).

(3) 가을이 되니 날씨가 무척 시원하고 (　　　　　　　　).

(4) 어제의 교통사고를 떠올리면 지금도 (　　　　　　　　).

(5) 한국의 전통 악기에는 거문고와 (　　　　　　　　)이 있습니다.

(6) 누구 번지 점프에 (　　　　　　　) 사람 없습니까?

(7) 저희 회사의 이번 인재 채용에 (　　　　　　　) 넘치고 (　　　　　　　) 있는 젊은이들의 많은 지원 바랍니다.

(8) 이번 회담은 남북 (　　　　　　　)를 더욱 활발하게 할 수 있을 것으로 기대됩니다.

(9) 아무리 힘들어도 건강을 위해 운동을 (　　　　　　　) 안됩니다.

(10) 몇 년 간 못 만난 친구를 여기에서 만나게 되다니 정말 (　　　　　　　).

〈二、문법 point〉

1. '-더니'를 사용하여 다음 문장을 올바르게 바꾸세요.

(1) 어제는 일요일이라 백화점에 사람들이 많았습니다.
　　＿＿＿＿＿＿＿＿＿＿＿＿＿＿＿＿ 오늘은 한가하네요.

(2) 대학생이었을 때 그녀는 무척 청순했습니다.
　　＿＿＿＿＿＿＿＿＿＿＿＿＿＿＿＿ 지금은 많이 변했네요.

(3) 왕동 씨는 어렸을 때 성격이 내성적이었다.
　　＿＿＿＿＿＿＿＿＿＿＿＿＿＿＿＿ 이제는 그렇지 않습니다.

(4) 지난번 시험은 너무 어려웠어요.
　　＿＿＿＿＿＿＿＿＿＿＿＿＿＿＿＿ 이번 중간고사는 비교적 쉬웠습니다.

(5) 둘이는 만나기만 하면 싸운다.
　　＿＿＿＿＿＿＿＿＿＿＿＿＿＿＿＿ 이상하게도 오늘은 사이가 좋네요.

(6) 며칠 동안 날씨가 추웠습니다.
　　＿＿＿＿＿＿＿＿＿＿＿＿＿＿＿＿ 내일부터는 추위가 풀린다고 합니다.

2. '얼마나 -다고요'를 사용하여 틀린 부분을 바르게 고치세요.

(1) ㄱ: 강아지가 그렇게 귀여워요?
　　ㄴ: 그럼요. 얼마나 귀엽기 때문이지요.
　　＿＿＿＿＿＿＿＿＿＿＿＿＿＿＿＿＿＿＿＿＿＿＿＿＿＿

(2) ㄱ: 서울 여행이 어땠어요? 재미있었어요?
　　ㄴ: 얼마나 재미있습니다. 가서 찍은 사진 한번 볼래요?
　　_____

(3) ㄱ: 공부는 안 하고 매일같이 컴퓨터 게임만 하면 어떡하니?
　　ㄴ: 내가 얼마나 많이 컴퓨터 게임을 했습니다.
　　_____
　　ㄱ: 미미 씨는 정말 대단한 것 같아요.
　　ㄴ: 맞아요. 얼굴도 예쁜데다 영어도 얼마나 잘하는 수가 몰라요.
　　_____

(4) ㄱ: 오늘 북경에 황사가 심하게 왔다면서요?
　　ㄴ: 얼마나 심하니까 눈을 뜨고 걸을 수도 없을 정도라고 하네요.
　　_____

(5) ㄱ: 왕동 씨는 만날 때마다 딸 자랑을 하는군요. 그렇게 딸이 예뻐요?
　　ㄴ: 그럼요. 얼마나 예뻤으니까 주머니에 넣고 다니고 싶을 정도랍니다.
　　ㄱ: 뭐라고요? 하하하.
　　_____

3. '-(으)시지요'를 사용하여 <보기>처럼 문장을 완성하세요.

<보기> 시간, 택시, 타고 가다 - 우리 시간 없는데 택시를 타고 가시지요.

(1) 손님, 창가, 앉다
(2) 바쁘다, 다음, 다시 오다
(3) 마무리, 내일, 하다
(4) 주말, 함께, 등산
(5) 속이 아프다, 술, 줄이다
(6) 마음에 들다, 먼저, 전화

4. 서로 어울리는 것끼리 줄을 긋고 '-줄 알다/모르다' 문형을 사용하여 의미가 통하도록 한 문장으로 쓰세요.

(1) 전화가 없었다. • • 그동안 가족들은 아버지께서 아프신 것을 몰랐다.

(2) 그녀는 여전히 젊고 아름답다. • • 나는 그녀가 고향으로 내려갔다는 사실을 몰랐다.

(3) 나는 시험을 잘 못 봤다. • • 나는 성적이 나쁘다고 생각했다.

(4) 요즘 그녀의 얼굴을 볼 수가 없다. • • 그러나 옷이 이렇게 비싸다는 사실을 몰랐다.

(5) 옷이 너무 예쁘다. • • 사람들은 그녀를 미혼이라고 생각한다.

(6) 아버지께서 암에 걸리셨다. • • 그가 못 온다고 생각했다.

(1) _____.
(2) _____.
(3) _____.
(4) _____.
(5) _____.
(6) _____.

5. 틀린 곳을 고치십시오.

(1) 갈수록 경쟁이 치열하고 취업문이 좁아지면서 자신이 원하는 직장을 찾기가 쉽다.

(2) 더구나 한국은 주말 휴일제가 정착이 되었지만 주말이면 취미 활동을 즐기기가 더욱 좋다.

(3) 그렇게 유명한 가수를 몰랐으므로 뜻밖이네요.

(4) 요즘은 취미나 여가 생활을 계발하였던 시간과 돈을 투자하는 젊은이들이 늘고 있다.

(5) 하루에도 몇 번씩 전화를 했기 때문에 며칠째 소식이 없네요.

(6) 반지를 끼고 있길래 결혼했던 줄 알았어요.
(7) 매일 지각하다싶이 하더니 오늘은 어쩐 일로 일찍 왔니?
(8) 고기를 별로 좋아하지는 않고 먹기는 합니다.
(9) 가슴이 답답하면서 담배를 끊으시지요.
(10) 어제 나를 만났으므로 회사에 왔다면서요?

<三、다음을 잘 듣고 올바른 것을 찾아보세요.>

1. 예전 조상들은 주로 무엇을 위해 여가 시간을 보냈습니까?   (   )
   ① 먹기 위해서   ② 살기 위해서
   ③ 놀고 즐기기 위해서   ④ 자기 위해서

2. 다음은 예전 조상들의 계절에 따른 여가 생활을 적어 놓은 것입니다. 각 여가 생활에 맞는 계절을 찾아 연결해 보세요.
   ① 시원한 냇가에 가서 머리감기   •   • 여름
   ② 그네뛰기, 씨름, 줄다리기, 농악놀이   •   • 겨울
   ③ 연날리기나 제기차기, 팽이치기, 썰매타기   •   • 가을
   ④ 강강술래나 달맞이, 소 먹이 놀이, 소싸움, 닭싸움 •   • 봄

<四、다음 글을 읽고 물음에 답해 보세요.>

　　그리스 철학자 아리스토텔레스는 여가를 생활의 중심에 둬야 한다고 생각했으며, 행복이 여가에 있다고 믿었다. 일에 중독된 현대인들은 은퇴한 다음에나 여가 생활을 즐기려고 계획한다. 잘못된 생각이다. 그리고 젊든 늙든 상관없이 여가를 보내는 데도 노력이 필요하다. 레저는 사람들에게 인생을 설계하는 기회를 제공해야 하는데 그것은 세속의 먼지 낀 시간과 공간을 벗어난 자유로운 싱대에서 비로소 자아를 발견하고 자신의 가능성을 확인할 수 있기 때문이다. 자유 시간의 확보는 경제와 사회 발전 덕분이지만 그 그릇에 무엇을 어떻게 담느냐 하는 것은 개인의 의사 결정에 따라 달라진다. 자신의 의지에 따라 쉬면서 피로를 회복하고, 기분 전환을 하면서 권태를 해소하고 자기 계발을 할 때 비로소 자유 시간은 레저가 된다. 그래서 자유 시간이라는 그릇을 나름대로 아름답고 쾌적하게 이용하는 지혜와 기술, 감성이 중요시된다.

1. 좋은 여가 생활을 보내기 위해 필요한 전제 조건은 무엇일까요?

2. 윗글에서 아리스토텔레스의 말은 무슨 의미인가요?

3. 윗글을 100자 내외로 요약해 보세요.

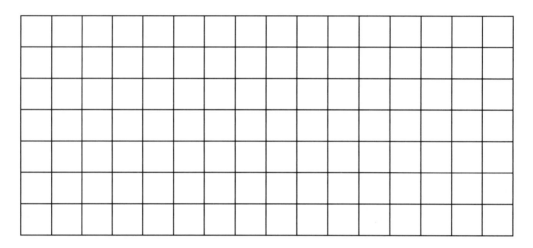

4. 자신의 경우, 여가 생활을 어떻게 보내고 있는지 발표해 보세요.

〈五、속담〉

1. 다음 대화에 맞는 속담을 찾아 보세요.

엄마 : 여행길 조심해.
미미 : 네, 걱정 마세요, 엄마. 제가 뭐 어린 아이인가요?
엄마 : 그래도 항상 차 조심, 사람 조심해라.
미미 : 알겠어요, 엄마.

(　　　)

① 고양이 쥐 생각한다.　　　② 개구리 올챙이 적 생각 못 한다.
③ 돌다리도 두드려 보고 건너라.　　　④ 우물을 파도 한 우물을 파라.

2. 다음은 한국 속담입니다. 이 속담을 넣어 짧은 문장을 만들어 보세요. (50자 내외)

> 돌다리도 두드려 보고 건너라.
> 这句话的字面意思是"即使是石桥也要敲打着过",类似于汉语的"前脚站稳,再移后脚。要小心谨慎,三思而后行"。

〈보충단어〉

그리스	(名)	希腊
중독되다	(自)	中毒
…든 …든	(惯用型)	无论,不管
권태	(名)	倦怠,疲倦
해소하다	(他)	消除,解除
나름대로	(副)	按……设想,按……方式;所追求的,所希望的
쾌적하다	(形)	舒适

综合练习1 종합연습 1

점수 ☐

1. 각 단어의 반대말을 찾아 연결해 보세요. (10分)

(1) 사투리　　•　　　　• 왜소하다
(2) 초면　　　•　　　　• 과거, 현재
(3) 당황하다　•　　　　• 표준어
(4) 핼쑥해지다•　　　　• 살찌다
(5) 풍부하다　•　　　　• 구면
(6) 미래　　　•　　　　• 침착하다
(7) 독특하다　•　　　　• 빈약하다
(8) 정착　　　•　　　　• 척박하다
(9) 비옥하다　•　　　　• 방랑, 표류
(10) 거대하다　•　　　　• 평범하다

2. 잘 듣고 받아 쓰세요. (10分)

(1) _____.
(2) _____.
(3) _____.
(4) _____.
(5) _____.

3. 다음 단어를 사용하여 문장을 완성하세요. (10分)

(1) 초면, 여부, 무례하다_____.
(2) 평소, 정착, 상상하다_____.
(3) 어귀, 눈이 부시다, 넋이 나가다_____.
(4) 미래에는, 갈수록, 변화무쌍하다_____.
(5) 양상, -에 비하다, 남다르다_____.

4. 틀린 곳을 찾아 올바르게 고치세요. (10分)

(1) 암벽 등반은 힘들어 보이는데, 단지 위험하지는 않을까요?

(2) 왕동 씨는 매일 같이 지각을 하겠다더니 요즘에는 좀처럼 늦지 않네요.

(3) 사람들이 하는 말을 들고 나니 그 일은 사실이 아닌 것 같아요.

(4) 그동안 모임에 안 와서 미미 씨에게 무슨 일이 생길 줄 알았어요.

(5) 새 옷을 입고 파티에 갈 거니 사람들마다 예쁘다고 말해서 기분이 좋았어요.

(6) 길을 잃을 수 있는지 엄마 손을 꼭 잡고 걸었습니다.

(7) 세계 경제 위기가 심해진다면 각 나라들마다 외환 위기에 몰리고 있습니다.

(8) 그녀가 무척 예쁘다는 말을 듣긴 했지만 이렇게 아름다운 줄 알았습니다.

(9) 미끄러져 넘어졌는데 얼마나 아프니 걸을 수도 없을 정도였어요.

(10) 그렇게 머리가 아프면 잠을 좀 주무셨지요.

5. 다음 대화를 완성하세요. (10分)

(1) ㄱ: '희망'이라는 영화 어때요? 재미있대요?
　　ㄴ: 글쎄요, 사람들이 _____는 걸 보면 재미있는 모양이에요.

(2) ㄱ: 왕동 씨, 점심 먹으러 안 가요?
　　ㄴ: 어젯밤에 _____더니 아직도 속이 안 좋네요. 오늘 점심 안 먹고 싶어요.

(3) ㄱ: 미미야, 왜 그렇게 고개를 숙이고 있니?
　　ㄴ: 선생님께서 나에게 문제를 풀라고 _____ (ㄹ/을)까 봐 그래. 저 문제는 내가 모르거든.

(4) ㄱ: 이렇게 문병을 와 주셔서 고맙습니다.

　　ㄴ: 뭘요, 빨리 _____기를 바랍니다.

(5) ㄱ: 학교 앞에 식당이 새로 생겼다며? 거기 어때?

　　ㄴ: 그 식당에 사람이 얼마나 많은지 몰라. 점심시간에 가면 1시간은 넘게___
　　　_____할 정도라니까.

(6) ㄱ: 이번 여름 휴가는 어디로 갈 생각이에요?

　　ㄴ: 아무데도 안 갈 거예요. 아껴야 잘 _____
　　　잖아요.

(7) ㄱ: 사장님 어디 가셨어요?

　　ㄴ: 아까 일찍 _____ 던데요.

(8) ㄱ: 오늘 너무 춥지 않아요?

　　ㄴ: 춥긴요. 미미 씨가 옷을 너무 얇게 입으셨네요. 옷을 좀 많이 _____
　　　_____ 그랬어요?

(9) ㄱ: 한국말을 참 잘하시네요. 어디에서 배우셨어요?

　　ㄴ: 저는 작년부터 서울 학원에서 한국어를 _____
　　　아(어) 왔어요.

(10) ㄱ: 요즘 수영을 배운다면서요?

　　ㄴ: 네, 너무 재미있어서 매일같이 수영장에서 _____
　　　다시피 하고 있어요.

6. ( ) 안의 단어를 문맥에 맞게 적절하게 고치세요. (10分)

　　날씨가 ①(무덥다) 너무 ②(춥다) 사람들은 운동을 포기한다. 날씨가 좋지 ③(않다) 야외에서 하는 마라톤, 자전거타기, 축구 등은 ④(하다) 힘들다. 게다가 야근이나 술자리 등 여러 핑계 때문에 지속적으로 운동을 할 수 없다. 이럴 때는 운동도 전략을 ⑤(세우다) 해야 한다.

　　우선, 운동을 하기 위해서는 목표를 기간별로 ⑥(나누다) 치밀하게 세워야 한다. 대부분 여성들은 '살 빼기'가 운동의 목표이다. 그러면 '살 빼기'를 위해 장기 전략 목표를 세워야 한다. 즉, 몇 킬로그램 정도까지 살을 ⑦(빼다) 것인지 정확한 목표치를 정해야 한다. 그 다음 자신의 신체 여건과 외부의 환경을 ⑧(고려하다) 언제 어디서 어떤 운동을 어떻게 할 수 ⑨(있다) 선택해야 한다. 비만이나 체력이 약한 사람은 처음부터 뛰면 안 된다. 처음에는 걷다가 점점 강도를 높이는 것이 좋다. 절대로 무리한 목표를 세워서는 안 된다. 체중은 한

달에 1~2kg을 빼고, 운동량은 1주일에 10% 이상을 ⑩(늘리다) 않도록 해야 한다.

① _____   ② _____
③ _____   ④ _____
⑤ _____   ⑥ _____
⑦ _____   ⑧ _____
⑨ _____   ⑩ _____

7. 다음은 유명한 사람들이 남긴 말씀입니다. 잘 읽고 질문에 대답해 보세요. (10分)

하루라도 책을 읽지 않으면 입에 가시가 돋는다. - 안중근
책은 한 권 한 권이 하나의 세계이다. -W.워즈워드
좋은 책은 좋은 친구와 같다. - 생피에르
독서한 사람은 비록 걱정이 있으되 뜻이 상하지 않는다. - 순지

(1) 윗글의 공통된 주제는 무엇입니까?

(2) 안중근은 하루라도 책을 읽지 않으면 입에 가시가 돋는다고 했습니다. 이때 '가시'란 무엇을 뜻하는 것일까요?

(3) 생피에르는 좋은 책은 좋은 친구와 같다고 했습니다. 그 이유가 무엇일까요?

(4) 윗글처럼 여러분도 '독서'에 대한 자신의 생각을 써 보세요. (100자 내외)

8. 다음은 한국 속담입니다. (　　) 안에 적절한 단어를 넣어 속담을 완성하세요. (10分)

열 번 (　　　　) 안 넘어가는 나무 없다.
개구리 (　　　　) 적 생각 못한다.
고양이 (　　　　) 생각한다.
우물을 (　　　　) 한 우물을 파라.
돌다리도 (　　　　) 보고 건너라.

9. 위의 속담 중 다음 글 속에 들어갈 속담은 무엇입니까? (10分)

　　사람이 살면서 내일 일을 알 수 있다면 얼마나 좋을까? (　　　　　)는 말에는 매사에 신중하라는 뜻이 담겨져 있다. 그러나 바꾸어 생각해 보면 비록 돌다리가 무너질까 두려워 미래를 위한 도전이나 개척을 망설인다는 뜻도 된다.

(　　　　　　　　　　　　　　　　　　　　　　　　　)

10. 다음 상황을 잘 살펴본 뒤 질문에 대답해 보세요. (10分)

(1) 오늘은 회사 면접일입니다. 중요한 날인데 늦잠을 자서 면접 시간에 늦었습니다. 이럴 경우 여러분은 어떻게 하시겠어요?

(2) 드디어 여행을 가는 날이 되었습니다. 공항에 도착했지만 날씨가 갑자기 나빠져서 오늘은 비행기가 운항을 못한다고 합니다. 실망한 친구들은 그냥 집으로 돌아가자고 합니다. 여러분은 어떻게 하시겠어요?

第6课 物品交换 물건 교환

<핵심 사항>
- 물건 구입 및 수리, 교환에 관련된 언어를 정확하게 구사할 줄 안다. 能够正确使用与物品购买、修理及交换相关的词汇。
- -다면
- -거든요
- -것 같다
- -아/어다 주다

<一、어휘 check>

1. 주어진 단어를 이용하여 다음 문장을 완성하세요.

<보기> 떨어뜨리다　　들르다　　지속적　　헤아리다
일단　　당첨되다　　서리가 끼다　　끈질기다
배려하다　　한적하다

(1) 양국은 이번 침몰사건에 대해 (　　　　　　) 논의,대처하기로 했다.
(2) 그 학생은 항상 남들의 심정을 잘 (　　　　　　).
(3) 그녀가 너무 화나서 소중히 간직했던 꽃병을 (　　　　　　).
(4) 그는 (　　　　　　) 성격이라서 쉽게 포기하지 않을 거예요.
(5) 시끄러운 도시 생활이 짜증나서 그런지 요즘은 어렸을 때 살았던 (　　　　　　)시골이 자주 생각나요.
(6) 이 일에 관해서는 (　　　　　　) 잘 생각해 보고 결정하세요.
(7) 칭칭 씨는 남을 (　　　　　　) 줄 아는 따뜻한 마음을 가진 소녀입니다.
(8) 그는 퇴근하는 길에 친구가 운영하는 커피숍에 (　　　　　　).
(9) 어제 산 복권이 1등에 (　　　　　　) 소리를 듣고 그는 흥분돼서 기절할 뻔했다.

(10) 겨울에는 안경에 자꾸 (　　　　　　　　) 이유를 구체적으로 설명해 주세요.

<二、문법 point>

1. '-다면'을 사용하여 문장을 완성하세요.

(1) 나도 그 선수처럼 그렇게 빨리 (　　　　　　　) 좋겠다.
(2) 다시 (　　　　　　) 어느 나라에서 태어나고 싶어요?
(3) 그때 그의 말을 (　　　　　　) 후회했을 것이다.
(4) ㄱ: 아직도 고민해? 내가 (　　　　　　) 그냥 거절할 텐데.
　　ㄴ: 그래, 나도 그렇게 해야겠다.
(5) 그때 그 사람이 음주 상태라는 사실을 (　　　　　　) 운전 못하게 말렸을 텐데.
(6) 만약 당신이 로또에 (　　　　　　) 그 돈으로 무엇을 하실 거예요?

2. 서로 어울리는 문장끼리 줄을 긋고 '-거든요'를 활용하여 의미가 통하도록 연결해 보세요.

(1) 리리 씨가 요즘 운동을 많이 했다.　　　•　　　• 콘서트할 때 팬들의 반응이 너무 열광적이어서 쓰러진 사람도 있다고 했다.

(2) 내가 어제 새로 생긴 한국 식당에 가봤다.　　•　　　• 시력이 많이 나빠졌다.

(3) 그 가수가 정말 인기가 많다. •　　　• 살이 많이 빠졌다.

(4) 내가 안경을 써야 되는데 3년 동안 안 썼다.　　•　　　• 중국어로 좀 써 주세요.

(5) 이름이 이세민이다.　　•　　　• 맛이 없다.

(1) _____
(2) _____
(3) _____
(4) _____
(5) _____

3. '-것 같다'를 사용하여 ( ) 속의 단어를 올바르게 바꾸세요.

　　(1) 오늘은 어제보다 (춥다→　　　　　　　　　　　　　　　　)
　　(2) 내일은 날씨가 (따뜻하다→　　　　　　　　　　　　　　　　)
　　(3) 칭칭 씨는 책을 보는 것을 (좋아하다→　　　　　　　　　　　)
　　(4) 머리가 너무 아파요. (감기에 걸리다→　　　　　　　　　　　)
　　(5) 지금 10시인데 이미 (퇴근하다→　　　　　　　　　　　　　　)

4. '-아/어다 주다'를 사용하여 문장을 완성하세요.

　　(1) 이 가방은 언니가 한국에 놀러갔다 왔을 때 (　　　　　　　　)
　　(2) 칭칭 씨, 저 테이블 위에 있는 컵을 좀 (　　　　　　　　　　)
　　(3) 세민 씨, 도서관에서 한국사에 관련된 책을 좀 (　　　　　　)
　　(4) 오늘 남편이 야근해야 돼서 나는 저녁 때 김밥을 (　　　　　)
　　(5) 민호 씨, 오늘 차 몰고 왔네요. 퇴근할 때 저를 버스정류장까지 (　　　)

〈三、다음을 잘 듣고 올바른 것을 찾아보세요.〉

1. 박 모씨가 애프터서비스(AS)센터를 찾은 이유는 무엇 때문일까요?
　　　　　　　　　　　　　　　　　　　　　　　　　　　　(　　　)

　　① 구경하고 싶어서　　　　　② 텔레비전을 사려고
　　③ 내비게이션이 고장나서　　④ 친구를 만나러

2. 내비게이션 수리비는 얼마입니까?
　　　　　　　　　　　　　　　　　　　　　　　　　　　　(　　　)

　　① 무료　　② 10만 원　　③ 5만 원　　④ 13만 원

3. 내비게이션 이용자들의 AS 불만이 끊이지 않고 있는 이유는 무엇입니까?
　　　　　　　　　　　　　　　　　　　　　　　　　　　　(　　　)

　　① 내비게이션이 너무 비싸서
　　② 사후관리는 좀처럼 개선되고 있지 않아서
　　③ AS 센터 직원들이 불친절해서
　　④ 내비게이션의 색깔이 마음에 안 들어서

<四、다음 글을 읽고 물음에 답해 보세요.>

　　2009년에는 아이돌 그룹이 대거 등장했다. 이 아이돌 그룹을 아우르는 하나의 주제는 '당당하고 자기애가 강한 세대'의 자신감이다. 그들의 히트곡은 모두 타인을 의식하지 않고 자신있게 자기를 표현하고 싶어하는 신세대 소비자의 욕망을 충족시키고 있다. 연못에 비친 자기 모습에 반해 굶어 죽었다는 나르키소스처럼, 스스로에게 도취된 소비자가 늘고 있다.

　　자기에게 도취된 신세대 나르시시스트 소비자가 늘어나는 것은 여러 가지 시대적 변화에 기인한다. 이들은 '개인'으로 자라난 첫 세대다. 형제가 적어 어릴 때부터 방을 혼자 썼고, 성인이 돼서도 하숙이나 룸메이트보다는 원룸을 선호한다. MP3플레이어·핸드폰·PMP 등 개인화된 기기로 무장하고, 온라인 게임을 하며 혼자서 논다. '자기'가 세상의 중심일 수밖에 없다.

　　또한 이들은 소비 문화의 세례를 받은 행운아들이다. 요즘 아이들을 가리켜 '여섯 주머니'(one mouth, six pockets) 세대라고 부른다. 아이 하나에, 엄마·아빠·할머니·할아버지·외할머니·외할아버지가 용돈을 준다는 뜻이다. 이처럼 온 가족의 지원 속에 풍족한 소비를 누려온 세대가 '나는 소중하다'고 느끼는 것은 당연하다.

1. 이 글의 주제는 무엇입니까?

2. 윗글에서 말한 '여섯주머니'의 의미는 무엇인가요?

3. 이 글에서 말한 신세대의 개념을 중국의 '小皇帝'와 비교해서 설명해 보세요.

<五、속담>

1. 다음 대화에 맞는 속담을 찾아 보세요.

아빠 : 으샤으샤.
딸　 : 아빠, 제가 도와 드릴 게요.
아빠 : 괜찮아. 네가 무슨 힘이 있다고 그래? 그냥 있어라.
딸　 : 작은 힘이라도 보태면 큰 힘이 될 수 있잖아요. 그러니까 저도 도울게요.

　　　　　　　　　　　　　　　　　　　　　　　　（　　　　）
① 백지장도 맞들면 낫다.　　　　② 열 번 찍어 안 넘어가는 나무 없다.
③ 그림의 떡.　　　　　　　　　　④ 고양이 쥐 생각한다.

2. '백지장도 맞들면 낫다'라는 속담을 활용하여 100자 내외로 한 편의 글을 써 보세요.

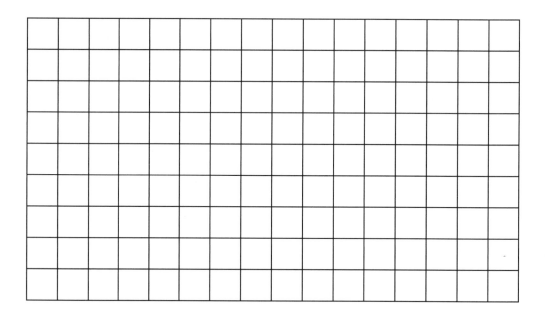

<보충단어>

아이돌 그룹	（名）	偶像组合
대거	（副）	大举
관통하다	（他）	穿过，贯通，贯穿
자기애	（名）	自恋，自我陶醉
히트곡	（名）	流行曲
의식하다	（他）	意识，意识到
반하다	（自）	迷恋，入迷
도취되다	（自）	陶醉于……
기인하다	（自）	起因于，原因在于
원룸	（名）	一居室住宅；开间

第7课 韩国的节日
한국의 명절

<핵심 사항>

- 전통 명절 날마다 한국과 중국에서 행해지는 여러 풍습의 구체적인 모습에 대해 말해 보고, 각각의 차이점과 유사점을 설명해 보자.
  谈谈传统节日时，韩国与中国进行的各种风俗活动的具体情况，并说明它们的不同点和相同点。
- -(으)ㄹ 텐데
- - 모양이다
- -어서 그런지
- -ㄴ데도 불구하고

<一、어휘 check>

1. 주어진 단어를 이용하여 다음 문장을 완성하세요.

<보기> 물 쓰듯이	정성껏	이른바	형편없다
오손도손	기리다	거세다	기원하다
폐를 끼치다	골고루		

(1) 온 가족이 모여 앉아 (　　　　　　) 이야기를 한다.
(2) 갑자기 불어온 바람에 타오르는 불길이 더(　　　　　　).
(3) 세민 씨가 평소에 (　　　　　　) 돈을 쓰는 걸 보니 부자인가 보다.
(4) 그 영화에서 나라를 위해 목숨을 바친 선열들의 숭고한 정신을 (　　　　　　).
(5) 이번 학기에 열심히 공부하지 않아서 기말 시험 성적이 (　　　　　　) 나왔다.
(6) 그들은 꼭 점심 식사를 하고 가라고 했지만, 우리는 (　　　　　　)고 싶지 않았다.

(7) 수영 씨가 친구의 생일을 위해 (　　　　　　) 케이크를 구워냈다.
(8) 음식을 (　　　　　　　　) 먹어야 영양소를 섭취할 수 있다.
(9) (　　　　　　　　) 학자라는 사람이 책을 보기가 싫다니?
(10) 우리는 정민 씨가 빨리 건강해지기를 (　　　　　　　　).

〈二、문법 point〉

1. '-(으)ㄹ 텐데'를 사용하여 문장을 완성하세요.

(1) 내일 그 회의에 _____청바지를 입고 가도 돼요?

(2) _____우산을 가지고 가.

(3) 벌써 2시가 다 됐네요._____우리 먼저 먹으면 안 돼요?

(4) 친구들이 _____ 빨리 갑시다.

(5) _____ 너무 비싸서 안 샀어요.

2. '- 모양이다'를 사용하여 문장을 완성하세요.

(1) 둘이 항상 같이 다니는 걸 보니_____.

(2) 세민 씨가 오늘 왜 그렇게 정신없어 보이지요?
_____.

(3) 어머니가 몹시 화난 걸 보니 _____.

(4) 눈이 펑펑 내리고 있다. 내일도 _____.

(5) 한국어를 아주 유창하게 말하는 걸 보니 _____.

3. '-어서 그런지'를 사용하여 문장을 완성하세요.

(1) _____ 소화가 잘 안 돼요.

(2) _____ 잘 안 들려요.

(3) 사람이 너무 많아서 그런지 _____.

(4) _____ 아이스크림 같은 찬 것만 먹고 싶어요.
(5) _____ 아직도 안 왔어요.

4. '-ㄴ데도 불구하고'를 사용하여 문장을 완성하세요.

(1) _____ 약속을 지켜 주셔서 감사합니다.
(2) _____ 성적이 좋지 않았어요.
(3) _____ 많은 사람들이 광장에 몰렸다.
(4) 할아버지가 나이 많으신데도 불구하고 _____.
(5) _____ 둘이 결혼했어요.

〈三、다음을 잘 읽고 질문에 대답해 보세요.〉

추석은 농경 사회에서 이루어진 가장 한가롭고 자유로운 명절로서, 절기로 도 추분 전후에 있는 가을 추수기가 시작되는 결실의 계절이다. 그래서 한 해 동안의 시름을 잠시 잊고 결실에 대하여 조상들에게 감사하는 마음으로 지역 이나 가족 풍습에 따라 차례상을 차려 제사를 지내기도 한다. 또한 풀의 기운 이 쇠하여지는 때라 조상의 산소에 벌초를 하고 지역 풍습에 따라 성묘를 하기 도 한다.

현대 사회가 급변하면서 이에 대한 갈등으로 가족 간의 불화를 겪는 경우도 많다. 그 이유는 제사나 성묘의 정신을 망각한 채 의식에 중심을 두기 때문에 일어나는 현상이다. 유교의 제례 정신은 효의 정신을 바탕으로 가족의 화목과 우애를 기본으로 하는 인간 존중의 사상이다. 만약 그 정신을 망각한다면 제례 나 성묘의 의미는 없다.

모두가 평등하게 부모님이나 조상의 제례를 지내기 위해서는 현고학생부군 신위라는 지방 외에 고인의 이름을 쓰고 몇 주년 추도식이라고 쓰는 것도 생각 해 볼 일이다. 또한 음식 준비는 복잡한 제사 규범만을 고집하기보다는 조상을 섬김과 대접하는 마음으로 참여한 가족들을 위하여 준비하는 것도 생각해 볼 일이다. 특히 제사 정신과 거리가 먼 음식이나 준비 방법은 피해야 한다.

1. 추석의 원래 의미는 무엇일까요?

( )

① 재미있게 노는 날.

② 한 해 동안의 시름을 잠시 잊고 결실에 대하여 조상들에게 감사하는 날.
③ 할아버지 댁을 방문하는 날.
④ 떡국 같은 전통 음식을 맛있게 먹는 날.

2. 추석에 하는 일이 아닌 것은 무엇인가요?

(   )

① 차례상 차리기　　　　② 벌초하기
③ 조상에게 제사 지내기　④ 놀이동산 가기

3. 새로운 시대에 맞춰 이 글에서 제시한 명절 풍습은 어떤 것들이 있나요?

4. 중국의 추석은 한국과 어떤 점이 다른지 설명해 보세요.

〈四、문화산책〉

1. 한국에서 설날의 의미와 풍습으로는 어떤 것들이 있을까요?

> 설날은 한 해가 시작되는 날로서 그 유래(由來)에는 여러 견해가 있다. 하나는 '한 살 나이를 더 먹는다'는 의미 중 '살'에서 왔다고 한다. 즉, '살'이 '설'로 된 것이다. 다음으로는 '장이 선다'와 같이 쓰이는 '선다'의 '선'에서 왔다는 설도 있고, '설다(제대로 익지 않다)', '낯설다', '설어둠(해가 진 뒤 완전히 어두워지지 않은 어둑어둑한 때)'에서 왔다는 견해도 있다. 또한 '삼가다' 또는 '조심하여 가만히 있다'는 뜻의 옛말인 '섦다'에서 왔다는 견해도 있다. 이렇듯 설날의 의미는 새로운 시작과 그 시작에 즈음하여 몸가짐을 각별히 조심할 것을 당부하는 의미가 담겨 있다.
>
> 한국에서 설날의 대표적인 풍습으로는 세배(歲拜)와 덕담(德談), 차례(茶禮), 설빔 및 각종 음식과 놀이를 들 수 있다.

(1) 세배

설날 차례를 마친 뒤 조부모, 부모에게 절하고 새해 인사를 올리며, 가족끼리 아랫사람이 윗사람에게 절하는데, 이를 세배라 한다. 세배가 끝나면 차례를 지낸 설음식으로 아침 식사를 마친 뒤에 일가 친척과 이웃 어른들을 찾아가서 세배를 드린다. 세배하러 온 사람이 어른일 때에는 술과 음식을 내어놓는 것이 관례(慣例)이나, 아이들에게는 세뱃돈과 떡, 과일 등을 준다. 세배를 할 때는 여자의 경우, 오른손을 왼손 위에 놓고 큰절을 한다(남자의 경우는 반대). 특히 세뱃돈은 '복돈'이라고 하여 상징적인 의미가 있으므로 돈의 액수보다는 그 의미가 중요하다.

(2) 덕담

설날에 친척들이나 친구 등을 만났을 때 '과세(過歲) 안녕하셨습니까?' '새해 복 많이 받으십시오' '새해에는 아들 낳기를 빕니다' 등과 같이 그 사람의 신분 또는 장유(長幼)의 차이에 따라 소원하는 일로 서로 축하하는 것을 말한다.

(3) 차례

정월 초하룻날 아침 일찍이 각 가정에서는 마루나 큰 방에서 제사를 지내는데, 제상(祭床) 뒤에는 병풍(屛風)을 둘러치고 제상에는 설음식을 갖추어 놓는다. 조상의 신주(神主), 곧 지방은 병풍에 붙이거나 위패(位牌)일 경우에는 제상 위에 세워 놓고 차례를 지낸다.

차례의 특징은 기제사와 달리 축문(祝文)이 없으며, 술은 한 번만 올리는 단잔으로 하며 술 대신 차를 올려도 된다. 그리고 메(밥)대신 설에는 떡국을, 추석에는 송편을 올리기도 한다. 제물은 가정 형편에 맞게 준비하고 정성을 담아 장만하는 것이 좋다. 한글세대의 경우, 집안 어른들을 따라 절하고 묵념하고 음식을 먹으면서도 그 절차의 의미는 모르고 지내는 수가 많다. 차례법은 가가례(家家禮)라고 해서 집집마다 조금씩 다르므로 너무 격식에 얽매이기보다 정성스레 준비하는 마음가짐이 중요하다.

(4) 설빔

정월 초하룻날 아침에는 남녀노소 구분 없이 모두 일찍 일어나 세수하고 새 옷을 입는데, 이것을 설빔이라고 한다. 이 설빔은 대보름까지 입는 것이 보통이다.

(5) 음식

세배하러 온 사람에게는 설음식(歲饌)과 설술(歲酒), 떡국 등을 대접한다. 떡국은 꿩고기를 넣고 끓이는 것이 제격이었으나 꿩고기가 없는 경우에는 닭고기를 넣고 끓였다. 그래서 '꿩 대신 닭'이라는 말이 생기기도 하였다. 설을 쇨 때 반드시 떡국을 먹는 것으로 여겼기 때문에 사람들은 떡국에 '첨세병'(添歲餠:나이를 더 먹는 떡)이라는 별명을 붙이기도 하였다.

설날에는 술을 마시는데 '세주불온'(歲酒不溫:설술은 데우지 않는다)이라고 하여 찬술을 한 잔 씩 마시었다. 이것은 옛사람들이 정초부터 봄이 든다고 보았기 때문에 봄을 맞으며 일할 준비를 해야 한다는 뜻에서 생긴 풍습이었다.

이 외에도 떡국, 신선로(神仙爐), 약과(藥果), 다식(茶食) 등이 있다.

(6) 놀이

　설날의 대표적인 놀이로는 윷놀이, 칠교놀이, 고누놀이, 제기차기, 투호놀이, 널뛰기, 팽이치기 등이 있다.

윷놀이

칠교놀이

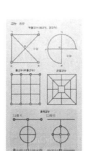
고누놀이

제기차기

투호놀이

널뛰기

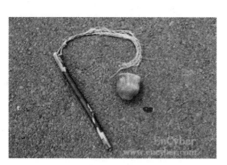
팽이치기

<五、다음은 유미와 강강이가 설날에 대해 대화를 나누고 있습니다. 잘 듣고 묻는 말에 대답해 보세요.>

1. 내일은 무슨 날입니까?   (   )

   ① 추석   ② 설날   ③ 단오   ④ 생일

2. 강강의 고향은 어디입니까?   (   )

   ① 제주도   ② 설악산   ③ 서울   ④ 강릉

3. 강강의 가족은 모두 몇 명입니까?   (   )

   ① 1명   ② 2명   ③ 3명   ④ 4명

4. 강강은 왜 명절 때마다 고향에 가려고 애를 씁니까?   (   )

   ① 심심해서   ② 돈이 많아서
   ③ 부모님이 기다리시니까   ④ 애인이 없어서

5. 강강이 설날 때 하는 일이 아닌 것은 무엇일까요?   (   )

   ① 제사를 지낸다   ② 떡국을 먹는다
   ③ 세배를 한다   ④ 여행을 간다

<보충단어>

벌초	(名)	扫墓，割坟地的草
절기	(名)	节气，节令
추분	(名)	秋分
추수기	(名)	秋收期
결실	(名)	结果，收获
차례상	(名)	祭祀
산소	(名)	坟墓，坟
갈등	(名)	纠纷，纠葛
불화	(名)	不和

의식	（名）	仪式
유교	（名）	儒教
제례	（名）	祭礼
화목	（名）	和睦
우애	（名）	兄弟之间互相爱护
성묘	（名）	扫墓
지방	（名）	纸牌位，纸神主（지방是指在没有神主的家里，祭祀时使用的写在纸上的神位。日本一般将祖先的神主置于家中，早晚进行参拜，而韩国则没有这样的文化。所以，到了祭祀日，人们要设立纸神主来代替神主作为祭祀的对象。지방中为父亲祭祀时一般写成<현고학생부군신위(顯考學生府君神位)>，为祖父祭祀时写成<현조고학생부군신위(顯祖考學生府君神位)>）
추도식	（名）	追悼会
규범	（名）	规范，准则
섬기다	（他）	关爱，扶助，侍奉，奉养

第8课 北京旅行 북경 여행

<핵심 사항>
- 북경의 과거와 현재의 면모를 적절하게 소개할 수 있다.
  能够恰当地介绍北京的历史和现状。
- -려다가
- -만하다
- 때문에, -이기 때문에
- -면

<一、어휘 check>

1. 주어진 단어를 이용하여 다음 문장을 완성하세요.

<보기> 무궁무진하다   시간에 쫓기다   엄청나게
일컬어지다   구비되다   바람을 쐬다
손바닥만하다   인파가 몰리다   자상하다
말썽을 부리다

(1) 여기 너무 더우니 밖에 나가서 (　　　　　　　) 오세요.
(2) 사실 이 세상에는 참 많은 종류의 스포츠가 있고 트레이닝 방법도 (　　　　　　　).
(3) 북경 동쪽에 새로 지은 그 건물은 (　　　　　　　) 크다.
(4) 예로부터 한국은 동방예의지국이라고 (　　　　　　　).
(5) 2010 세계 박람회 동안 상해의 호텔이나 항공편 잡기가 어려울 정도로 많은 (　　　　　　　).
(6) 내일 시험인데 공부를 하나도 안했다. (　　　　　　　)면서 공부해야 돼.
(7) 빵이 큰 줄 알았는데 (　　　　　　　).
(8) 우리 애가 원래 얌전하고 착한데 오늘 유치원에서 애들하고 싸워서 (　　　　　　　).

(9) 회사가 지난주에 이사왔는데 모든 사무용품이 이미 (　　　　　).

(10) 그 오빠가 원래 성격이 급하고 화를 잘 내는데 오늘은 왜 저렇게 (　　　　　)?

<二、문법 point>

1. '-려다가'를 사용하여 의미가 통하도록 한 문장으로 쓰세요.

(1) 원래 오늘 도서관에서 공부하려고 했다. 친구가 불러서 술 먹으러 갔다.
_____

(2) 친구 차를 타고 가려고 했다. 친구 차가 고장나서 택시를 타고 갔다.
_____

(3) 식당에서 라면을 시키려고 했다. 라면이 없다고 해서 된장찌개를 시켰다.
_____

(4) 오늘 학교에 가려고 했다. 아파서 숙소에 있었다.
_____

(5) 저녁에 월드컵을 보려고 했다. 엄마가 심부름을 시켜서 월드컵을 못 봤다.
_____

(6) 오늘 아기 데리고 동물원에 가려고 했다. 애가 배탈이 나서 병원에 갔다.
_____

2. '-만하다'를 사용하여 문장을 완성하세요.

(1) 원래 나이 많으신 줄 알았는데 (　　　　　　　).
(2) 저 운동장이 작은 줄 알았는데 (　　　　　　　).
(3) 키가 참 크신데 발은 (　　　　　　　).
(4) 덩치는 참 크신데 목소리는 (　　　　　　　).
(5) 우리 학교 캠퍼스는 (　　　　　　　).

3. '때문에'를 잘못 쓴 부분을 찾아 바로 고쳐보세요.

(1) 오늘 그 사람이 장난 때문에 기분이 나빴어요.

(2) 오늘은 휴일이여서 때문에 공원에 사람이 아주 많아요.

(3) 나는 요즘 사람 때문에 고생 많이 했다.

(4) 요즘 회사 형편이 좋기 때문에 외식도 못 한다.

(5) 태풍이 때문에 많은 비행기 스케줄이 취소됐다.

(6) 때문에 촛불을 켰다.

4. '-면'을 사용하여 문장을 완성하세요.

(1) 그 여자, 마음씨 좋다, 사귀다.
(2) 저 식당 불고기, 맛있다, 가서 먹다.
(3) 인민폐 가치, 올리기다, 외국, 여행가다.
(4) 저 사람, 유죄가 입증되다, 감옥, 10년 살다.
(5) 길, 다른 사람의 가방, 줍다, 파출소, 신고하다.
(6) 한국어, 열심히, 배우다, 외교관, 되다.

〈三、다음을 잘 듣고 질문에 대답해 보세요.〉

1. 무엇을 소개한 글입니까?

2. 천단 공원에서 사람들이 하는 일이 아닌 것은 무엇입니까?

(   )

① 함께 모여 나라의 평안을 기원한다.
② 매년 하늘에 제를 지낸다.
③ 황제들이 피서를 즐기던 곳.
④ 사람들이 그곳에서 태극권과 검술을 연습하기도 한다.

3. 천단 공원은 어디에 있습니까?

(　　　)

① 건국문　　　② 숭문문　　　③ 남대문　　　④ 사대문

4. 성수기 때 천단 공원 입장료는 얼마입니까?

(　　　)

① 100위안　　② 50위안　　　③ 20위안　　　④ 15위안

◆ 〈四、다음 글처럼 질문에 답해 보세요..〉

질문 : 중국 북경에서 생활하기 어떤가요?

　　중국 북경 근처에서 주재원으로 3년간 근무를 하게 되었는데, 생활하기는 어떤가요? 그리고, 꼭 준비해 가야 할 것은 어떤 것이 있나요? 그리고 안전이 걱정되는데, 조심해야 할 것들은 어떤 것이 있나요? 그리고 중국어도 하나도 못하는데, 걱정이 됩니다. 그 지방 생활에 대해 잘 아시는 분이나, 경험하신 분들의 조언을 부탁드립니다.

답변 :

　　글쎄요, 주재원으로 생활하신다면, 어느 부근에서 사시게 되실지 모르겠지만, 왕징(望京)부근이나 옌샤(燕莎)부근에는 한국인들이 많이 살고 있어서 별로 어려움은 없으실 거예요. 안전은 정말로 걱정하지 않으셔도 되고요. 들어오셔서, 1개월 내에 거류증을 신청하시는 거는 꼭 주의하시고요. 전 한국에 들어갔다가 돌아올 때마다 비타민을 사오는 정도 말고는 특별하게 준비하는 것이 없어요. 여기 한국인 대상 슈퍼도 많이 있어서, 필요하신 거는 다 구입할 수 있어요. 중국어를 못하시는 것이 가장 큰 걱정이실 텐데, 웬만큼 익숙해지시고 나면, 시간을 내셔서 저녁 시간에 직장인들 대상으로 하는 중국어 학원을 다니셔도 좋을 것 같습니다. 전 중국 생활이 11년째라 익숙해져서, 더 걱정이 없는지도 모르겠네요. ^.^ 그리고 안전에 대해서 조금 더 말씀 드리자면, 중국에서 북경과 상해는 정말로 안전에 관해서는 걱정을 하지 않으셔도 됩니다. 단지 어디라도 같겠지만, 어떤 사람들과 어울리느냐에 따라서, 안전도 또한 달라지지 않겠어요? 즐거운 북경 생활 하세요~

1. 북경에서 하루 관광을 하고 싶습니다. 좋은 곳을 추천해 주세요.

2. 북경 사람들이 주로 즐겨 먹는 음식이 무엇입니까? 소개해 주세요.

〈五、속담〉

1. 다음 대화에 맞는 속담을 찾아 보세요.

> 미미 : 호진아, 내일 시험이라면서 공부 안 하고 뭐하니?
> 호진 : 좀 쉬는 중이야.
> 미미 : 그런데 책은 왜 베고 누워 있니?
> 호진 : 이렇게 하면 저절로 책 내용이 머릿속으로 들어올지 모르잖아.
> 미미 : 하하, 참. 공부는 안 하고 그렇게 있기만 하면 되니?

① 고양이 쥐 생각한다.   ② 열 번 찍어 안 넘어가는 나무 없다.
③ 백지장도 맞들면 낫다.   ④ 감나무 밑에 누워서 감 떨어지기를 기다린다.

2. '감나무 밑에 누워서 감 떨어지기를 기다린다'라는 속담을 아세요? 평소에 행동을 할 때 이 속담처럼 하는 편인지 아니면 기다리기보다는 적극적으로 행동하는 편인지 생각해 보고 자신의 성격에 대해 설명하는 글을 100자 내외로 써 보세요.

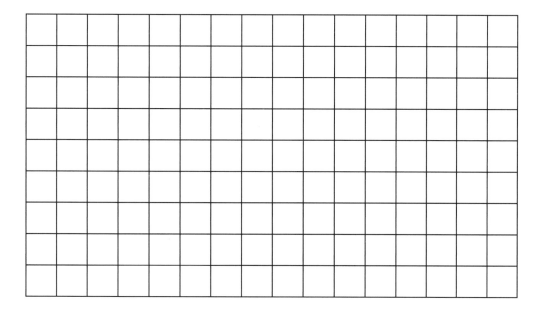

〈보충단어〉

제를 지내다	(词组)	祭祀
숭배하다	(他)	崇拜，祭拜
비수기	(名)	淡季
성수기	(名)	旺季
주재원	(名)	驻员，派驻人员
거류증	(名)	居住证，居留证
비타민	(名)	维生素
어울리다	(自)	融洽，协调，和谐

第9课 结婚 결혼

> **<핵심 사항>**
> - 결혼의 의미와 바람직한 결혼 생활의 방향에 대해 자신의 생각을 발표할 수 있다.
>   能够就结婚的意义和所希望的结婚生活表达自己的想法。
>   한국과 중국의 새로운 결혼 풍습도를 조사해 본다.
>   考查韩国与中国的结婚风俗异同。
> - 웬
> - -다니(요)
> - -답다
> - 차라리 -ㄴ 게 낫다

<一、어휘 check>

1. 주어진 단어를 이용하여 다음 문장을 완성하세요.

<보기> 까다롭다	낮추다	눈이 높다
눈살을 찌푸리다	부쩍	앞세우다
각광을 받다	예의 바르다	이게 웬 떡이냐
시들다		

(1) 요즘 ( ) 남자친구나 여자친구를 사귀지 못하는 사람들이 적지 않은 것 같다.
(2) 못 본 사이에 아이 키가 ( ) 컸다.
(3) 요즘 사람들이 건강에 신경을 많이 쓰기 때문에 웰빙 식품이 ( ).
(4) 그는 ( ) 열심히 생각하고 있다.
(5) 우리는 반장을 ( ) 선생님의 사무실에 갔다.
(6) 꽃잎이 누렇게 ( ).
(7) 한국은 동쪽의 ( ) 군자의 나라라고 한다.

(8) 이 아이가 입맛이 너무 (　　　　　　　　) 배가 고파야 그나마 먹는다.

(9) 옆집 할머니가 주무시는 것 같은데 소리를 좀 (　　　　　　　).

(10) 이 코트가 만 원밖에 안 돼요? (　　　　　　　　　).

<二、문법 point>

1. '웬'을 사용하여 대화를 완성하세요.

(1) ㄱ: _____
　　ㄴ: 글쎄요. 사고 났나 봐요.

(2) ㄱ: 봄인데 _____
　　ㄴ: 글쎄요. 날씨가 진짜 이상해요.

(3) ㄱ: _____
　　ㄴ: 오늘 아동절이라서 아이한테 사준 선물이에요.

(4) ㄱ: 한겨울인데_____
　　ㄴ: 나 원래 아이스크림 좋아해요.

(5) ㄱ: _____
　　ㄴ: 운동하려고 해서 이 운동화 샀어요.

2. '-다니(요)'를 사용하여 문장을 완성하세요.

(1) 이 방이 너무 (　　　　　　　), 그래도 냉장고, 책상, 침대, 들어갈 건 다 들어가요.

(2) 우리 학교 도서관에 책이 너무(　　　　　　　), 국가도서관 다음으로 많은데요.

(3) 18층이 너무 (　　　　　　　), 요즘 건물들 다 높아서 낮은 층이면 빛도 잘 안 들어와요.

(4) 서울 여름이 (　　　　　　　), 태국 여름에 비하면 너무 시원해요.

(5) 얼굴색이 (　　　　　　　), 요즘 너무 바빠서 잠도 충분히 못자요.

3. '-답다'를 사용하여 문장을 완성하세요.

(1) 그는 군인이 된 후 동작도 (　　　　　　　).

(2) 대학생인데 (　　　　　) 행동을 해야지요.
(3) ㄱ: 수미 씨, 어떤 남자를 좋아해요?
　　ㄴ: 나는 (　　　　　) 남자를 좋아해요.
(4) 칭칭아, 동생 앞에서 (　　　　　) 해야지.
(5) 세민 씨가 이번 경기에서 또 1등 했어요. 정말 (　　　　　) 잘 했어요.

4. '차라리 - ㄴ 게 낫다'를 사용하여 문장을 완성하세요.

(1) ㄱ: 이 식당 음식이 맛이 없다는데.
　　ㄴ: _____
(2) ㄱ: 지금 러시아워라서 길이 많이 막힐 것 같아.
　　ㄴ: _____
(3) ㄱ: 설날 때 기차표 사기가 정말 어려워요.
　　ㄴ: _____ 비싸지만 빠르잖아요.
(4) ㄱ: 오늘 공부가 잘 안 된다.
　　ㄴ: _____
(5) 이렇게 고통스럽게 사는 것보다 _____
(6) 그에게 일을 시키는 것보다 _____

<三、다음을 잘 읽고 질문에 대답해 보세요.>

　　중국에서는 대부분 숫자 9가 들어가는 날짜에 결혼하는 경우가 많은데 '영구하다'는 의미를 갖고 있기에 많은 예비부부들이 이때 결혼을 많이 한다. 중국에서 괘종시계나 우산 등은 금기하는 선물이다. 홀수도 피하는 게 좋다. 통상적으로 중국인들은 빨간색 포장지로 포장해주면 좋아한다. 축의금을 낼 때는 짝수로 주며, 부의금은 홀수로 줘야 한다.
　　일본의 결혼식에는 많은 하객이 참여하는 것이 아니라 가까운 친인척들만 참석하는 것이 대부분이다. 결혼 후 여자는 남편의 성을 쓰게 된다. 또한 일본에서 결혼을 할 때는 6일간의 주기로 한 요일표인 '로쿠요'를 중심으로 '다이안'이라는 좋은 날짜에 결혼한다. 이때는 결혼식장을 잡기가 매우 어려울 정도로 많은 이들이 결혼식을 올린다. 관계의 단절을 의미하는 칼은 일본인들에게 선물해선 안 될 리스트로 뽑힌다. 깨지기 쉬운 유리 소품이나 와인잔 등도 피해야 한다. 정성껏 준비한 선물을 흰색 종이로 포장하는 것도 조심해야 한다. 흰색은 죽음을 뜻하기 때문이다.

1. 중국에서는 대부분 숫자 9가 들어가는 날짜에 결혼하는 경우가 많은데 그 이유는 무엇인가요?

2. 중국과 일본에서 결혼 선물로 금기하는 것은 무엇이고 왜 그럴까요?

3. 한국인들은 흰색 드레스를 즐겨입습니다. 그 이유는 무엇이라고 생각합니까?

<四、다음은 결혼 초대장입니다. 자신의 결혼식에 다른 사람들을 초대하는 카드를 정성껏 만들어 보십시오.>

_____께,

_____

_____

_____

_____

○○○ 드림

第9课　结婚

〈五、다음은 유명한 신혼 여행지입니다. 자신이 만약 신혼 여행을 간다면 어떤 곳을 선택할 것인지 생각해 보세요. 그리고 이유를 들어 한편의 글을 완성하세요.〉

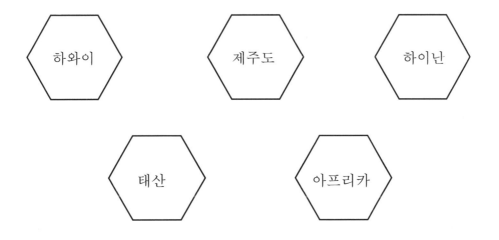

〈六、속담〉

1. 다음 대화에 맞는 속담을 찾아 보세요.

미미 : 왕동 씨, 부엌으로 좀 와요. 혼자 요리하기 힘들어요.
왕동 : ……
미미 : 왕동 씨, 빨리 좀 와서 도와줘요.
왕동 : 아이, 축구 봐야 하는데 귀찮게 왜 자꾸 불러요?
미미 : 곧 손님이 올 시간인데 그렇게 혼자서 '_____' 하듯이 텔레비전만 보고 있으면 어떡해요?

(　　　)

① 열 번 찍어 안 넘어가는 나무 없다.
② 감나무 밑에 누워서 감 떨어지기를 기다린다.
③ 백지장도 맞들면 낫다.
④ 강 건너 불 구경/ 강 건너 불 보 듯하다.

<보충단어>

영구하다	（形）	永久，永恒
괘종시계	（名）	挂钟
통상적	（冠）	通常，一般
부의금	（名）	吊唁金
리스트	（名）	名单，一览表，清单

第10课 压力与疾病
스트레스와 병

> **〈핵심 사항〉**
> - 현대인의 정신, 건강에 관련된 어휘 및 표현을 익힌다.
>   学习关于现代人的精神与健康的词汇和表达方法。
> - 현대인의 스트레스 원인과 해소 방법에 대해 자신의 생각을 말할 수 있다.
>   关于现代人的压力原因与解压办法,可以表达自己的想法。
> - -만하다
> - 피동접미사 '-이-, -히-, -리-, -기-'
> - -을/ㄹ 지경이다
> - -면

〈一、어휘 check〉

1. 주어진 단어를 이용하여 다음 문장을 완성하세요.

〈보기〉 안색	쌓이다	지끈지끈하다	지경
워낙	치열하다	불면증	해소
처하다	심리적	긴장	활용

(1) 요즘 공부하느라 죽을 (　　　　　　)이에요.

(2) 며칠 야근을 했더니 머리가 (　　　　　　)해요.

(3) 감기를 며칠 앓았다더니 (　　　　　　)이 안 좋네요. 좀 쉬세요.

(4) 다음 주 노래 대회는 (　　　　　　) 노래를 잘하는 사람들이 많아서 경쟁이 아주 (　　　　　　)할 거예요.

(5) 어머니는 저녁마다 (　　　　　　) 때문에 잠을 잘 못 주무세요.

(6) 스트레스가 (　　　　　　)거나 제때 (

)하지 않으면 병이 될 수 있어요.

(7) 지진 때문에 그 마을이 사라질 위기에 (   ).

(8) 시험을 앞두고 (   )되는 것은 당연합니다.

(9) 젊은이들은 노인들보다 핸드폰을 잘 (   )하는 편입니다.

(10) 사업이 어려워지면서 물질적, (   ) 압박이 커지고 있어요.

〈二、문법 point〉

1. '-만하다'를 사용하여 문장을 완성하세요.

(1) 원래 나이 많으신 줄 알았는데 (   ).
(2) 저 운동장이 작은 줄 알았는데 (   ).
(3) 키가 참 크신데 발은 (   ).
(4) 덩치는 참 크신데 목소리는 (   ).
(5) 우리 학교 캠퍼스는 (   ).

2. '-이-, -히-, -리-, -기-'를 사용하여 (   ) 속의 단어를 올바르게 바꾸세요.

(1) 태풍으로 전기가 (끊다)_____.
(2) 오늘 월요일이라서 아침에 길이 많이 (막다)_____.
(3) 사무실 문이 (열다)_____ 있는 걸 보니 안에 사람이 있을 거예요.
(4) 이 운동화 끈이 자꾸 (풀다) _____.
(5) 책이 책상 위에 (놓다)_____있다.
(6) 도둑은 경찰들에게 (잡다)_____.

3. 서로 어울리는 문장끼리 줄을 긋고 '-ㄹ 지경이다'를 사용하여 의미가 통하도록 한 문장으로 쓰세요.

(1) 요즘 심심하다   머리가 터지다
(2) 저녁 때 너무 많이 먹었다 얼어 죽다
(3) 그 말을 듣고 너무 감동하다 코가 아프다
(4) 비염이 심하다   배가 터지다

(5) 기말 리포트가 많다　　　　　　　　눈물이 나오다
(6) 날씨가 너무 춥다　　　　　　　　　심심해서 죽다

(1) _____
(2) _____
(3) _____
(4) _____
(5) _____
(6) _____

4. '-면'을 활용해 다음 문장에 맞는 대화를 완성해 보세요.

(1) ㄱ: 저 여자 어때?
　　ㄴ: 저 여자가 (　　　　　　　　　　　　　　　).
(2) ㄱ: 불고기 먹으러 갈까?
　　ㄴ: 저 식당이 (　　　　　　　　　　　　　　　)
(3) ㄱ: 우리 언제 여행할까?
　　ㄴ: 조금만 기다려봐. 인민폐 가치가 (　　　　　　).
(4) ㄱ: 가방 안에 돈이 많이 들어 있어. 이거 우리가 가질까?
　　ㄴ: 안 돼. 길에서 다른 사람의 가방을 (　　　　　).
(5) ㄱ: 한국어를 정말 열심히 공부하는구나.
　　ㄴ: 한국어를 열심히 (　　　　　　　　　　　　).

5. 다음 글에서 틀린 부분을 바르게 고쳐 보세요.

　어제 늦게까지 게임을 했더니 오늘 눈이 침침하고 잘 (1)<u>안봤다</u>. 엄마는 꾀병부리지 말고 얼른 학교 (2)<u>간다고</u> 하셨다. 하지만 나는 머리까지 아파서 (3) <u>죽은</u> 지경이었다. 아파서 학교에 못 가겠다고 말했더니 엄마가 소리를 버럭 질렀다. 엄마의 소리가 천둥 소리 (4)<u>만같이</u> 들렸다. 나는 할 수 없이 가방을 들고 밖으로 나왔다. 하지만 도저히 학교에 갈 수가 없어서 선생님께 문자로 (5)<u>결석했다고</u> 말씀드렸다.

(1) _____
(2) _____

(3) _____
(4) _____
(5) _____

◉ 〈三、다음 글을 잘 듣고 질문에 대답해 보세요.〉

1. 스트레스를 다른 말로 무엇이라고 했습니까?

   (   )

   ① 현대인의 병　　　② 긍정적 에너지
   ③ 만병의 근원　　　④ 현대인의 친구

2. 본문의 내용과 일치하지 않은 것을 고르세요.

   (   )

   ① 현대인들의 스트레스는 원인이 다양하다.
   ② 현대인들의 스트레스는 다양한 환경 때문에 나타난다.
   ③ 스트레스는 적절하게 조절해 주지 않으면 안된다.
   ④ 모든 스트레스는 현대인의 삶을 나빠지게 한다.

3. 스트레스의 증상이 아닌 것은 무엇입니까?

   (   )

   ① 수면　　　　　　② 신경과민
   ③ 우울증　　　　　④ 다리 떨기

◉ 〈四、우리는 살면서 많은 스트레스를 받습니다. 다음은 스트레스 해소법으로 흔히 말하는 것입니다. 이것을 보고 자신만의 스트레스 해소법을 찾아 친구에게 소개하는 글을 써 보세요.〉

```
         스트레스 해소법
    ⇐               ⇒
 정신적 스트레스     육체적 스트레스
 운동               마사지하기
 여행               수면
 텔레비전 시청       휴식
 영화,연극 감상      친구 만나기
```

〈五、속담〉

1. 다음 대화를 보고 적절한 속담을 찾아 보세요.

    강강 : 칭칭 씨, 내일이 시험인데 왜 그렇게 앉아만 있어요?
    칭칭 : 앉아 있는게 아니라 기도하는 거예요.
    강강 : 기도요? 설마 내일 시험 잘 보게 해달라고 기도하는 거예요?
    칭칭 : 네, 이렇게 기도하면 시험을 잘 볼 수 있을지도 모르잖아요.

    (   )

    ① 누워서 떡 먹기.
    ② 강 건너 불 구경/ 강 건너 불 보 듯하다.
    ③ 굼벵이도 구르는 재주가 있다.
    ④ 감나무 밑에 누워서 감 떨어지기를 기다린다.

2. <감나무 밑에 누워서 감 떨어지기를 기다린다.>는 속담과 같은 뜻을 가진 한 자성어를 찾아 보세요. 그리고 그 속담의 의미를 자세하게 설명해 보세요.

〈보충단어〉

만병의 근원	（词组）	万病的根源
긍정적	（冠）	肯定的，正面的
집중력	（名）	集中力
기억력	（名）	记忆力
감퇴	（名）	减退，衰退
신경과민	（名）	神经过敏，神经兮兮
신경질	（名）	神经质，神经过敏
욕설	（名）	咒骂，脏话
비난	（名）	非难，指责

综合练习2 종합연습 2

점수

1. <보기>의 단어를 활용하여 문장을 완성하세요. (20分)

<보기> 일단　　　　　　오손도손　　　　시간에 쫓기다
　　　엄청나게　　　　자상하다　　　　눈이 높다　　　　눈살을 찌푸리다
　　　까다롭다　　　　앞세우다　　　　예의 바르다　　　억울하다
　　　기세등등하다　　시무룩하다　　　부쩍

미미 씨는 노처녀다. 일이 바빠서 ①(　　　　　　　　　　) 생활을 하다보니 어느새 30살이 넘었다. 결혼해서 ②(　　　　　　　　　　) 사는 친구들을 보면 부럽기도 하다. 그래서 미미 씨는 결혼 상대를 찾기 위해 본격적으로 남자들을 만나기로 했다. 미미 씨는 ③(　　　　　　　) 남자나 성격이 ④(　　　　　　　　) 않고 ⑤(　　　　　　　　　) 남자를 만나고 싶었다. 그러나 그런 사람들은 잘 보이지 않았다. 한번은 자신의 재산을 ⑥(　　　　　　　　　) 잘난 척을 하는 남자를 만난 적이 있다. ⑦(　　　　　　　　) 정도로 ⑧(　　　　　　　　　　) 목소리가 큰 사람도 있었다. 매번 소개팅이 끝나고 나면 미미 씨는 실망스러워서 ⑨(　　　　　　　　) 집으로 돌아오곤 했다. 그런 미미 씨를 보고 친구들은 ⑩(　　　　　　　　　)고 얘기했다. 사실 눈이 높아서 그런 게 아니라 진짜로 마음에 드는 사람이 없는 건데.

2. 잘 듣고 받아 쓰세요. (20分)

(1) _____.
(2) _____.
(3) _____.
(4) _____.
(5) _____.

3. 틀린 곳을 찾아 올바르게 고치세요. (20分)

(1) 오늘은 그냥 돌아갈 수밖에 있다.

(2) 게 발전해 왔으므로 현대적인 건물이나 볼거리가 많아져서 관광객들이 날이 갈수록 늘고 있다.

(3) 아이들이 하는 말에도 일리가 있기 때문에 새겨서 들을 적다.

(4) 왠 모기가 이렇게 많은지 모르겠어요.

(5) 비싼 선물 대신 마음이 담아 선물이 더 좋은 것 같아요.

(6) 번 거절을 했으니 왕동 씨는 계속 저한테 식사를 같이 하자고 해서 귀찮아 죽겠어요.

(7) 금리가 자꾸 이렇게 떨어지다니 정말 걱정이 되어요.

(8) 저한테 정말로 친절하게 해 드려서 고맙습니다.

(9) 여자는 여자야 하고 남자는 남자야 한다고 생각합니다.

(10) 사는 곳으로 놀러가는 것보다 어차피 집에서 그냥 쉬는 게 낫겠어요.

4. 다음을 잘 읽고 질문에 대답해 보세요. (20分)

한국어 관용어나 속담에는 신체를 소재로 한 것이 상당히 많다. 그 중에서도 눈에 관한 것은 단연 돋보인다. 눈은 마음의 창이라 했듯이 세상을 보는 기준이며, 세상을 향해 자신을 표현하는 출구이기도 하다. 역시 세상과의 소통을 중시한 한국인의 자세를 엿볼 수 있다.

(1) '눈 씻고 찾아 봐도 볼 수 없다'는 무슨 의미입니까?

(2) '눈 앞이 캄캄하다'는 '절망적인 생각이 들다'라는 의미입니다. 다음을 활용하여 짧은 글을 써 보세요.

5. 다음 글을 잘 읽고 '철이'의 질문에 적절한 변명을 해 보세요. (20分)

어느날 식구들끼리 밥을 먹고 있었습니다. 10살짜리 아들 철이가 아침밥을 먹다 엄마에게 물었습니다. '엄마, 왜 아빠는 머리카락이 없어?' 당황한 아빠의 얼굴을 본 엄마는 순간적으로 변명할 대답을 찾았습니다. '응, 그것은 아빠가 생각을 많이 해서 그린 거야.' 엄마와 아빠는 서로 쳐다보았습니다. 엄마의 재치있는 변명에 아빠는 흐뭇하게 웃었습니다. 그때 아들이 엄마에게 물었습니다. '그럼, 엄마는 왜 그렇게 머리카락이 많아?'

第 11 课 纸巾与糖
휴지와 합격엿

<핵심 사항>
- 한국인들의 생활 풍습에 관련된 어휘 및 표현을 익힌다.
  学习关于韩国人的生活习惯的词汇和表达方法。
- 한국인들의 생활 풍습에 대해 자신의 생각을 말할 수 있다.
  关于韩国人的生活习惯，可以表达自己的想法。
- -려다가
- -도록
- -야말로
- -ㄴ 셈이다

<一、어휘 check>

1. 주어진 단어를 이용하여 다음 문장을 완성하세요.

<보기>	철썩	이른바	더없이	행운	흔하다
	알려지다	아무래도	리스트	만점	효과

(1) 여행가기 전에 준비할 것들을 (　　　　　)로 정리하면 좋아요.

(2) 그 가수는 중국에도 잘 (　　　　　) 있어요.

(3) 제주도는 (　　　　　) 한국의 대표적 여행지입니다.

(4) 친구들이 만나면 서로 손바닥을 (　　　　　) 치며 인사를 한다.

(5) 오늘은 (　　　　　) 행복한 날이에요.

(6) 이 옷은 너무 (　　　　　) 길에서 쉽게 볼 수 있어요.

(7) 이렇게 훌륭한 선생님을 만난 것은 정말 (　　　　　)입니다.

(8) 저번 시험에 (　　　　　)을 맞은 사람이 바로 저입니다.

(9) 밤에 선생님댁에 전화하는 것은 (　　　　　) 실례입니다.

(10) 연습을 꾸준히 반드시 (　　　　　)가 있을 겁니다.

<二、문법 point>

1. '-려다가' '를 사용하여 의미가 통하도록 한 문장으로 쓰세요.

  (1) 원래 오늘 도서관에서 공부하려고 했다. 친구가 불러서 술 먹으러갔다.
  (2) 친구 차를 타고 가려고 했다. 친구 차가 고장나서 택시를 타고 갔다.
  (3) 식당에서 라면을 시키려고 했다. 라면이 없다고 해서 된장찌개를 시켰다.
  (4) 오늘 학교에 가려고 했다. 아파서 숙소에 있었다.
  (5) 저녁에 월드컵을 보려고 했다. 엄마가 심부름을 시켜서 월드컵을 못 봤다.
  (6) 오늘 아기 데리고 동물원에 가려고 했다. 아기가 배탈이 나서 병원에 갔다.

2. '-도록'을 이용해 다음 문장을 완성하세요.

  (1) 유리접시를 ( ). 깨다
  (2) 바람이 잘 ( ). 통하다
  (3) 할머니 병이 빨리 ( ). 낫다
  (4) 아이가 잘 잘 수 ( ). 있다
  (5) 길을 ( ). 잃다
  (6) 한국어를 더 ( ). 잘하다

3. <보기>에서 어울리는 것을 찾아 '-야말로'를 사용하여 의미가 통하도록 한 문장으로 쓰세요.

| <보기> | 이순신 장군 | 실력 | 자금성 |
| | 결혼 | 불고기 | 태권도 |

  (1) 한국의 무술이다.
  (2) 존경받아야 되는 분이에요.
  (3) 성공의 키워드예요.
  (4) 한국의 대표 음식이다.
  (5) 중국의 대표적 관광지이다.
  (6) 인생에서 중요한 순간이에요.

4. '-셈이다'를 사용하여 문장을 완성하세요.

　　(1) 그의 말은 거절을 (　　　　　　　　　　　　　　) 셈이다.
　　(2) 그 감독의 이번 작품에 대한 기대가 더 (　　　　　　　　) 셈이다.
　　(3) 자신감만 있다면 이미 절반은 (　　　　　　　　　　　) 셈이다.
　　(4) 나는 나를 구원하기 위해 글을 (　　　　　　　　　　) 셈이다.
　　(5) 수익률은 높으면 높을수록 기업은 장사를 (　　　　　　) 셈이다.
　　(6) 자동차는 그야말로 돈먹는 (　　　　　　　　　　　　) 셈이다.

〈三、다음을 잘 듣고 질문에 대답해 보세요.〉

1. 이 글의 제목은 무엇입니까?

　　　　　　　　　　　　　　　　　　　　　　　　　　(　　　)

　　① 떡의 종류　　　　② 이사떡의 장점
　　③ 떡돌리는 풍속　　④ 시루떡의 유래

2. 본문의 내용과 일치하지 않은 것을 고르세요.

　　　　　　　　　　　　　　　　　　　　　　　　　　(　　　)

　　① 시루떡은 이사한 날만 돌리는 것이다.
　　② 시루떡을 이사떡으로 이웃에 돌리는 풍습은 지금도 전해지고 있다.
　　③ 붉은 팥고물은 액을 피할 수 있다는 주술적인 뜻이 담겨 있다.
　　④ 떡은 경조사에도 먹는 음식이다.

3. 시루떡을 만드는 재료는 무엇입니까?

　　　　　　　　　　　　　　　　　　　　　　　　　　(　　　)

　　① 콩　　　② 대추　　　③ 밤　　　④ 팥

〈四、다음 글을 읽고 질문에 대답하세요.〉

음력 1월 15일은 정월대보름이다. 중국에서는 원소절(元宵节)이라고 하는 정월대보름은 설·추석과 함께 지금까지도 이어오는 큰 명절 중 하나다. 예로부터 정월대보름이면 가족들이 한자리에 둘러 앉아 다양한 음식을 먹는 풍습이 있었다.

  우선, 한 해의 건강을 빌기 위해 부럼을 깐다. '부럼'이란 딱딱한 열매류인 땅콩, 호두, 잣, 밤, 은행 따위를 통틀어 이르는 말이다. 정월 대보름날 새벽에 부럼을 깨물면 일 년 동안 무사태평하고, 피부에 종기 즉, 부스럼이 생기지 않는다고 생각했다. 또한, 오곡밥을 지어 먹었다. 정월대보름에 오곡밥을 먹는 풍속은 신라 때부터 이어져왔다. 오곡밥은 풍년을 기원하는 뜻이 담겨 있어 '농사밥'이라고도 일컫는다. 뿐만 아니라 오곡밥을 나눠 먹는다는 것은 다양한 사람들이 서로 화합하여 잘 살기를 바란다는 뜻도 담겨 있다고 한다.

1. 중국에서는 정월대보름을 무엇이라고 일컫습니까?
2. 한국에서 정월대보름에 하는 풍속은 무엇입니까?
3. '부럼을 깐다'는 무슨 의미입니까?
4. 오곡밥을 먹는 이유는 무엇입니까?
5. 중국에도 한국처럼 많은 풍속이 있습니다. 한국과 다른 풍속을 친구에게 소개하는 글을 써 보세요.

중국에는 많은 민족이 있습니다. 따라서 민족에 따라 풍속도 다양합니다.
_____
_____
_____
_____

〈五、속담〉

1. 다음 대화를 보고 적절한 속담을 찾아 보세요.

리리: 진우 씨, 이걸 왜 네가 하고 있어?
진우: 응. 미미 씨가 나한테 도와달라고 하던데.
리리: 그건 선생님이 미미 씨한테 시킨 일인데. 너는 왜 매번 리리 씨 부탁을 들어주는 거야?
진우: 미미 씨가 웃으면서 부탁하는데 어떡해.

( )

① 웃는 낯에 침 뱉으랴.
② 가는 말이 고와야 오는 말이 곱다.
③ 소 잃고 외양간 고친다.
④ 낫 놓고 기역자도 모른다.

2. 위의 1에 나타난 대화를 보고 '웃는 낯에 침 뱉으랴'는 속담을 넣어 글로 다시 써 보세요.

〈보충단어〉

기호	（名）	嗜好
떡	（名）	糕，打糕
경조사	（名）	红白事，喜事和丧事
시루떡	（名）	蒸糕，发糕
해먹다	（动）	做了吃
팥 고물	（名）	豆沙，豆蓉
잡귀	（名）	［喻］杂念
액을 피하다	（词组）	避免灾难，避免厄运
주술적	（冠）	巫术的
악귀를 쫓다	（词组）	驱除恶鬼
둥지	（名）	窝，巢

第12课 智能手机与社交网络服务
스마트폰과 SNS

<핵심 사항>
- 정보 통신에 관련된 어휘 및 표현을 익힌다.
  学习关于智能手机与社交网络服务的词汇和表达方法。
- 정보 통신의 발달과 정보 사회에 대한 자신의 생각을 말할 수 있다.
  关于智能手机与社交网络服务的发展和信息化,可以表达自己的想法。
- -아/어지다
- -아/어 놓다
- -ㄴ 척/체하다
- -다가 보니

<一、어휘 check>

1. 주어진 단어를 이용하여 다음 문장을 완성하세요.

<보기> 차다	쏠쏠하다	가식적	필수품
보급	편리함	중독	전망하다
부담	만만치	않다	부작용

(1) 적은 돈이라도 저금통에 모으는 재미가 정말 (　　　　　　).

(2) 그녀는 언제나 나를 보면 (　　　　　　)으로 미소를 지어요.

(3) 라면은 캠핑의 (　　　　　　) 입니다.

(4) 스마트폰 결제의 (　　　　　　)을 직접 체험해 보세요.

(5) (　　　　　　) 건 별로 없지만 맛있게 드세요.

(6) 아무리 좋은 약이라도 지나치게 복용하면 (　　　　　　)이 생길 수 있으니 조심해야 합니다.

(7) 한 경제 연구소는 올해 한국의 경제는 3% 성장할 것으로 (　　　　　　).

(8) 부모님의 병원비는 나에게 무척 큰 (　　　　　　)이에요.

(9) 인터넷은 전국적으로 (　　　　　　　　)되어 생활을 편리하게 해 주었습니다.

(10) 이 물건은 너무 무거워서 혼자 들기에 (　　　　　　　　).

〈二、문법 point〉

1. '-어지다'를 사용하여 (　　　) 속의 단어를 올바르게 바꾸세요.

(1) 방금 냉장고 전원이 갑자기 (끄다)＿＿＿＿＿＿＿＿＿＿＿＿＿＿＿.

(2) 이 펜은 글이 잘 안 (쓰다)＿＿＿＿＿＿＿＿＿＿＿＿＿＿＿＿＿＿.

(3) 이번 경기에서 우리 팀은 불패의 신화가 (깨다)＿＿＿＿＿＿＿＿＿.

(4) 그는 세계적으로 잘 (알다)＿＿＿＿＿＿＿＿＿＿＿＿＿＿＿예술가다.

(5) 보내주신 파일이 안 (열다)＿＿＿＿＿＿＿＿＿＿＿＿다시 보내주실래요?

(6) 한국에 가는 꿈이 드디어 (이루다)＿＿＿＿＿＿＿＿＿＿＿＿＿＿.

2. '-어 놓다'를 사용하여 〈보기〉 안의 단어를 골라 문장을 완성하세요.

〈보기〉 켜다   만들다   청소하다   쓰다   세우다   넣다

(1) 여름 방학 계획을 이미 다 (　　　　　　　　　　　　　).

(2) 밥은 다 (　　　　　　　　　　　) 이따가 먹어.

(3) 동생은 텔레비전을 (　　　　　　　　　　) 자는 습관이 있다.

(4) 추천서를 다 (　　　　　　　　) 시간이 있으면 와서 가져가세요.

(5) 과일은 냉장고에 (　　　　　　　　　　　　　).

(6) 조심히 오세요. 제가 깨끗이 (　　　　　　　　　) 기다릴게요.

3. '-ㄴ 척/체하다'로 쓴 문장을 보고 올바른 문장은 O, 틀린 문장은 X를 하고 잘못된 부분을 찾아 바로 고쳐 보세요.

(1) 모르면 알은 척하지 말고 가만이 있어.　　　　　　　　(　　　)

(2) 나는 그때 깨어 있었는데 일부러 자는 체했다.　　　　(　　　)

(3) 저는 채팅하고 있었는데 어머니가 방에 들어오셔서 열심히 공부한 척했어요.
　　　　　　　　　　　　　　　　　　　　　　　　　　(　　　)

(4) 그는 내 말을 듣고도 못 듣는 척하다.　　　　　　　　(　　　)

(5) 저는 그 친구가 잘난 척해서 싫어요.　　　　　　(　　　)

(6) 그녀는 나를 보고도 못 본 척했어요.　　　　　　(　　　)

4. '-다(가) 보니'를 사용하여 두 문장을 한 문장으로 만드세요.

(1) 친구 집에서 재미있게 놀다/벌써 집에 갈 시간이 되었다.
_____

(2) 조금만 먹으려고 했는데 너무 맛있다/거의 다 먹었다.
_____

(3) 중국에서 10년이나 살았다/중국 사람이 다 됐다.
_____

(4) 컴퓨터 앞에서 오래 있다/눈도 아프고 어깨도 뭉치다.
_____

(5) 직장 생활이 바쁘다/가족과 함께 할 시간이 별로 없다.
_____

(6) 백화점이 세일해서 옷값이 싸다/돈 많이 썼어요.
_____

〈三、다음을 잘 듣고 질문에 대답해 보세요.〉

1. 이 글에서 가장 많이 나오는 단어는 무엇입니까?

　　　　　　　　　　　　　　　　　　　　　　(　　　)

　　① 컴퓨터　　　　② 유비쿼터스
　　③ PC　　　　　　④ 휴대전화

2. 본문의 내용과 일치하는 것을 모두 고르세요.

　　　　　　　　　　　　　　　　　　　　　　(　　　)

　　① 유비쿼터스 덕분에 집에서 근무하는 사람이 많다.
　　② 유비쿼터스는 컴퓨터 네트워크만을 의미한다.
　　③ 유비쿼터스는 라틴어로 '어떤 것을 이용해서라도' 라는 뜻이다.
　　④ 유비쿼터스를 활용한 분야는 매우 다양하다.

3. 다시 한 번 듣고, 유비쿼터스의 정확한 의미를 적어 보세요.

〈四、다음을 잘 읽고 질문에 대답하세요.〉

A: 안녕하십니까? 인터넷 OO상담 센터입니다. 무엇을 도와드릴까요?
Q: 저는 17살 학생의 엄마입니다. 저희 아이가 너무 스마트폰에 빠져 있어 걱정이에요. 하루 서너 시간씩 스마트폰 애플리케이션의게임을 하고, 웹툰에 빠져서 공부할 생각도 안해요. 특히, 어제는 스마트폰으로 영상을 보느라 신호등도 살피지 않고 길을 건너다가 큰 사고가 날 뻔 했어요. 어떻게 하면 스마트폰 중독에서 아이를 빠져나오게 할 수 있을까요?
A: 네. 스마트폰 중독을 예방하기 위한 인터넷 스마트폰 중독 및 유해환경 차단 소프트웨어를 활용을 추천해 드리겠습니다. 방송통신위원회에서는 현재 '사이버 안심존(ZONE)'을 실시하고 있습니다. 사이버 안심존은 학교와 가정에서 함께 하는 청소년 스마트폰 중독예방 프로그램입니다. 학교에서는 스마트폰 중독상담 관리 프로그램을, 가정에서는 사이버 안심존 앱을 통해 스마트폰 이용행태를 점검하고 이용시간을 관리, 지도할 수 있습니다.

1. 전화를 건 사람은 누구입니까?

2. 그 사람의 고민은 무엇입니까?

3. 고민에 대한 해결 방법으로 제시한 것은 무엇입니까?

4. 위에서 제시한 방법 외에 스마트폰 중독을 예방할 수 있는 방법을 생각해 말해 보세요.

〈五、속담〉

1. 다음 대화를 보고 적절한 속담을 찾아 보세요.

리리: 오늘 한국과 일본의 축구 경기가 있다면서요?
요코: 네. 진우 씨네서 같이 축구 경기를 보기로 했어요. 리리 씨도 같이 가서

第12课　智能手机与社交网络服务

응원해요.
리리: 어차피 한국이 이길 텐데 응원할 필요가 있겠어요?
요코: 뭐라고요? 누가 이길 지는 경기를 해 봐야 아는 거 아니예요?

(　　)

① 길고 짧은 것은 대봐야 안다.
② 낫 놓고 기억자도 모른다.
③ 웃는 낯에 침 뱉으랴
④ 가는 말이 고와야 오는 말이 곱다.

2. 위의 1에 나타난 대화를 보고 <길고 짧은 것은 대봐야 안다.>는 속담을 넣어 글로 다시 써 보세요.

〈보충단어〉

심심치 않다	（形）	有意思，有趣
라틴어	（名）	拉丁语
온라인	（名）	线上，在线
네트워크	（名）	网络
휴대용 단말기	（名）	便携式终端机
PC기기	（名）	电脑设备
주식	（名）	股份，股票
거래	（名）	交易
유통	（名）	流通
스며들다	（自）	渗透，渗入

第13课 韩国 한국

<핵심 사항>
- 한국의 경쟁력 있는 사업과 그 대표 기업을 이해한다.
  了解韩国具有竞争力的行业领域及其代表企业。
- -ㄹ수록
- -도록
- -바
- -까지

<一、어휘 check>

1. 주어진 단어를 이용하여 다음 문장을 완성하세요.

<보기> 견학하다	고조시키다	날로	단연
뒤덮이다	비로소	질서정연하다	힘입다
새삼	제법		

(1) 대기 오염 상태가 (　　　　　) 악화되고 있다.
(2) 식구들 가운데 노래 실력은 언니가 (　　　　　) 으뜸이다.
(3) 온 세상은 하얀 눈으로 (　　　　　) 있다.
(4) 그가 회사를 이미 그만두었다는 소식을 오늘에야 (　　　　　) 알게 됐다.
(5) 고향에 돌아오니 지난날들이 (　　　　　) 그립다.
(6) 백화점에 물건들이 (　　　　　) 배열되어 있다.
(7) 요즘 지영 씨의 피아노 연주 실력이 (　　　　　) 좋아지고 있다.
(8) 축구장에서 그는 (　　　　　) 최고다.
(9) 여러 나라 대표들이 우리 학교의 시설을 (　　　　　)러 왔다.
(10) 그는 노래로 서서히 분위기를 (　　　　　).

<二、문법 point>

1. '-ㄹ수록'을 사용하여 (　) 속의 단어를 올바르게 바꾸세요.

(1) 높이 (가다) _____ 기온이 떨어진다.
(2) 이 책은 (보다) _____ 재미있다.
(3) 가루는 (치다) _____ 고와지고, 말은 (하다) _____
    _____ 거칠어진다.
(4) 아는 것이 (많다) _____ 겸손해야 한다.
(5) 날씨가 (덥다) _____ 따끈한 음식으로 속을 잘 달래줘
    야 한다.
(6) 우리는 (사귀다) _____ 더욱 더 친해진다.

2. '-도록'을 사용하여 문장을 완성하세요.

(1) 유리 접시, 깨다, 조심하다

(2) 바람, 잘, 통하다, 창문, 열다

(3) 할머니, 병, 낫다, 기도하다

(4) 아이, 잘, 자다, 조용히, 하다

(5) 길, 잃다, 지도, 가져가다

(6) 한국어, 더, 잘하다, 노력, 하고 싶다

3. '-바'를 사용하여 (　) 속의 단어를 올바르게 바꾸세요.

(1) 갑작스러운 정전 때문에 (어찌하다) _____ 몰랐어요.
(2) 그 일은 아직 (확인되다) _____ 없습니다.
(3) 이번 봉사 활동에 대해서 잘 조사해 보고 (느끼다) _____
    발표해 보세요.

(4) 그 사건으로 우리가 (얻다) _____ 많습니다.

(5) 그것은 내가 (알다) _____ 아니다.

4. '-까지'를 사용하여 대화를 완성하세요.

(1) ㄱ: 칭칭 씨 한국어를 잘해요?
    ㄴ: _____

(2) ㄱ: 세민아, 지난번에 얘기했던 거는 거짓말이라면서?
    ㄴ: _____

(3) ㄱ: _____
    ㄴ: 네, 요즘 슈퍼에는 정말 없는 게 없지요.

(4) ㄱ: _____
    ㄴ: 네, 식구들 모두가 이 일을 반대해요.

(5) ㄱ: 오늘 어떻게 가실 거예요?
    ㄴ: _____택시를 타고 갈 거예요.

(6) ㄱ: _____
    ㄴ: 그는 원래 일본어를 하나도 몰라요.

〈三、다음을 잘 듣고 질문에 대답해 보세요.〉

1. 말하는 사람은 누구입니까?

( )

① 초등학생　　　　② 중학생
③ 고등학생　　　　④ 대학생

2. 자신이 생각하는 한국의 이미지는 무엇이라고 했습니까?

( )

① 가난한 나라　　　　② 사치하는 나라
③ 작지만 생기 넘치는 나라　　　　④ 힘세고 부자인 나라

3. 한국에 세계적으로 유명한 기업이 많은 이유라고 생각한 것이 아닌 것은 무엇일까요?

(　　　)

① 자본이 풍부하다　　　　　　　　② 세계의 흐름을 잘 파악한다
③ 꾸밀 줄 아는 능력이 뛰어나다　　④ 응집력이 강하다

4. 한국에게 배워야 할 정신이 무엇이라고 생각했습니까?

(　　　)

① 자신감　　　② 책임감　　　③ 자존감　　　④ 사명감

<四、다음 글을 잘 읽고 질문에 답해 보세요.>

Q : 북경현대자동차의 현지화 전략은 무엇인지 그리고 다른 자동차 회사와 구별되는 북경현대만의 독특한 생산, 경영 방식이 있다면 어떤 것들이 있을까요?
A : 현지화 전략이라고 하면 여러 가지가 있을 수 있습니다. 우선 인원의 현지화입니다. 북경현대자동차에는 현재 전체 인원이 7,000명 정도인데, 그 중 한국에서 파견된 주재원들은 저를 포함해서 70명 정도입니다. 사실상 대부분은 중국 직원들이죠. 다음으로 상품의 현지화입니다. 일단 중국 사람들이 좋아할 수 있는 디자인의 차, 또 중국 사람들이 좋아하는 장비를 차에 장착해서 시장에 내놓고 있습니다. 예를 들어서 지금 우리가 중국 시장에서 제일 잘 팔리고 있는 엘란트라와 위에동은 중국 시장에만 맞도록 현대자동차에서 특별히 개발한 차입니다. 세 번째로 부품의 현지화입니다. 현재 북경현대자동차에서 사용하는 전체 부품 중 약 90% 정도는 중국 내부에서 가져온 것입니다. 또한 북경현대 내부에는 기술연구소, 연구개발센터 등을 만들어 한국에서 기술자들이 파견되어 중국 직원들하고 같이 연구소를 운영하고 있습니다.

<중국국제방송국 북경현대자동차 노재만 사장 인터뷰 중>

1. 북경현대자동차의 현지화 전략은 무엇인지 50자 내외로 요약하세요.

2. 북경현대만의 독특한 경영 방식은 무엇인가요?

3. 기업이 현지화에 성공하기 위해 가장 중요한 것이 무엇이라고 생각합니까? 구체적인 기업의 예를 들어 자신의 생각을 써 보세요.

〈五、속담〉

1. 다음 설명에 맞는 속담을 고르세요.

> 这句话的字面意思是"肉不嚼不香，话不说不明"，类似于汉语的"鼓不敲不响，理不说不明"。

(   )

① 감나무 밑에 누워서 감 떨어지기를 기다린다.
② 강 건너 불 보 듯하다.
③ 열 번 찍어 안 넘어가는 나무 없다.
④ 고기는 씹어야 맛이요, 말은 해야 맛이라.

2. 다음 〈보기〉의 속담이 들어갈 부분은 어디일까요?

〈보기〉 고기는 씹어야 맛이요, 말은 해야 맛이라.

오늘은 새로 산 구두를 신고 친구들 모임에 갔다. ①그런데 살 때는 몰랐는데 신고 보니 구두가 좀 불편했다. 전철 계단을 오르내릴 때면 발이 아프고 저리기끼지 했다. 모임에 가서 친구들에게 그 사정을 얘기했더니 한 친구가 말했다. ②'그럼 신발 가게에 가서 바꿔 달라고 해.' ③하지만 난 한 번 신었는데 어떻게 그러냐고 했다. 그러자 다른 친구가 말했다. ④'안 맞는 구두를 신을 바에는 가서 말이라도 해 보렴.' 그 말에 나는 내일 한번 신발 가게에 가 봐야겠다는 생각을 했다.

<보충단어>

현지화 전략	（名）	本地化战略
내놓다	（他）	拿出来，掏出来；公布，宣布

第14课 预约 예약

<핵심 사항>
- 현대인이 지켜야 하는 국제적인 예약 문화의 내용과 에티켓을 이해한다.
  了解现代人应遵守的预约文化的内容及礼仪。
- -로 해서
- -는 길에
- -(으)ㄹ 생각/작정/계획/예정이다
- -만큼은

<一、어휘 check>

1. 주어진 단어를 이용하여 다음 문장을 완성하세요.

<보기> 경유	발권	알맞다	운임
조회	완전 매진	확실하다	연락처
직행하다	보수		

(1) CIF 조건은 매도인이 수입항까지의 (   )과/와 해상 보험료를 지불하고, 선적을 하게 되면 매도인의 의무가 매수인에게 이전하는 무역 거래 조건입니다.

(2) 여기에다 당신의 (   )를/을 적어주시겠어요?

(3) 그들은 대구를 (   ) 경주로 갔다.

(4) 낚시하기에 (   ) 날씨다.

(5) 이 상품권과 관련된 자세한 사항은 (   ) 담당 직원에게 문의하시기 바랍니다.

(6) 그 콘서트 티켓은 3일 만에 (   ) 됐대요.

(7) 지금 대부분 은행은 인터넷으로 예금 잔액 (   )이/가 가능하다.

(8) 직원들의 초과 근무에 회사는 (   )를/을 지불했다.

(9) 그가 범인이라는 (   ) 증거가 없는 것 같다.
(10) 이 열차는 부산까지 (   ).

<二、문법 point>

1. '-로 해서'를 사용하여 문장을 완성하세요.

   (1) 일본, 뉴욕, 가다
   (2) 퇴근하다, 책방, 집, 가다
   (3) 골목길, 따르다, 극장, 앞, 가다, 운동장, 보이다
   (4) 수미 씨, 도서관, 우체국, 들르다, 오다
   (5) 지금, 퇴근 시간, 북경대학교, 이화원, 더, 빠르다

2. '-는 길에'를 사용하여 문장을 완성하세요.

   (1) 부엌, 가다, 컵
   (2) 교실, 창문, 열다
   (3) 병원, 의사 선생님, 인사하다
   (4) 서점, 한국어, 찾다
   (5) 여행, 선물, 사다

3. '-(으)ㄹ 생각/계획/예정이다'를 사용하여 (   ) 속의 단어를 올바르게 바꾸세요.

   (1) 시험도 끝났으니 온 종일 (놀다) _____ 생각/계획/예정입니다.
   (2) 사건을 좀더 자세히 (조사하다) _____ 생각/계획/예정입니다.
   (3) 이번 여행을 통해 한국을 더 많이 (느끼다) _____ 생각/계획/예정입니다.
   (4) 부모님께 좋은 여자친구를 (소개하다) _____ 생각/계획/예정입니다.
   (5) 숙제는 컴퓨터로 (하다) _____ 생각/계획/예정입니다.

4. '-만큼은'을 사용하여 대화를 완성하세요.

   (1) ㄱ: 미미 씨, 한국어를 잘해요?
       ㄴ: _____

(2) ㄱ: 이렇게 많은 재료로 혼자 요리를 할 수 있어요?

ㄴ: _____

(3) ㄱ: _____

ㄴ: 너무 자신하지 마세요.

(4) ㄱ: 노래 좀 불러 주실래요?

ㄴ: 죄송해요._____

(5) ㄱ: 왕동 씨가 다니는 직장은 어때요?

ㄴ: 일이 바쁘고 힘들긴 하지만 _____

〈三、다음을 잘 듣고 질문에 대답해 보세요.〉

1. 항공 예약의 경우 사실과 다른 것을 고르세요.

(   )

① 발권 전 취소하면 취소 수수료가 부과되지 않는다.
② 예약 시 언제까지 발권하라는 안내가 나간다.
③ 발권을 하게 되면 발권과 동시에 지불하신 운임과 상관없이 취소 수수료 (refund service charge)가 발생한다.
④ 예약은 반드시 본인이 해야 된다.

2. 항공권 가격이 저렴할수록 어떤 문제가 있을까요?

(   )

① 제약 조건이 많이 붙는다.
② 표를 잃어버릴 가능성이 높다.
③ 좌석이 지정되어 있지 않다.
④ 취소 수수료가 높다.

3. 항공사에서 좌석에 대한 가격 정책으로 운영하는 방법이 아닌 것을 고르세요.

(   )

① 발권 날짜를 달리 한다.
② 가격에 상관없이 수수료를 부과한다.
③ 좌석별로 마일리지 누적을 달리 한다.
④ 업그레이드에 차별을 둔다.

〈四、만약 자신이 여행을 가려 한다고 가정해 보세요. 아래 표를 잘 살펴보고 자신의 예산에 맞는 여행 계획을 세운 뒤 여행사에 예약을 해 보십시오.〉

여행 예산 : 50만 원
기간 : 2박 3일
장소 : 제주도
날짜 : 7월 20일-23일
수단 : 1. 비행기(1인당 왕복표 20만 원 예상)
       2. 배 (1인당 왕복표 10만 원 예상)
숙소 : 1. 호텔(1박 15만 원 예상)
       2. 펜션(1박 10만 원 예상)
       3. 콘도(1박 8만 원 예상)
특별 추가 사항 : 1. 숙소는 금연 룸으로
                 2. 가능하다면 좋은 TV있고 인터넷이 되는 곳으로

1. 손님, 어디로 여행가실 예정입니까?

2. 비행기로 가실 겁니까? 아니면 배로 가실 겁니까?

3. 숙소는 어디로 정하시겠습니까?

4. 특별 추가 사항은 없습니까?

5. 그럼 예약 확인해 드렸습니다. 다른 궁금한 사항은 없습니까?

〈五、속담〉

1. 다음 대화에 맞는 속담을 고르세요.

> 미미 : 아무래도 이번 실험은 성공 못할 것 같아.
> 왕동 : 왜?
> 미미 : 실험 결과가 좋지 않아.
> 왕동 : 벌써부터 낙담하지 마. 그렇게 오랫동안 정말 많이 노력했잖아. 설마 실패하겠어?

( )

① 공든 탑이 무너지랴. ② 그림의 떡.
③ 가는 말이 고와야 오는 말도 곱다. ④ 강 건너 불구경하다.

2. 다음 설명을 보고 〈공든 탑이 무너지랴〉를 활용하여 짧은 글을 써 보세요.

〈보충단어〉

발권	(名)	发券，发行证券
취소 수수료	(名)	订单取消费用
부과되다	(自)	（被）赋税，课（税）
운임	(名)	运输费，运费
저렴하다	(形)	低廉，便宜
마일리지	(名)	（飞机等）里程累计优惠
업그레이드	(名)	升级
책정하다	(他)	审定
부과	(名)	赋税，课税

第15课 运动 운동

<핵심 사항>
- 자기가 좋아하는 운동과 그 운동의 좋은 점을 말할 수 있다.
  能说明自己喜欢的运动及那项运动的优点。
- 사동 접미사 '-이-, -히-, -리-, -기-, -우-, -추-'
- 시키다
- -치고
- -어 두다

<一、어휘 check>

1. 주어진 단어를 이용하여 다음 문장을 완성하세요.

<보기> 덜　　　둘러싸다　　　반드시　　　손이 가다
웬만하다　　자제하다　　먹이다　　최소한
넓히다　　　무뚝뚝하다

(1) 이 회사는 중소기업이지만 (　　　　　) 대기업보다 오히려 월급을 더 많이 줍니다.
(2) 제 남자친구는 감정표현이 많이 서툴고 (　　　　　) 남자입니다.
(3) 요즘 내가 경제적으로 좀 어려우니 가격이 (　　　　　) 비싼 걸로 좀 보여주세요.
(4) 그녀는 그 말을 듣고 너무 화가 나서 (　　　　　) 수 없었다.
(5) 이 일은 다음주까지 (　　　　　) 끝내야 합니다.
(6) 여행은 시야를 (　　　　　) 좋은 기회입니다.
(7) 손실을 (　　　　　)(으)로 줄일 수 있는 방법을 찾아냅시다.
(8) 어머니는 아이들에게 밥을 (　　　　　)고 있습니다.
(9) 이 꽃은 가꾸기 쉽지 않아서 (　　　　　).
(10) 이 문제를 (　　　　　) 복잡한 논쟁이 펼쳐질 것입니다.

<二、문법 point>

1. 사동 접미사 '-이-, -히-, -리-, -기-, -우-, -추-'를 사용하여 (   ) 속의 단어를 올바르게 바꾸세요.

(1) 선생님을 댁까지 (타다)＿＿＿＿＿ 드리겠으니 걱정하시 마세요.

(2) 형이 과일을 뺏어서 동생을 (울다)＿＿＿＿＿.

(3) 어머니는 아이에게 운동화를 (신다)＿＿＿＿＿.

(4) 그는 거짓말로 친구들을 (속다)＿＿＿＿＿.

(5) 언 배를 좀 (녹다)＿＿＿＿＿ 먹읍시다.

(6) 그 애는 귀찮은 질문으로 나를 (괴롭다)＿＿＿＿＿.

2. '시키다'를 사용하여 문장을 완성하세요.

(1) 수미를＿＿＿＿＿. 요즘 개는 시험 때문에 많이 바쁘거든요.

(2) 그는 아들을 축구선수를 ＿＿＿＿＿.

(3) 선생님은 학생들에게＿＿＿＿＿.

(4) 먹을 때 자꾸＿＿＿＿＿.말을 많이 하면 체하기 쉽거든요.

(5) ＿＿＿＿＿. 저는 쉬운 것을 하고 싶어요.

3. '-치고'를 사용하여 문장을 완성하세요.

(1) ＿＿＿＿＿똑똑하지 않은 사람은 없다.

(2) ＿＿＿＿＿김치를 안 좋아하는 사람은 없다.

(3) ＿＿＿＿＿예쁘지 않은 것은 없다.

(4) ＿＿＿＿＿가지 않은 곳은 없다.

(5) ＿＿＿＿＿장사를 못하는 사람은 없다.

4. '-어 두다'를 사용하여 문장을 완성하세요.

(1) 편지를 (＿＿＿＿＿) 지가 오래되었는데 부치지 않았다.

(2) 방학 때 여행을 가려고 해서 돈을 좀 (＿＿＿＿＿).

(3) 여름쯤에 일본에 가야 되는데 일본어 단어 몇 개를 (＿＿＿＿＿).

(4) 그는 좋은 생각이 떠오르면 즉시 (＿＿＿＿＿)는 습관이 있다.

(5) 시험 전에 책을 많이 (＿＿＿＿＿).

(6) 이 책들을 눈에 잘 보이는 곳에 (　　　　　　　).

<三、다음을 잘 듣고 질문에 대답해 보세요.>

1. 새로운 등산문화를 만드는 주요 요인은 무엇입니까?
   (　　　)

   ① 새로운 산의 개발　　　② 등산 인구의 젊은 층 흡수
   ③ 휴일이 늘어남　　　　④ 절약 생활을 위해

2. 젊은 층에게 등산이 매력적인 이유로 거론된 것은 무엇입니까?
   (　　　)

   ① 자연을 느끼면서 스트레스를 풀 수 있어서
   ② 산이 시원해서
   ③ 데이트할 장소가 마땅치 않아서
   ④ 산이 아름다워서

3. 20~30대 등산 열풍의 한 축으로 언급된 것이 아닌 것을 고르세요.
   (　　　)

   ① 더욱 적극적으로 여가 생활을 보내려는 심리
   ② 미혼 남녀의 결혼 시기가 늦춰지고 있음
   ③ 땀을 흘리는 등산의 묘미
   ④ 등산을 통해 친목을 도모할 수 있음

<四、다음 글을 잘 읽고 질문에 답하세요.>

　　이스포츠(e-sports, electronic sports)는 컴퓨터 통신이나 인터넷 따위를 통해서 온라인상으로 이루어지는 게임을 통틀어 이르는 말이다. 이것을 부르는 다른 말로는 사이버 스포츠(cyber sports)가 있고 주최하는 단체나 대회에 따라 다르게 부르기도 한다. 이스포츠 종목으로 간주되는 게임들은 보통 실시간 전략 게임, 일인칭 슈팅 게임, 스포츠 게임 같은 장르들이다. 게임 산업 진흥에 관한 법률 제15조에 의하면 이스포츠는 게임물을 이용하여 하는 경기 및

부대 활동을 의미하며, 문화 체육 관광부 장관은 이스포츠의 지원 육성을 하도록 규정되어 있다.

1. 이스포츠가 무엇입니까?

2. 이스포츠를 부르는 다른 말은 무엇입니까?

3. 이스포츠 종목으로 간주되는 게임들은 어떤 것이 있습니까?

4. 한국 정부는 이스포츠를 지원 육성하고 있습니다. 그래서 이스포츠가 활성화되어 있는 반면 문제점도 많이 도출되고 있습니다. 어떤 문제점이 있을 수 있을까요?

5. 이스포츠를 스포츠라고 볼 수 있는지 자신의 생각을 적어 보세요.

〈五、속담〉

1. 다음 설명에 맞는 속담을 고르세요.

나쁜 일을 아무리 남모르게 한다고 해도 오래 두고 여러 번 계속하면 결국에는 들키고 만다는 것을 비유적으로 이르는 말.
这句话的字面意思是"尾巴长就会被抓到",类似于汉语的"多行不义必自毙"。

① 꼬리가 길면 잡힌다.
② 열 번 찍어 안 넘어가는 나무 없다.
③ 길고 짧은 것은 대어 보아야 안다.
④ 감나무 밑에 누워서 감 떨어지기를 기다린다.

2. 다음 대화 속에 <꼬리가 길면 잡힌다>는 속담을 넣을 곳을 찾아 보세요.

준걸 : ① 너 또 학원 빠지고 PC방 가려는구나.
경빈 : ② 조용히 해. 선생님한테 들키면 어쩌려고 그래?
준걸 : ③ 그만 좀 해라.
경빈 : ④ 알았어. 오늘 한 번만 더 하고 그만할게. 좀 봐주라. 응?

<보충단어>

인파	（名）	人海
줄을 잇다	（词组）	连成队
겸	（不完全名词）	兼
만끽하다	（他）	尽情地，痛快地
삭막하다	（形）	荒凉
축	（名）	轴，中轴

综合练习3 종합연습 3

점수 [　　]

1. 다음 단어들을 적절하게 활용하여 문장을 완성하세요. (10分)

(1) 콤플렉스, 당당하다
(2) 덜렁대다, 막상
(3) 타고나다, 틈틈이
(4) 풍기다, 대조적
(5) 도무지, 저지르다
(6) 도대체, 적합하다
(7) 가꾸다, 부쩍
(8) 심지어, 순조롭다
(9) 번번이, 착각하다
(10) 부랴부랴 , 늦다

2. <보기>의 단어를 활용하여 문장을 완성하세요. (10分)

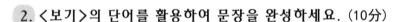

<보기>	메세지	가식적이다	웬만하면	전형적
	이른바	무뚝뚝하다	둘러싸이다	지름신
	최소한	집들이	새삼	쾌청하다
	자제하고			

(1) 나는 그녀의 (　　　　　　　　　　) 모습에 화가 났다.
(2) 18세 이상이 되어야 (　　　　　　　　　) 성인이 되었다고 한다.
(3) 왕동 씨는 너무 말이 없고 (　　　　　　　) 친구를 사귀기가 쉽지 않아요.
(4) 나무로 (　　　　　　) 그 집은 (　　　　　　　　　　　) 300제곱미터는 되어 보입니다.
(5) 새로 산 집을 보여 드릴게요. 토요일에 (　　　　　　　)를 할 예정이니 꼭 오세요.

(6) 또 ( )이 도졌구나. 그렇게 쇼핑을 하다가는 금세 거지되겠어.
(7) 5월이 되면 ( ) 부모님 은혜를 생각하게 됩니다.
(8) 전화보다 문자 ( )를 보내는 게 더 편하고 좋습니다.
(9) 오늘은 ( ) 가을 날씨라 맑고 ( ).
(10) 지금은 다이어트 중이라 ( ) 통닭이나 피자 등을 ( ) 있습니다.

3. 잘 듣고 받아 쓰세요. (20分)

(1) _____.
(2) _____.
(3) _____.
(4) _____.
(5) _____.

4. 다음 글을 잘 읽고 틀린 부분을 찾아 고치세요. (20分)

아이와 놀이 동산에 갔다 왔다. 날이 너무 더워 땀을 많이 흘렸더니 옷이 더럽겠다. 집에 돌아와 먼저 아이 옷을 벗었다. 그리고 아이에게 시원한 물을 먹었다. 더러운 옷을 벗고 물을 더워서 아이를 깨끗하게 씻었다. 아이는 목욕하는 내내 기분이 좋으며 깔깔 웃었다. 다 씻기고 나서 나는 아이에게 새 옷을 입었다. 이제 졸리는지 아이는 계속 하품을 했다. 나는 얼른 아이를 자우려고 침대에 눕였다. 아이는 무척 피곤했던지 자장가를 불러 주지도 않았는데 금세 잠이 들었다.

5. 다음 문장 중 바른 것은 O, 틀린 것은 X표를 한 뒤, 바르게 고치세요. (10分)

(1) 노래는 못해도 공부도 자신이 있습니다. ( )
(2) 요즘은 너무 바빠서 엄두도 못 내고 있습니다. ( )
(3) 조금만 배우면 집에서 쉽게 할 수 있을 거예요. ( )
(4) 잠을 많이 자니 피로가 풀리지가 않아요. ( )
(5) 큰소리치는 사람치고 믿을 만한 사람을 봤어요. ( )

(6) 커피랑 과자를 사오라는데 심부름을 시켰는데요.　　　　(　　　)

(7) 지금 시간이 없으니까 아무 일이나 시키지 마세요.　　　　(　　　)

(8) 갑자기 일이 생겨서 약속 시간을 늦어야 겠습니다.　　　　(　　　)

(9) 나쁜 소식이든 어떤 소식이든 제게 제일 먼저 알려 주십시오.　(　　　)

(10) 환자에게는 딱딱한 음식을 먹지 마십시오.　　　　　　　(　　　)

6. 다음을 잘 읽고 질문에 대답해 보세요. (10分)

　　열일곱 번째 생일을 맞은 아들의 생일 선물을 사 주기 위하여 아버지는 아들을 데리고 신발가게에 들어섰습니다. 한참 뒤 아들은 마음에 드는 구두를 하나 골랐습니다.
　　'이 구두 얼마예요?'
　　하고 아들이 묻자,
　　'삼만 오천 원인데 잘하면 이천 원 정도는 깎아 줄 수도 있지.'
　　하며 점원은 의자에 삐딱하게 앉아서 껌을 짝짝 씹으며 건성으로 대답했습니다.
　　아버지는 그 점원을 힐끗 쳐다보더니 아들에게 단호한 목소리로
　　'애야, 그 구두 벗어라. 얼른 여기서 나가자.'
　　'왜 그러세요? 아버지, 전 이 구두가 마음에 드는데요.'
　　그러나 아버지는 아들의 말에는 아랑곳하지 않고 성큼성큼 밖으로 나갔습니다. 이어 다음 골목에 있는 다른 구두 가게에 들어갔습니다.
　　'그 신발이 마음에 드시나 보죠? 신발을 고르는 안목이 꽤 높으시네요.'
　　어느새 다가온 점원은 어린 학생인데도 존대를 하며 부드럽게 말했습니다.
　　'가격은 삼만 오천 원입니다. 신발에 문제가 있으면 언제든지 바꿔 드리겠습니다.'
　　점원의 태도를 지켜보던 아버지는 흥정도 하지 않고 구두 값 삼만 오천 원을 내고 아들에게 구두를 사 주었습니다.
　　'아버지 아까 그 가게보다 이천 원이나 비싼데 굳이 이 가게에서 산 이유가 뭐예요?'
　　아들의 말에 아버지는 이렇게 대답하셨습니다.
　　'애야, 우리는 지금 이 가게에서 이천 원어치도 넘는 친절을 대접 받았잖니? 그러니까 우리가 손해 본 것이 아니란다.'

1. 첫 번째 가게에서 아버지는 왜 그냥 나오자고 하셨습니까?
2. 두 번째 가게의 점원은 어떤 사람이었습니까?
3. 아버지가 산 구두 값은 결국 얼마입니까?
4. 이 글에서 지은이가 말하고 싶은 주제는 무엇입니까?
5. 이 글에 제목을 붙여 보세요.

7. 다음을 잘 듣고 질문에 대답해 보세요. (10分)

(1) 이 글은 무엇에 대한 것입니까?
　① 스마트폰의 가격　　② 스마트폰의 색상
　③ 스마트폰의 가치　　④ 스마트폰의 제조사

(2) 이글에서 사람들이 선호하는 색깔은 무엇이라고 했습니까?
　① 핑크　　　　　　　② 블루
　③ 블랙과 화이트　　　④ 블랙과 그레이

(3) 핑크 제품을 개발한 이유는 무엇입니까?

8. 다음 보기에 있는 속담을 2개 이상 활용하여 짧은 글을 완성하세요. (10分)

<보기>
꼬리가 길면 잡힌다.
하늘이 무너져도 솟아날 구멍이 있다.
길고 짧은 것은 대봐야 안다.
공은 공이고, 사는 사다.
웃는 낯에 침 뱉으랴.

第16课 孔子的故乡
공자의 고향

<핵심 사항>
- 유교의 근본 정신과 공자의 생애에 대해 조사하고 자신의 생각을 말할 수 있다.
  能够了解儒教的根本精神与孔子的生平，并能够表达自己的想法。
- -어지다
- -아/어 내다
- -자
- -니까요

<一、어휘 check>

1. 주어진 단어를 이용하여 다음 문장을 완성하세요.

<보기> 걸치다   대조적   붐비다   성스럽다
      순탄하다 적합하다 추모하다 도무지
      저지르다 풍기다

(1) 모든 일이 다 (   ) 사람은 없다.
(2) 크리스마스 때 시내의 거리마다 사람들로 (   ).
(3) 그 사람이 왜 그렇게 했는지 (   ) 짐작이 안 된다.
(4) 서양 사람들은 성경을 아주 (   ) 책으로 여긴다.
(5) 그 행사는 이틀에 (   ) 진행되었다.
(6) 노인에 (   ) 운동은 어떤 것이 있어요?
(7) 그는 내성적인 형과는 (   ) 아주 활발하다.
(8) 멀리에서 장미 향기가 (   ).
(9) 그 사람은 범죄를 (   ) 재판을 기다리고 있다.
(10) 학교에서 해마다 선열을 (   ) 행사가 열린다.

<二、문법 point>

1. '-어지다'를 사용하여 ( ) 속의 단어를 올바르게 바꾸세요.

(1) 방금 냉장고 전원이 갑자기 (끄다) _____.
(2) 이 펜은 글이 잘 안 (쓰다) _____.
(3) 이번 경기에서 우리 팀은 불패의 신화가 (깨다) _____.
(4) 그는 세계적으로 잘 (알다) _____ 예술가다.
(5) 보내주신 파일이 안 (열다) _____ 다시 보내주실래요?
(6) 한국에 가는 꿈이 드디어 (이루다) _____.

2. '-어/어 내다'를 사용하여 문장을 완성하세요.

(1) 우리는 그의 연락처를 (찾다) _____.
(2) 교통 사고의 원인을 (밝히다) _____는 데 목격자가 큰 도움이 되었다.
(3) 그는 군대에 있을 때 어려운 생활을 살 (잠다) _____.
(4) 그 노인은 보름 동안 다섯 폭의 그림을 (그리다) _____.
(5) 그들의 단결심은 기적을 (만들다) _____.
(6) 그는 영어로 쓴 이 어려운 소설을 끝까지 (읽다) _____.

3. 서로 어울리는 문장끼리 줄을 긋고 '-자'를 사용하여 의미가 통하도록 한 문장으로 쓰세요.

(1) 갑자기 비가 내린다. • • 나는 홍콩으로 여행갈 것이다.
(2) 중국 국가가 울린다. • • 먼지가 많이 들어왔다.
(3) 공연이 끝난다. • • 우산을 안 가져온 사람들은 뛰어가거나 근처 가게 같은 곳에 들어간다.
(4) 방학이 시작된다. • • 그 선수는 흐르는 눈물을 주체할 수 없었다.
(5) 창문을 연다. • • 관객들은 큰 박수를 쳤다.

(1) _____
(2) _____
(3) _____
(4) _____
(5) _____

4. '-니까요'를 활용하여 대화를 완성하세요.

(1) ㄱ: 왜 이렇게 길이 막히지요?
    ㄴ: _____

(2) ㄱ: 오늘 공원에 아이들이 왜 이렇게 많아요?
    ㄴ: _____

(3) ㄱ: 벌써 치마를 입었네요.
    ㄴ: _____

(4) ㄱ: 점심은 왜 그 식당에서 먹자고 했지요?
    ㄴ: _____

(5) ㄱ: 왜 비행기표를 안 샀어요?
    ㄴ: _____

(6) ㄱ: 방금 왜 전화를 안 받았어요?
    ㄴ: _____

〈三、다음을 잘 듣고 질문에 대답해 보세요.〉

1. '공자님 말씀'은 무엇을 뜻합니까?
   (   )

   ① 지겨운 말   ② 지나치게 옳고 바른 말
   ③ 대단한 말   ④ 칭찬하는 말

2. '공자 앞에서 문자 쓰냐?'는 어떤 느낌을 줍니까?
   (   )

   ① 기쁜 느낌   ② 재미있는 느낌
   ③ 냉소적인 느낌   ④ 비관적인 느낌

3. 사상가 중 한국인에게 인지도가 가장 높은 사람은 누구입니까?
   (   )

   ① 맹자   ② 플라톤
   ③ 소크라테스   ④ 공자

<四、다음 글을 읽고 질문에 대답해 보세요.>

　　공자가 일구어낸 학문이자 사상은 바로 유교이다. 유교는 한마디로 수기치인(修己治人)의 학문이다. 수기(修己)는 자기 자신의 도덕적 수양을 쌓는 것이며, 그런 의미에서 유교는 윤리의 학이다. 그러나 그 수기는 자기 자신을 위한 것임과 동시에 치인(治人)을 목적으로 한다. 구체적으로는 국민을 다스리기 위한 정치의 학이다. 그런데 유교에서 말하는 정치는 법률이나 형벌로 백성을 규율하는 것이 아니라 도덕적 교리와 언행을 통해 백성을 선도하는 것이며, 따라서 먼저 자기 자신을 닦는 것이 필수가 된 것이다. 지덕(知德)이 뛰어난 사람을 '군자(君子)'라고 하는데, 군자는 치자(治者)를 뜻하기도 하였다. 그 반대는 '소인(小人)'인데, 피치자(被治者)인 소인에게는 스스로 수양하는 능력이 없고, 치자(군자)의 교화를 받아야 비로소 도덕적인 사람이 될 수 있다고 한다. 또한 최고의 지덕을 갖춘 사람을 '성인(聖人)'이라고 하는데, 그 성인은 정신적인 면에서의 제왕(帝王)으로 천하에 군림할 수 있었다. 여기서 성인이 곧 왕자(王者=帝王)라고 하는 '성왕(聖王)'이라는 개념이 성립된다. 최고의 성인인 제왕(성왕)을 정점으로, 사대부는 각기 쌓아 올린 지식과 교양을 갖추고 제왕을 보익(輔翼)하고, 제왕이 도덕정치(德治)에 만전을 기할 수 있게 하는 것이 그들의 이상이었다. 여기서 윤리와 정치의 일체화를 찾아볼 수 있다.

1. 유교를 한마디로 무엇이라 정의하였습니까?　　　　　　　　　　(　　　)
　　① 성왕지교　　② 군자지교　　③ 수기치인　　④ 도덕정치

2. 유교의 목적은 무엇입니까?

3. 유교에서 말하는 정치는 무엇입니까?

4. 유교에서 말하는 윤리와 정치의 일체화란 무엇을 말하는 것입니까?

5. 현대 사회에 남아있는 유교 문화에 대해 아는 것을 적어보세요.

〈五、속담〉

1. 다음 설명에 맞는 속담을 찾으세요.

아무리 훌륭하고 좋은 것이라도 다듬고 정리하여 쓸모 있게 만들어 놓아야 값어치가 있음을 비유적으로 이르는 말.
구슬은 보물이다. 그 보물이 서 말이라면 대단히 많은 보물을 가진 셈이다. 그런데 그 구슬을 줄에다 꿰어 목걸이를 만들어야만 그 구슬은 제 가치를 발할 수 있다. 아무리 좋은 자질을 가지고 있더라도 그것을 가치 있는 것으로 만들어 내놓지 않으면 아무런 가치가 없게 됨을 비유하는 속담이다.

( )

① 열 번 찍어 안 넘어가는 나무 없다.
② 감나무 밑에 누워서 감 떨어지기를 기다린다.
③ 길고 짧은 것은 대어 보아야 안다.
④ 구슬이 서 말이라도 꿰어야 보배.

2. 〈구슬이 서 말이라도 꿰어야 보배〉라는 속담을 넣어 대화를 완성하세요.

강강 : 이번 계획서는 정말 훌륭하네요.
미미 : 맞아요. 하지만 계획서가 아무리 훌륭해도 그 계획대로 되지 않으면 아무 소용이 없지요.
강강 : _____

〈보충단어〉

일구어내다	(他)	开垦出
규율	(名)	纪律
언행	(名)	言行，言谈举止
교화	(名)	教化，教育
군림하다	(他)	统治，支配
만전을 기하다	(词组)	以求万全，以求完备

第17课 申师任堂 신사임당

> <핵심 사항>
> - 한국의 유명한 여류 예술가들의 삶을 조사하고, 중국과 비교해 본다.
>   考查韩国著名的女性艺术家的生活，并与中国女性艺术家的生活进行比较。
> - -는 법이다
> - -고 보니(까)
> - -듯이, -듯하다

<一、어휘 check>

1. 주어진 단어를 이용하여 다음 문장을 완성하세요.

<보기> 꼽히다	섬세하다	어질다	지극하다
틈틈이	힘을 쏟다	비하다	닥치다
섭섭하다	겸비하다	막상	

(1) 그녀는 어머니에 대한 효심이 (　　　　　　).
(2) 그 건축은 한국의 전통미와 현대적인 감각을 (　　　　　　) 예술 작품입니다.
(3) 그는 일하는 (　　　　　　) 전공 지식과 관련된 책을 읽고 있습니다.
(4) 그분은 평생 한국어 교육과 연구에 (　　　　　　).
(5) 제주도는 예로부터 삼다도라고 불리우며 한국에서 가장 아름다운 섬으로 (　　　　　　).
(6) 머릿속에서 아이디어가 떠올라도 (　　　　　　) 구체적으로 쓰려니 어떻게 써야 할지 막막합니다.
(7) 그 도자기 그릇에는 (　　　　　　)고 아름다운 꽃무늬가 있습니다.
(8) 마음이 (　　　　　　) 사람은 어떤 말을 해도 그 말 속에는 진

실이 담겨져 있다.

(9) 졸업식에 그가 못 와서 (   ).
(10) 기말시험이 코앞에 (   ).

<二、문법 point>

1. 아래 '-는 법이다'로 쓴 문장을 보고 올바른 문장은 ○, 틀린 문장은 ×를 하고 잘못된 부분을 찾아 바로 고쳐 보세요.

(1) 누구에게나 단점이 있은 법이다.   (   )
(2) 뿌린 대로 거둔 법이다.   (   )
(3) 작은 고추가 매운 법이다.   (   )
(4) 내가 하기 싫은 일은 남도 하기 싫는 법이다.   (   )
(5) 거친 환경일수록 생존기술이 더욱 중요해지는 법이다. (   )
(6) 벼가 익을수록 고개를 숙인 법이다.   (   )

2. '-고 보니(까)'를 사용하여 문장을 완성하세요.

(1) _____이해가 되었어요.
(2) _____유통기한이 지났어요.
(3) _____예쁘네요.
(4) _____참 좋은 사람이에요.
(5) _____쉽지 않았다.
(6) _____나보다 3살 많아요.

3. '-듯이, -듯하다'를 사용하여 문장을 완성하세요.

(1) 저는 뜨거운 것이나 매운 것을 먹으면 땀이 (비가 오다)_____뚝뚝 떨어집니다.
(2) 모든 것을 다 (알다)_____말하지 마세요.
(3) 당장이라도 비가 (쏟아지다)_____ 하늘은 어두워지기 시작했습니다.
(4) 남자친구는 잘못해도 끝까지 자기가 (잘하다)_____나에게 계속 말을 했습니다.

(5) 할인행사는 곧 (끝나다)_____ 관심있으신 분은 얼른 가 보세요.

(6) 그 남자가 술에 취해서 (미치다)_____ 소리쳤다.

<三、다음을 잘 듣고 질문에 대답해 보세요..>

1. 매창은 무엇을 하는 사람입니까?

                                                                                                   (   )

   ① 가수   ② 시인   ③ 화가   ④ 무용가

2. 매창의 사회적 신분은 무엇입니까?

                                                                              (   )

   ① 양반   ② 농민   ③ 기생   ④ 군인

3. 매창의 시가 실린 책 이름은 무엇입니까?

                                                                              (   )

   ① 가사원류   ② 가곡원리
   ③ 가거원류   ④ 가곡원류

4. 매창에 대한 설명으로 틀린 것은 무엇입니까?

                                                                              (   )

   ① 자유자재로 구사한 시어가 돋보인다.
   ② 시문과 거문고에 뛰어났다.
   ③ 당대의 문사들과 교류가 깊었다.
   ④ 양반의 딸이었다.

<四、다음은 신사임당이 그린 그림 <조충도>입니다. 다음 글을 잘 읽고 질문에 답하세요.>

<조충도>란 다양한 식물과 잠자리 등 다양한 곤충을 포함한 그림을 말하는 것으로 이러한 소재로 신사임당이 그린 그림을 '신사임당의 조충도'라고 합니다. 조충도의 소재는 주위 우리 주변에 있는 것들로 친근한 것들이 대부분입니다. 특히, 신사임당의 그림 속에 사용된 식물들은 다산(多産)을 상징합니다. 이것은 조선 시대 유교 사회에서 여인들이 가문의 번창과 자녀들의 입신양명을 기원하는 바람을 담은 것으로 해석할 수 있습니다. 또한 신사임당의 조충도는 섬세한 필치와 구도로 그려져 그녀의 예술적 재능을 한껏 보여주고 있습니다. 부드럽고 여성적인 표현과 산뜻하면서도 한국적인 품위를 지닌 색채 감각이 대단히 뛰어난 작품이 많습니다.

1. 신사임당의 조충도는 무엇을 말하는 것입니까?

2. 신사임당의 그림 속에 사용된 식물들은 다산을 상징한다고 합니다. 식물 중에서 다산을 상징하는 것이 무엇인지 잘 생각해 보고 그 이유도 같이 적어 보세요.

3. 신사임당의 그림이 갖는 예술적 의의는 무엇입니까?

4. 신사임당의 조충도 그림 옆에 어머니를 그리워하는 시를 적었다고 합니다. 자기가 만약 신사임당이라고 한다면 어머니에게 선물하는 그림을 그릴 때 어떤 식물이나 곤충을 그릴 것입니까? 그리고 그 이유는 무엇일지 생각해 보세요.

<五、속담>

1. 다음 설명을 잘 보고 어울리는 속담을 적어보세요.

한국인들은 정에 끌리는 경우가 많습니다. 그래서 특히 공적인 부분과 사적인 부분을 혼동하기도 합니다. 그런 사회적 분위기에 경종을 울리는 속담은 무엇일까요?

2. 다음 대화를 속담 <공은 공이고, 사는 사다>를 넣어 완성하세요.

강 부장 : 김 대리 우리 이렇게 자주 술도 마시고 그러자고.
김 대리 : 예, 좋지요.
강 부장 : 아 참, 우리 회사 물건 구입 문제는 김 대리가 잘 좀 처리해 줄 수 있겠지?
김 대리 : _____
강 부장 : 왜 이러나. 좋은 게 좋은 거 아닌가?

<보충단어>

친근하다	（形）	亲密，亲近
번창	（名）	繁荣，兴隆
섬세하다	（形）	纤细，细；灵敏；细致，细腻
산뜻하다	（形）	清新，清爽

第18课 就业难与待业
취업난과 백수

<핵심 사항>
- 취업이나 청년 실업에 관련된 어휘 및 표현을 익힌다.
  学习关于就业与青年失业等的词汇和表达方法。
- 사회 문제에 대한 자신의 생각을 말할 수 있다.
  关于就业难等社会问题,可以表达自己的想法。
- -수록
- -았/었더라면
- -ㄴ 채로
- -는 길에

<一、어휘 check>

1. 주어진 단어를 이용하여 다음 문장을 완성하세요.

<보기> 일컫다	까먹다	마주치다	너나 할 것 없이
선호	쭉	모처럼	꽉꽉
침체	빈둥거리다		

(1) 첫사랑과 우연히 버스 정류장 앞에서 (　　　　　).
(2) 손자가 할아버지의 어깨를 (　　　　) 주물러 드렸어요.
(3) 경제 (　　　　)가 길어져 걱정입니다.
(4) 동생은 시험이 끝난 뒤 내내 침대에서 (　　　　　).
(5) 사람들은 (　　　　) 돈을 좋아합니다.
(6) 아무리 공부를 해도 영어 단어를 (　　　　　) 정말 속상해요.
(7) 일주일 내내 비가 오더니 오늘은 (　　　　) 날이 갰습니다.
(8) 저 길로 (　　　　) 가면 은행이 나올 거예요.
(9) 면접관들은 스펙이 좋은 지원자를 (　　　　　)하는 편입니다.
(10) 도시숲은 사람이 거주하는 공간 내에 자라는 숲을 (　　　　　).

<二、문법 point>

1. '-ㄹ수록'을 사용하여 ( ) 속의 단어를 올바르게 바꾸세요.

   (1) 높이 (가다)_____기온이 떨어진다.

   (2) 이 책은 (보다)_____재미있다.

   (3) 가루는 (치다)_____고와지고, 말은 (하다)_____거칠어진다.

   (4) 아는 것이 (많다)_____겸손해야 한다.

   (5) 날씨가 (덥다)_____따끈한 음식으로 속을 잘 달래줘야 한다.

   (6) 우리는 (사귀다)_____더욱 더 친해진다.

2. 문장끼리 줄을 긋고 '-었더라면'을 사용하여 의미가 통하도록 한 문장으로 쓰세요.

   (1) 평소에 열심히 공부했다. •   • 기차를 놓치지 않았을 거예요.
   _____

   (2) 운동을 안 했다. •   • 나한테 맞았을 텐데요.
   _____

   (3) 일찍 떠났다. •   • 싸우지 않았을 것 같아요.
   _____

   (4) 이 바지 사이즈가 조금 더 크다. •   • 살이 많이 쪘을 거예요.
   _____

   (5) 조금만 더 참았다. •   • 장학금을 탈 수 있었을텐데.
   _____

   (6) 지하철을 타다. •   • 시간을 맞춰 도착할 수 있었을텐데
   _____

3. <보기>의 단어를 활용해 '-ㄴ 채로'를 사용하여 문장을 완성하세요.

   <보기> 켜놓다   숙이다   씻다   열다   벗다   살다

   (1) 소파에서 텔레비전을 (_____) 잠이 들었다.
   (2) 그 남자가 고개를 (_____) 서 있었다.

(3) 아이들이 사과를 (　　　　) 그냥 먹었다.
(4) 나는 내 방의 문을 (　　　　) 잠이 들었다.
(5) 나는 어제 너무 피곤해서 (　　　　) 그대로 침대에 쓰러졌다.
(6) 이 장어는 어제 부산에서 (　　　　) 잡혔어요.

4. '-는 길에'를 사용하여 문장을 완성하세요.

(1) 부엌, 가다, 컵
(2) 교실, 창문, 열다
(3) 병원, 의사 선생님, 인사하다
(4) 서점, 한국어, 찾다
(5) 여행, 선물, 사다

5. 다음 문장에서 틀린 곳을 찾아 바르게 고쳐 보세요. (모두 7개)

요즘은 세계적으로 경제 불황이라서 너나 할 것 없이 스펙이 좋아서 날이 가면 경쟁이 더 치열해 진다. 그래서 취업난이 사회적 문제이고 대두되고 있다. 회사가 밀집되어 있던 강남 부근에 가면 입사 신청서를 들은 채로 구직을 하러 다니는 취준생들을 흔히 볼 수 있다. 지방 사립대 출신인 이정오 씨도 그 중 한 명이다. 그는 벌써 3년째 직업을 구하지 못하는 채 백수로 지내고 있다고 한다. 이 씨는 진작에 공무원 시험 준비를 하더라면 좋았을 텐데라고 후회를 했다.

〈三、다음을 잘 듣고 질문에 대답해 보세요.〉

1. 이 글의 주제는 무엇입니까?

(　　　)

① 청년 백수의 슬픔　　② 청년 백수의 의미
③ 한국 경제의 희망　　④ 청년 실업 문제와 그 해결방안

2. 본문의 내용과 일치하지 않는 것을 모두 고르세요.

(　　　)

① 청년실업 해소는 단기간의 일자리 창출이 제일 중요하다.

② 청년 실업자는 백수라고 일컫는다.
③ 청년 백수들은 좋은 직장을 구하기 위해 스펙 쌓기에 열중한다
④ 청년실업 문제는 한국 경제만의 문제이다.
⑤ 청년 실업자의 수는 이제 100만명을 훌쩍 넘어섰다.

3. 다시 한 번 듣고, 이글에서 청년 실업 문제를 해결할 방안으로 제시한 것을 받아 적어 보세요.

<四、다음 글을 잘 읽고 질문에 대답하세요.>

취업난이 지속되면서 스펙과 같이 취업에 관련된 신조어가 많이 생겨나고 있다. 교과서에는 '취업난'과 관련된 신조어가 소개되어 있다. 취업을 못하고 지내는 남자를 일컬어 '백수'라 한다. 또, 20대 태반이 백수라는 의미인 '이태백', 이십대에 스스로 퇴직을 선택한 '이퇴백'이란 단어도 등장했다. 45세를 못 넘기고 퇴직한다는 '사오정' 등이 그것이다.

"스펙"은 취업과 관련해 자주 쓰인 신조어이다. 스펙의 원래 의미는 전자제품의 사양을 나타내는 단어였다고 한다. 하지만 현재는 영어 공인 성적, 특기 등 취업을 위한 취준생들의 능력 정도를 상징하는 말로 쓰인다. 취업생들 스스로 취업 시장에서 팔리는 '상품'으로서 자신을 표현하는 상황을 반영한 것이다.

1. '스펙'은 현재 어떤 의미로 쓰이고 있습니까?

2. 취업과 관련된 신조어는 대부분 부정적 의미를 내포하고 있습니다. 왜 이런 신조어가 많이 등장하는 것입니까?

3. 그럼, 이 외에 인터넷에서 '취업'에 관련된 신조어를 찾아 보세요. 그리고 <스펙>처럼 그 의미를 자세히 설명해 보세요.

1	스펙	"스펙"은 취업과 관련해 자주 쓰인 신조어이다. 스펙의 원래 의미는 전자제품의 사양을 나타내는 단어였다고 한다. 하지만 현재는 영어 공인 성적, 특기 등 취업을 위한 취준생들의 능력 정도를 상징하는 말로 쓰인다. 취업생들 스스로 취업 시장에서 팔리는 '상품'으로서 자신을 표현하는 상황을 반영한 것이다.
2		
3		

〈五、속담〉

1. 다음 대화를 보고 적절한 속담을 찾아 보세요.

리리: 이렇게 늦게까지 도서관에서 공부했어요?
진우: 내일이 드디어 공무원 시험일이잖아요.
리리: 아, 그렇군요.
진우: 작년처럼 이번에도 떨어질까봐 걱정이에요.
리리: 그렇게 열심히 준비했는데 잘 될 거예요.

( )

① 우물 안 개구리
② 개구리 올챙이 적 생각 못한다.
③ 공든 탑이 무너지랴
④ 길고 짧은 것은 대봐야 안다.

2. 〈공든 탑이 무너지랴〉라는 속담의 정확한 의미를 설명해 보세요.

〈보충단어〉

청년실업	（名）	青年失业
침체	（名）	停滞；萧条
훌쩍	（副）	一下子
열중하다	（他）	热衷
중도	（名）	中途，中间
그만 두다	（他）	停止，放弃
일자리	（名）	工作岗位，就业机会
창출	（名）	创造出
중장기 대책	（词组）	中长期对策
추진	（名）	推动，促进

第19课 外貌 외모

> <핵심 사항>
> - 외모의 중요성과 아름다움의 기준에 대해 자신의 생각을 말할 수 있다.
>   关于外貌的重要性及美的标准，可以表达自己的想法。
> - 당하다
> - –는 바람에
> - 못지않다

<一、어휘 check>

1. 주어진 단어를 이용하여 다음 문장을 완성하세요.

<보기>	가꾸다	기울이다	되풀이하다	번번이
	이르다	절실하다	컴플렉스	반듯하다
	소박하다	흠뻑		

(1) 나는 다이어트를 많이 해 봤는데 (　　　　　　　) 실패했다.
(2) 그 노인은 잔디를 (　　　　　　　)고 있다.
(3) 나는 (　　　　　　　)고 단순하며 마음 편한 인생을 살려고 한다.
(4) 우리는 이미 약속 장소에 (　　　　　　　).
(5) 그 절이 갈수록 훼손되고 있어 보전과 관리가 그 어느 때보다 (　　　　　　　).
(6) 책임자는 조용히 다른 사람들의 말에 귀를 (　　　　　　　).
(7) 계속 내린 비에 나무와 풀이 (　　　　　　　) 젖어 있었다.
(8) 바른 자세와 예절을 갖춘 사람은 얼굴도 (　　　　　　　)다고 한다.
(9) 수미 씨가 자기의 몸매에 대해 (　　　　　　　)를/을 갖고 있어서 치마를 입지 않는다.
(10) 같은 일을 매일 같은 시간에 (　　　　　　　)다 보면 어느새 몸에 익숙해지게 되어 습관으로 형성될 수 있다.

第19课   外貌

<二、문법 point>

1. '당하다'를 사용하여 문장을 완성하세요.

(1) ㄱ: 얼마 전에 입원했다면서요?
    ㄴ: 네, 나는 며칠 전에 _____.

(2) ㄱ: 오늘 뭐 불쾌한 일 있었어요?
    ㄴ: 좋아하는 여자에게 고백을 했더니 _____.

(3) ㄱ: 오늘 _____.
    ㄴ: 참, 낯선 사람을 쉽게 믿으면 안 돼요.

(4) ㄱ: 세민 씨, 요즘 _____?
    ㄴ: 네, 자꾸 이상한 편지를 받게 됐는데 거의 다 협박 내용이에요.

(5) ㄱ: 민우 씨는 실업자가 됐다면서요?
    ㄴ: 네, 회사에서 일을 저질러서 _____.

(6) ㄱ: 그렇게 많은 사람들 앞에서 넘어졌는데 정말 _____.
    ㄴ: 그래요? 어디 다친 데 없어요?

2. '-는 바람에'를 사용하여 문장을 완성하세요.

(1) 지금 가족 형편이 _____ 아르바이트를 해야겠다고 생각합니다.

(2) 계단에서 _____ 다리를 다쳤어요.

(3) 비가 와서 차가 _____ 하마터면 지각할 뻔했다.

(4) 어제 저녁에 갑자기 다른 일이 _____ 지영 씨의 생일 파티에 못 갔어요.

(5) _____ 오늘 아주 피곤합니다.

(6) _____ 비행기표를 못 샀어요.

3. '못지않다'를 사용하여 문장을 완성하세요.

(1) 세민 씨, 가수, 노래, 잘하다

(2) 지영 씨, 여자, 남자, 일, 잘하다

(3) 그, 애, 판단력, 성인

(4) 이, 책, 요리사, 요리법, 많이, 소개되다

(5) 그, 여자, 웬만하다, 연예인, 예쁘다
(6) 태산, 황산, 아름답다

◉ 〈三、다음을 잘 듣고 질문에 대답해 보세요.〉

1. 이 글에서 문제로 지적하고 있는 것은 무엇입니까?
(   )

① 정신과 치료　　　　② 음식 중독
③ 정신과 치료제　　　④ 외모 지상주의

2. 최근 노인층 사이에 유행이 되고 있는 것은 무엇입니까?
(   )

① 주름 제거 수술　　② 염색
③ 해외 여행　　　　　④ 현금

3. 외모 지상주의가 가져온 문제점이 아닌 것은 무엇입니까?
(   )

① 약물 복용　　　　② 성형 중독
③ 사회 분열　　　　④ 이기주의

4. 성형을 하거나 정신과 치료제를 복용하는 행위 등을 통해 사람들이 궁극적으로 추구하는 것은 무엇입니까?
(   )

① 아름다움 추구　　② 새로운 자신 추구
③ 완벽화 추구　　　④ 친근함 추구

◉ 〈四、다음 글을 읽고 질문에 대답해 보세요.〉

여성에 비해 남성의 옷차림은 유행보다 규칙에 좌우된다. 유행에 맞게 스타일을 바꾸는 멋쟁이 남성들도 있지만 이는 지극히 소수다. 연예인 같은 특별한 직업을 갖지 않은 이상 그럴 필요도 없다. 남성은 사회적으로 정해진 옷 입기 규칙만 잘 따르면 멋쟁이가 될 수 있기 때문이다. 특히 비즈니스 옷차림에서 '규칙 지키기'는 중요하다. 슈트 컬러는 상대가 당신이 어떤 사람인지를 판단하는 데 단초가 될 수 있으며, 잘못된 옷차림은 비즈니스의 실패로 귀결될 수 있기 때문이다.

비즈니스에 적합한 슈트 컬러로는 청색, 회색, 갈색 등이 꼽히는데 상대에게 가장 신뢰감을 주는 컬러는 짙은 청색 계열로 알려져 있다. 회색은 온화한 느낌, 갈색이나 베이지 컬러 계열은 안정감을 준다. 통계에 따르면 직급이 높을수록 옅은 색 슈트, 직급이 낮을수록 짙은 색 슈트를 선호한다고 한다.

슈트를 잘 입은 사람은 믿음직한 느낌을 준다. 그렇다면 어떻게 해야 슈트를 잘 입을 수 있을까? 가장 쉽고도 확실한 방법은 자기 몸에 딱 맞게 입는 것이다. 재킷의 어깨는 딱 맞아야 하지만 지나치게 꼭 맞아서 뒤에 주름이 생길 정도는 아니어야 한다. 소매 길이는 손등의 반만 덮을 정도면 된다. 바지 길이 또한 신경 써야 할 부분이다. 바짓단은 발등을 살짝 덮으면서 발등 부근에 약간 주름이 질 정도가 알맞다. 단, 구두 굽을 덮는 일은 절대 없어야 한다.

1. 남성들이 멋쟁이가 되려면 어떻게 해야 합니까?

2. 비즈니스 옷차림에서 '규칙 지키기'가 특히 중요한 이유는 무엇입니까?

3. 어떻게 해야 슈트를 잘 입을 수 있다고 했습니까?

4. 이 글의 제목을 지어 보세요.(단 10자 내외로)

〈五、속담〉

1. 다음 설명에 맞는 속담을 찾으세요.

언제나 밝고 긍정적인 마음으로 상대방을 대하라는 뜻의 속담이다. '웃으면 복이 와요'도 같은 의미다.

(   )

① 웃는 낯에 침 뱉으랴.
② 열 번 찍어 안 넘어가는 나무 없다.
③ 길고 짧은 것은 대어 보아야 안다.
④ 구슬이 서 말이라도 꿰어야 보배.

2. 속담 〈하늘이 무너져도 솟아날 구멍이 있다〉를 넣어 짧은 글을 써 보세요.

〈보충단어〉

좌우되다	(自)	被左右，被摆布
지극히	(副)	极为，非常
슈트	(名)	西服套装
단초	(名)	苗头
선호	(名)	偏爱，偏好
재킷	(名)	夹克，外衣
주름	(名)	皱纹；褶皱
바짓단	(名)	裤脚
구두 굽	(词组)	鞋跟

第20课 秦始皇陵兵马俑
진시황릉의 병마용

<핵심 사항>

- 진시황릉의 역사와 규모 등을 조사하고, 한국의 왕릉과 비교 발표할 수 있다.
  了解秦始皇陵的历史与规模等,与韩国的王陵进行比较。
- -ㄴ 척/체하다
- -셈이다
- -ㄴ 채(로)
- -되다

<一、어휘 check>

1. 주어진 단어를 이용하여 다음 문장을 완성하세요.

<보기> 대비하다   반짝이다   심지어
       예컨대   채우다   착수하다
       당당하다   부랴부랴   순조롭다
       줄지어

(1) 제주도에서는 바다도, 하늘도, 햇살도 유리알처럼 (　　　　).
(2) 그분은 부끄럽지 않고 (　　　　) 인생을 살았다.
(3) 그 상자를 과일로 가득 (　　　　).
(4) 잡곡, (　　　　) 현미와 좁쌀을 많이 먹어라.
(5) 나는 비행기를 놓치지 않으려고 (　　　　) 공항으로 달려갔다.
(6) 경찰청은 이미 본격적인 수사에 (　　　　).
(7) 유행성 감기에 (　　　　) 아이들의 면역력을 증진시킬 수 있는 식품을 소개해 주세요.
(8) 세민 씨는 지난 2년간 주말과 휴일 (　　　　) 설날도 쉬

지 않고 열심히 일했습니다.
(9) 새해에 건강하시고 원하시는 일 (　　　　　　　)기 바랍니다.
(10) 많은 사람들이 그 식당의 순대를 먹으려고 (　　　　　) 서 있었다.

〈二、문법 point〉

1. 아래 '-ㄴ 척/체하다'로 쓴 문장을 보고 올바른 문장은 ○, 틀린 문장은 ×를 하고 잘못된 부분을 찾아 바로 고쳐 보세요.

(1) 모르면 안 척하지 말고 가만이 있어.　　　　　　　(　　)
(2) 나는 그때 깨어 있었는데 일부러 자는 체했다.　　　(　　)
(3) 저는 채팅하고 있었는데 어머니가 방에 들어오셔서 열심히 공부한 척했어요.
　　　　　　　　　　　　　　　　　　　　　　　　　(　　)
(4) 그는 내 말을 듣고도 못 듣는 척하다.　　　　　　　(　　)
(5) 저는 그 친구가 잘난 척해서 싫어요.　　　　　　　　(　　)
(6) 그녀는 나를 보고도 못 본 척했어요.　　　　　　　　(　　)

2. '-셈이다'를 사용하여 문장을 완성하세요.

(1) 그의 말은 거절을 (하다) _____ 셈이다.
(2) 그 감독의 이번 작품에 대한 기대가 더 (크다) _____ 셈이다.
(3) 자신감만 있다면 이미 절반은 (성공하다) _____ 셈이다.
(4) 나는 나를 구원하기 위해 글을 (쓰다) _____ 셈이다.
(5) 수익률은 높으면 높을수록 기업은 장사를 (잘하다) _____ 셈이다.
(6) 자동차는 그야말로 돈먹는 (기계이다) _____ 셈이다.

3. '-ㄴ 채(로)'를 사용하여 문장을 완성하세요.

(1) _____ 잠이 들었다.
(2) 그 남자가 _____ 서 있었다.
(3) 아이들이 사과를 _____ 그냥 먹었다.
(4) 나는 내 방의 문을 _____ 잠이 들었다.

(5) 나는 어제 너무 피곤해서 _____ 그대로 침대에 쓰러졌다.
(6) 이 장어는 어제 부산에서 _____ 잡혔어요.

4. '-되다'를 사용하여 문장을 완성하세요.

(1) 학교까지의 예상 배달 시간은 대략 3일 정도 (소요) _____
   것입니다.
(2) 그 남자가 교통사고로 하반신이 (마비) _____.
(3) 요즘 그런 체계가 소규모에서 대규모로 (전환) _____.
(4) 상반기의 성장률은 7.2%를 달성한 것으로 (추정) _____.
(5) 음주운전 때문에 그의 운전 면허가 (정지) _____.
(6) 김 선생님 덕분에 모든 문제가 다 잘 (해결) _____.

〈三、다음을 잘 듣고 질문에 대답해 보세요.〉

1. 진시황제에 대한 설명으로 틀린 것을 고르세요.
   (   )

   ① 최초로 중국을 통일하는 과업을 이루었다.
   ② 중국역사상 독보적인 존재.
   ③ 통일제국에 대한 지나친 집착으로 인해 폭군으로 부각된다.
   ④ 위대한 업적으로 사람들에게 시황제로 불렸다.

2. 진시황제가 한 일이 아닌 것을 고르세요.
   (   )

   ① 강력한 부국강병책을 추진하였다.
   ② 황제라는 존호를 최초로 제정하였다.
   ③ 중국을 하나의 통치체제 밑에서 지배하였다.
   ④ 대통령 체제를 수립하기 노력하였다.

3. 전국을 하나의 통치체제로 편입시키기 위해 진시황제가 한 일은 무엇입니까?
   (   )

   ① 집현제   ② 군현제   ③ 상현제   ④ 하현제

<四、다음 글을 읽고 질문에 대답해 보세요.>

　　제주도 서귀포에는 서복공원이 있다. 서복은 진시황제의 명을 받고 '불로장생'약을 찾아 나선 중국의 사신이었다. 그러면 그 서복과 서귀포는 무슨 인연이 있기에 서복공원까지 생긴 것일까?
　　서복에 대한 기록은 중국 역사서에 나온다. 기록에 따라 다르게 표기되는데 서불(徐佛)이라고도 하고 서복(徐福)이라고도 하고 서시(徐市)라고도 한다. 사마천(司馬遷)의 『사기(史記)』에는 서불로 기록이 되어 있다. 『사기』 「진시황 본기」에는 진시황 28년에 서불이 상소를 올려 "해중(海中)에 봉래(蓬萊), 방장(方丈), 영주(瀛州)의 삼신산이 있는데 선인이 거기에 선다. 동남녀(童男女)를 데리고 가 정성을 다해 구하면 약을 얻을 것이다"라는 구절이 있다. 물론 그토록 갈망하던 불로의 꿈을 이루지 못하고 진시황은 약 50세까지밖에 못 살았지만 불로초를 구하기 위해 신하들은 백방으로 노력했던 것이다.
　　서복과 서귀포와의 인연은 서복이 직접 동남녀 500쌍을 데리고 지금의 제주인 영주(영주산(瀛州山)은 지금의 한라산(漢拏山))를 찾은 것에서 시작되었다. 제주에 온 서복은 영지 버섯, 당귀 같은 불로초를 캐고 서귀포 앞에 있는 정방폭포에 서불과지(徐市過之, 서불이 지나간 자리)라는 글귀를 새겼다. 이후 서귀포라는 지명이 서복 일행이 서쪽으로 돌아갔다는 데서 유래되었다는 설이 전해지고 있다. 뿐만 아니라 서복이 한라산에 동남녀 500쌍과 함께 돌아간 것을 기념하여 지금도 제주도에서는 해마다 서복을 연구하는 학술 행사가 열리고 있다. 중국인들은 서복이 중국의 우수한 문화를 한국에 전파한 인물로 보고 있다.

1. 서복은 누구입니까?

2. 서귀포와 서복과의 인연은 무엇입니까?

3. 서복이 찾아낸 불로초는 무엇입니까?

4. 서복이 갖는 역사적 의미는 무엇입니까?

5. 진시황이 불로초를 찾으려 노력했음에도 불구하고 장수를 하지 못한 이유는 무엇이라고 생각합니까? 자신의 생각을 100자 내외로 써 보십시오.

〈五、속담〉

1. 다음 설명에 맞는 속담을 찾으세요.

> 음식이 아주 맛있음을 이르는 말.
>   함께 먹던 사람들이 어찌 되었던 간에 자신은 조금도 모른 채 먹기를 쉬지 않는다. 얼마나 맛이 있었으면 그 정도일까? 실제 그럴 리가 없지만, 음식이 너무 맛있음을 과장해서 표현한 속담이라 하겠다.

(   )

① 열 번 찍어 안 넘어가는 나무 없다.
② 감나무 밑에 누워서 감 떨어지기를 기다린다.
③ 둘이 먹다 하나가 죽어도 모른다.
④ 구슬이 서 말이라도 꿰어야 보배.

2. 속담 〈둘이 먹다 하나가 죽어도 모른다〉는 아주 맛있는 음식을 설명할 때 쓰는 말입니다. 중국 음식 중에서 어떤 음식이 이런 설명에 어울리는지 생각해 보고 맛있는 음식을 소개해 보세요. (반드시 위의 속담을 활용하여 글을 쓸 것)

〈보충단어〉

갈망하다	(他)	渴望, 急切地盼望
백방	(名)	千方百计

综合练习4 종합연습 4

점수	

1. 다음 단어들을 적절하게 활용하여 문장을 완성하세요. (20分)

　(1) 콤플렉스, 당당하다
　(2) 덜렁대다, 막상
　(3) 타고나다, 틈틈이
　(4) 풍기다, 대조적
　(5) 도무지, 저지르다
　(6) 도대체, 적합하다
　(7) 가꾸다, 부쩍
　(8) 심지어, 순조롭다
　(9) 번번이, 착각하다
　(10) 부랴부랴, 늦다

2. 잘 듣고 받아 쓰세요. (20分)

　(1) _____
　(2) _____
　(3) _____
　(4) _____
　(5) _____

3. 다음 글을 잘 읽고 틀린 부분을 찾아 고치세요. (20分)

　　아이와 놀이 동산에 갔다 왔다. 날이 너무 더워 땀을 많이 흘렸더니 옷이 더럽겠다. 집에 돌아와 먼저 아이 옷을 벗었다. 그리고 아이에게 시원한 물을 먹었다. 더러운 옷을 벗고 물을 더워서 아이를 깨끗하게 씻었다. 아이는 목욕하는 내내 기분이 좋으며 깔깔 웃었다. 다 씻기고 나서 나는 아이에게 새 옷을 입었다. 이제 졸리는지 아이는 계속 하품을 했다. 나는 얼른 아이를 자우려고 침대에 눕였다. 아이는 무척 피곤했던지 자장가를 불러 주지도 않았는데 금세 잠이 들었다.

1. 다음을 잘 듣고 질문에 대답해 보세요. (20分)

(1) 이번 리포트는 무엇을 조사한 것입니까?

(   )

    ① 자동차 크기   ② 자동차 가격과 구매 관계
    ③ 자동차 색상 인기도   ④ 자동차 생산량

(2) 리포트는 세계 소비자들의 성향을 무엇이라고 표현했나요?

(   )

    ① 보수적 보편화   ② 보수적 차별화
    ③ 개방적 보편화   ④ 개방적 차별화

(3) 유럽에서 가장 인기 있는 색상은 무엇입니까?

(   )

    ① 검정   ② 흰색   ③ 빨강   ④ 노랑

(4) 최근 몇 년 동안 브라질을 제외한 국가에서 상위 5위 안에 든 색상은 무엇입니까?

(   )

    ① 노란색   ② 검정색   ③ 흰색   ④ 파란색

(5) 파란색이 인기 있는 이유가 아닌 것은 무엇입니까?

(   )

    ① 환경 보존을 대표할 수 있는 색상   ② 안정적인 느낌
    ③ 미래를 낙관하는 이미지   ④ 밝은 느낌을 줌

5. 다음 보기에 있는 속담을 2개 이상 활용하여 짧은 글을 완성하세요. (20分)

<보기>
열 번 찍어 안 넘어가는 나무 없다.
감나무 밑에 누워서 감 떨어지기를 기다린다.
공은 공이고, 사는 사다.
웃는 낯에 침 뱉으랴.
구슬이 서 말이라도 꿰어야 보배.

第21课 首尔 서울

<핵심 사항>
- 서울의 국제도시로서의 면모와 발전에 대해 생각해 본다.
  了解首尔作为国际都市的面貌与发展。
- 서울의 명소와 서울 방문 경험을 발표해 본다.
  向同学分享首尔的景点与访问首尔的经验。
- -스럽다
- -자
- -(으)로 인하여
- -아/어 가다

<一、어휘 check>

1. 주어진 단어를 이용하여 다음 문장을 완성하세요.

<보기> 더할 나위 없다	시급히	어우러지다
적절하다	첫눈에 반하다	복스럽다
여위다	탐스럽다	은은하다
단속하다		

(1) 그녀는 병에 걸려 창백하고 (　　　　　　　) 보인다.
(2) 그 식당의 음식은 맛도 좋고 가격도 (　　　　　　　).
(3) 민우 씨는 중국에서 유학할 때 우연히 참석한 파티에서 아내를 보고
    (　　　　　　　)다고 했다.
(4) 농장에서 농민들이 (　　　　　　　) 익은 사과를 수확하고
    있다.
(5) 실제 취재는 미래의 기자가 되기 위한 자질을 양성할 수 있는 (
    　　　　　)좋은 기회가 될 것입니다.
(6) 국화꽃이 필 무렵 온 마을이 (　　　　　　　) 향기에 잠겨
    있습니다.

(7) 봄의 공원은 꽃과 나무, 바람과 풍경이 한데 (　　　　　　　　)
아름다운 그림이 되는 세상입니다.
(8) 그 아이가 (　　　　　　　　) 생겨서 참 귀엽다.
(9) 지금 우리한테는 돈이야말로 당장 (　　　　　　　　) 해결해야 할 문제이다.
(10) 경찰들이 지금 음주운전을 (　　　　　　　　)고 있다.

〈二、문법 point〉

1. '-스럽다'를 사용하여 문장을 완성하세요.

(1) 나는 우리 아들이 (자랑)_____.
(2) 수미 씨가 (여성)_____ 옷을 좋아하는 것 같아요.
(3) 그는 어른들 앞에서 항상 (조심)_____ 말을 한다.
(4) 세민 씨가 예쁘고 (사랑)_____ 여자를 좋아한다고 했어요.
(5) 개는 초등학교 학생이지만 키도 크고 얼굴도 (어른)_____ 중학생 처럼 보였다.
(6) 그들은 같은 학교 출신이어서 (자연)_____ 알게 되었다.

2. '-자'를 사용하여 문장을 완성하세요.

(1) 그, 번역가, 시인
(2) 그분, 저의, 선생님, 친구
(3) 오늘, 우리, 결혼 기념일, 나의, 생일
(4) 그분, 유명하다, 소설가, 비평가
(5) 이, 사람, 정신과 의사, 심리학자
(6) 가수, 배우, 그녀, 인기, 아주, 많다

3. '-(으)로 인하여'를 사용하여 문장을 완성하세요.

(1) _____ 많은 사람들이 피해를 보았다.
(2) 그들은 _____ 사이가 나빠졌다.
(3) 요즘 _____ 교통사고가 늘고 있다.

(4) _____많은 항공편이 취소됐다.

(5) _____건강 상태가 많이 나빠졌다.

4. '-아/어 가다'를 사용하여 문장을 완성하세요.

(1) 가을이 되니 단풍이 울긋불긋 (물들다).

_____

(2) 어머니에 대한 그리움 속에서 밤은 서서히 (깊다)고 있었다.

_____

(3) 우리가 살고 있는 지구가 점점 (병들다)고 있어요.

_____

(4) 시간은 (흐르다)지만 답은 생각나지 않아서 너무 조급해요.

_____

(5) 새로 입학하여 처음으로 만난 학우들과 대화를 통해서 조금씩 (정들다).

_____

(6) 시간이 지날 수록 꿈에 대한 나의 열정도 (식다).

_____

〈三、다음을 잘 듣고 질문에 대답해 보세요.〉

1. 대한민국의 수도는 어디입니까?

(   )

① 부산   ② 대구   ③ 광주   ④ 서울

2. 서울의 면적은 얼마입니까?

(   )

① 한반도의 절반   ② 남한 면적의 0.61%
③ 남한 면적의 0.66%   ④ 남한 면적의 6%

3. 서울에서 개최된 행사가 아닌 것은 무엇입니까?

(   )

① 2002년 한일 월드컵   ② 2010년 세계 박람회
③ 1986년 아시아경기대회   ④ 1988년 서울올림픽경기대회

4. 서울의 발전상을 단적으로 보여준 경기는 무엇이었습니까?

( )

① 2010년 세계 박람회　　② 1986년 아시아경기대회
③ 2002년 한일 월드컵　　④ 1988년 서울올림픽경기대회

〈四、다음 글을 읽고 질문에 답하세요.〉

　　서울광장(廣場)은 서울 중구(中區)의 서울시청 앞에 있는 광장이다. 서울시 중구 태평로1가에 있고, 규모는 13,207㎡이다.
　　서울광장은 국토의 심장부라는 공간적 의미는 물론, 역사와 문화가 살아있는 서울의 상징적인 장소로서 시민이 한데 어울리는 친근한 마당이 되자는 의미를 담고 있다. 본래 차도였지만, 1987년 6월 항쟁과 2002년 FIFA 월드컵 등 각종 집회·시위·행사의 장소로 널리 이용되었다. 월드컵 이후 광장 조성 계획이 세워져 차도(車道)를 없애고 잔디광장을 만들었으며, 2004년 5월 1일에 완공하였다.
　　한때 광장의 디자인 공모를 했었는데, 바닥을 유리로 깔고 그 밑으로 조명을 설치하는 안이 채택되었지만 재정 관계로 무산되었다.
　　광장에는 잔디 이외에도 무대와 분수대(3월 15일부터 11월까지 가동)가 있다. 야외 상설 무대에서는 사계절 내내 다양한 장르의 공연 및 경연대회가 개최된다. 클래식, 대중음악, 민요, 발레, 재즈댄스, 비보이, 힙합 등 장르 불문한 행사를 비롯 오페라와 뮤지컬, 시각 예술과 공연의 조화 등 각종 볼거리가 즐비하다. 겨울에는 스케이트장(유료)으로 이용되기도 한다.

1. '서울광장'이 가진 의미는 무엇입니까?

2. '서울광장'에서 다양한 문화 행사가 개최되는 이유는 무엇입니까?

3. 만약 중국에도 '서울광장'과 같은 공간을 조성한다면 어디가 적합할지 생각해 보고 그 이유를 들어 설명해 보세요.

〈五、속담〉

1. 다음 대화에 잘 어울리는 속담은 무엇입니까?

> 미미 : 은영아, 너 그 남자랑 사귀지 마.
> 은영 : 왜?
> 미미 : 직장도 없고 얼굴도 별로인데 왜 그 사람하고 사귀니?
> 은영 : 우리 상호 씨가 알고 보면 얼마나 멋진데 그래?
> 미미 : 아무래도 이상해. 그 사람이 멋있긴 뭐가 멋있니?

(　　)

① 감나무 밑에 누워서 감 떨어지기를 기다린다.
② 눈에 콩깍지가 씌였다.
③ 열 번 찍어 안 넘어가는 나무 없다.
④ 고기는 씹어야 맛이요, 말은 해야 맛이라.

2. '콩깍지'는 본래 콩을 떨어낸 껍데기를 의미하는 말입니다. 하지만 속담에서는 다르게 쓰이고 있습니다. 그 의미가 무엇인지 설명해 보세요.

〈보충단어〉

무산되다	（自）	告吹，破灭，破产
비보이	（名）	b-boy.（b-boying的简写，是像Breaking一样众所皆知的hip hop舞蹈，它是由 top or up rock、footwork、spinning moves 和 freeze几个动作所组成）
힙합	（名）	hip-hop.（hip-hop是20世纪80年代始于美国街头的一种黑人文化，也泛指说唱乐（rap））
즐비하다	（形）	鳞次栉比，林立

第22课 韩国的生活风俗
한국의 생활 풍속

<핵심 사항>
- 한국과 중국의 생활 풍속을 비교해서 발표해 본다.
  比较韩国与中国的生活风俗，并进行表述。
- -다(가) 보니
- -깨나
- 뭔가/ 어딘가/ 누군가/ 언젠가
- -아/어서 죽을 뻔했다

<一、어휘 check>

1. 주어진 단어를 이용하여 다음 문장을 완성하세요.

<보기>	게다가	낯설다	돈독히	뭉치다
	뜨끈하다	지나치다	쩔쩔매다	아끼다
	보수적	낯이 익다		

(1) 어려움 앞에서 온 국민이 한 마음으로 힘을 (   ).
(2) 나는 선생님 앞에서 무슨 말을 해야 할지 몰라서 (   ).
(3) 선물은 인간관계를 (   ) 세워줄 수 있다.
(4) 오늘 날씨가 너무 춥고 (   ) 바람까지 분다.
(5) 아침에 (   )국물로 몸에 열을 주는 것이 온종일 활동적으로 일을 하는 데 도움을 준다고 한다.
(6) 어릴 적에 많이 와봤던 곳이라 매우 (   ).
(7) (   ) 사람들이 진보적인 사람보다 더 행복하다는 연구 결과가 발표됐다고 합니다.
(8) 무엇이든 (   )면 문제가 될 수 있다.
(9) 이제부터 한 방울 물도 (   ) 씁시다.
(10) 나는 어제 (   ) 곳에서 길을 잃었다.

<二、문법 point>

1. <보기>에서 알맞은 단어를 골라 '-다(가) 보니'를 사용하여 문장을 완성하세요.

<보기> 작업하다   지내다   사다
       살다   바쁘다   먹다

(1) 친구 집에서 재미있게_____벌써 집에 갈 시간이 되었어요.
(2) 조금만 먹으려고 했는데_____거의 다 먹게 됐어요.
(3) 중국에서 10년이나 _____중국 사람이 다 됐어요.
(4) 컴퓨터 앞에서 오래_____눈도 아프고 어깨도 뭉쳤어요.
(5) 직장 생활을 하느라_____가족과 함께 할 시간이 별로 없어요.
(6) 백화점에서 세일하는 것을_____돈 많이 썼어요.

2. '-깨나'를 사용하여 문장을 완성하세요.

(1) (돈이 있다)사람만이 이 그림을 살 수 있을 것입니다.
_____

(2) 그는 한국에서 (이름) 알려진 가수입니다.
_____

(3) 나는 이 일에 경험이 없어서 (신경쓰다).
_____

(4) 이 드라마를 처음부터 끝까지 보려면 (시간 걸리다).
_____

(5) 이번 경기에서 이기려면 (노력하다).
_____

3. '뭔가/어딘가/누군가/언젠가'를 사용하여 문장을 완성하세요.

(1) 너도_____그곳에 한번 가봐.
(2) 방금_____너를 부른 것 같은데…
(3) 눈에_____끼어있는 듯한 느낌이 오랫동안 없어지지 않습니다.
(4) 휴가 동안_____로 다녀오려고 생각 중이에요.
(5) 우리_____서울에서 만난 적이 있지요?

(6) 그는 유럽 _____ 로 갔다.

4. <보기>에서 알맞은 단어를 골라 '-아/어서 죽을 뻔했다'를 사용하여 문장을 완성하세요.

<보기> 다리가 아프다   감동 받다   심심하다
       바쁘다   속상하다   덥다

(1) 한 달 동안 할 일이 없는데 _____.
(2) 어제 운동을 많이 했더니 오늘은 _____.
(3) 나는 그의 고백을 듣고 _____.
(4) 지난주에 날씨가 너무 _____.
(5) 그가 나를 배신했다는 소식을 듣고 너무 _____.
(6) 요즘 한국어와 영어 시험을 준비하느라 _____.

<三、다음을 잘 듣고 질문에 대답해 보세요.>

1. 한국의 대표적인 음식으로 소개된 것은 무엇입니까?
(   )

   ① 상추쌈   ② 김치
   ③ 고추장   ④ 된장

2. 불고기는 외국인들에게 무슨 이름으로 알려져 있습니까?
(   )

   ① 불갈비   ② 코리안 소스
   ③ 불고기   ④ 코리아 바베큐

3. 불고기에 대한 설명으로 옳지 않은 것은 무엇입니까?
(   )

   ① 한국인의 식단에 빠지지 않는 부식이다.
   ② 불에 굽는 고기라는 뜻이다.

③ 상추를 곁들여 쌈을 싸먹을 수 있다.
④ 한국인들뿐만 아니라 외국인들도 선호하는 음식이다.

4. 불고기로 주로 쓰이는 고기는 무엇입니까?

(   )

① 양고기　　　　② 소고기
③ 돼지고기　　　④ 닭고기

〈四、다음 글을 읽고 질문에 답하세요.〉

　　최근 들어 '다문화 가족'이라는 용어는 보다 포괄적으로 사용되고 있다. 즉, 외국인과의 결혼으로 인한 국적에 따른 차별성 대신 한 가족 내에 다양한 문화가 공존하고 있다는 의미로 해석되고 있다. 따라서 요즘에는 한국인 남성과 결혼한 이주 여성 가족, 한국인 여성과 결혼한 이주 남성 가족, 이주민 가족(이주 노동자, 유학생, 새터민 등)을 포함하여 그 범위를 확대하여 사용하고 있다.
　　현재 여러 단체에서 이들을 위한 다양한 사회적 서비스가 제공되고 있고, 다문화 가족 네트워크 구축, 다문화 가족들에게 필요한 사안을 찾아 해결하기 위해 많은 노력을 기울이고 있다.
　　타민족, 타문화에 대한 배타적인 시선보다 그들의 문화를 이해하고 존중하며 더불어 살아가는 사회 분위기 조성을 위해 대전시는 14일 오후 시청에서 결혼 이민 여성들과 함께하는 추석음식 만들기, 차례상 차리는 법 등에 대해 설명을 하는 시간을 가졌다. 이날 한복을 곱게 차려 입고 온 필리핀 출신 새댁 중 한 참석자인 크리스티나 씨(28세)는 "한국의 명절을 시집 온 후 처음 맞게 되는데 한국의 명절 음식 만들기를 배워보니 색깔도 곱고 맛도 좋다"며 "추석 때 오늘 배운 상차림을 가족들에게 선보이고 칭찬받을 생각에 가슴이 설렌다"고 말했다. 일본에서 시집 온 미야코 씨(26세)는 "내가 만든 송편이 참 귀엽고 예쁘다"며 "남편에게 자랑하고 싶다"고 말했다. 행사는 베트남, 몽골 등 이주여성들의 생활 체조와 다문화 가족 어린이들의 사물놀이를 시작으로 다문화 가족 장기 자랑, 스피드 퀴즈 등 본 행사와 다문화 음식 시식 코너, 외국 옷 입어보기, 다문화 사진전, 다문화 악기 전시회 등 다양한 부대 행사가 함께 열렸다.

1. '다문화 가족'이란 무엇입니까?

2. '다문화 가족'이라는 용어가 가진 의미는 무엇입니까?

3. 대전시가 행사를 연 목적은 무엇입니까?

4. 다문화 가족이 겪을 수 있는 문제점은 무엇이라고 생각합니까?

5. 다양한 문화가 공존하기 위해 우리가 해야 할 일은 무엇이라고 생각합니까? 자신의 생각을 100자 내외로 적어 보세요.

〈五、속담〉

1. 다음 설명에 맞는 속담을 찾아보세요.

> 어려운 일이나 고된 일을 겪은 뒤에는 반드시 즐겁고 좋은 일이 생긴다는 말. 지금은 비록 힘들지만, 이 고비를 이겨내면 반드시 즐거움이 찾아올 것이라고 스스로를 위안하는 말이다.

(   )

① 고기는 씹어야 맛이요, 말은 해야 맛이라.
② 감나무 밑에 누워서 감 떨어지기를 기다린다.
③ 열 번 찍어 안 넘어가는 나무 없다.
④ 고생 끝에 낙이 온다.

2. 다음 속담 <고생 끝에 낙이 온다>를 넣어 대화를 완성하세요.

남편 : 여보, 이제 그만 집에 들어 갈까요? 손님도 없는데.
아내 : 조금만 더 있다 가요. 한 푼이라도 더 벌어야지요.
남편 : _____
아내 : 그럼요. 우리 힘을 냅시다.

<보충단어>

네트워크	（名）	联网，网络
배타적	（冠）	排他，排外
스피드 퀴즈	（名）	抢答

第23课 丝绸之路——东西文明的桥梁
실크로드——동서문명의 가교

<핵심 사항>
- 실크로드의 세계 문명사적 위상에 대해 자신의 생각을 정리해서 발표해 본다.
  整理并表述自己对于丝绸之路在世界文明史上的地位的想法。
- -에 대해(서), -에 대한
- -를 비롯해서(비롯하여)
- -기도 하다

<一、어휘 check>

1. 주어진 단어를 이용하여 다음 문장을 완성하세요.

<보기>	끊임없이	빈번하다	개척하다
	촉진시키다	전래되다	거꾸로
	선을 보다	잇닿다	피로연
	계기		

(1) 차는 한국에는 7세기, 일본에는 8세기에 (   ).
(2) 지금 우리 제품의 경쟁력을 높이려면 새로운 시장을 (   ).
(3) 거울 앞에 서면 영상이 (   ) 된다.
(4) 경제 성장을 위해 우리는 (   ) 노력해야 한다.
(5) 예식장 맞은편의 식당에서 결혼식 (   ) 을 베풀 예정이다.
(6) 하늘과 땅이 (   ) 곳이 지평선이다.
(7) 그녀는 아버지의 고집에 눌려 (   ) 결혼을 했다.
(8) 우리 학교의 발전을 (   ) 위해 많은 사람들이 노력하고 있다.

(9) 일본은 화산 폭발이 (　　　　　　　　) 나라다.
(10) 이번 (　　　　　　　)는 우리에게 주어진 마지막 기회이다.

〈二、문법 point〉

1. '-에 대해(서), -에 대한'을 사용하여 문장을 완성하세요.

(1) 한국, 알다
(2) 김치, 요리하다
(3) 요즘, 역사, 공부하다
(4) 환경, 생각하다
(5) 결혼, 고려하다

2. '-를 비롯해서(비롯하여)'를 사용하여 다음 문장을 완성하세요.

(1) _____많은 관광지가 있다.
(2) _____유명한 시인들이 많다.
(3) _____많은 기념일이 있다.
(4) _____여러 분들이 참석하셨다.
(5) _____많은 사람들이 다쳤다.

3. '-기도 하다'를 사용하여 대화를 완성하세요.

(1) ㄱ : 운동은 전혀 안 하세요?
　　ㄴ : _____

(2) ㄱ : 휴가 때면 보통 어디에 가세요?
　　ㄴ : _____

(3) ㄱ : 그 옷을 왜 안 샀어요?
　　ㄴ : _____

(4) ㄱ : 피부가 참 곱네요. 어떻게 피부를 관리하세요?
　　ㄴ : _____

(5) ㄱ : 밥은 주로 누가 하세요?
　　ㄴ : _____

(6) ㄱ : 요즘은 주로 무엇을 하며 지내세요?
　　ㄴ : _____

●〈三、다음을 잘 듣고 질문에 대답해 보세요..〉

1. 칭기스칸은 어느 부족 사람입니까?
(　　　)

① 한국　　　　　　　　② 중국
③ 몽골　　　　　　　　④ 일본

2. 칭기스칸이 제국을 건설할 때 동원했던 군사의 수는 얼마입니까?
(　　　)

① 5만　　　　　　　　② 10만
③ 15만　　　　　　　　④ 20만

3. 칭기스칸이 세계사에서 중요 인물로 주목 받는 이유가 아닌 것은 무엇입니까?
(　　　)

① 원정을 통해 동·서양 문명과 문화의 교류가 이뤄졌다.
② 후진적이던 유럽을 일깨운 결과를 가져왔다.
③ 인류 역사상 가장 거대한 제국을 건설했다.
④ 위대한 제국을 건설한 최초의 인물이기 때문이다.

●〈四、다음 글을 읽고 질문에 답하세요.〉

　실크로드를 통해 그동안 많은 문물들이 전해졌다. 그중에서 중국을 통해 우리에게 전해진 것은 불교이다. 불교가 전래된 것은 문헌상으로 고구려 시대이다. 서기 372년 (소수림왕 2년) 북중국(北中國) 전진(前秦)의 부견왕(符堅王)이 불상과 경전을 보내면서부터이고 백제는 서기 384년에 파키스탄 출신의 승려 마라난타(摩難陀)가 중국 동진(東晉)에서 배를 타고 백제로 건너와 불교를 전하였다. 백제는 다시 서기 552년 (성왕 30년) 일본에 불교를 전해주기에 이른다. 한편 신라는 그보다 더 일찍이 불교가 들어오기는 하였으나 고구려의 스님 정방(正方)과 멸구자가 순교를 당하는 등 인정을 받지 못하다가 삼국(三國) 중에서 가장 늦은 527년(법흥왕 14년), 잘 알려진 대로 이차돈(異次頓 506~527)의 순교로 인해서 비로소 공인되기에 이르렀다. 신라 불교는 삼국을 통일한 후 통일 신라 때 이르러 원효나 의상 등 이 시대를 대표하는 고승들에 의해 활짝 꽃피우게 되었다.

　그중 실크로드와 가장 인연이 깊은 사람은 바로 신라의 원효대사이다. 그는 당시 중국인 당나라로 불법을 공부하러 서기 651년 의상과 함께 떠나지만 중간에 난(亂)을 만나서 되돌아오게 된다. 하지만 그는 10년 뒤인 661년 다시 실크로드로 떠난다. 그때 사막 한가운데서 잠을 자다 목이 너무 말라 잠결에 물을 마신다. 날이 새 눈을 떠보니 그가 마신 물은 바로 해골 속에 든 것이었다. 이 해골 물을 마신 후 그는 큰 깨달음을 얻고 신라로 돌아와 불교를 신라에 꽃피운다는 유명한 이야기가 지금까지도 전해져 온다. 결국 실크로드는 동서양의 문물을 실어 나르는 비단길이었을 뿐만 아니라 우리에게는 불교를 이 땅에 뿌리내리게 한 초석이 된 것이다.

1. 실크로드는 한국과 어떤 연관이 있습니까?

2. 신라는 삼국 중에서 가장 늦게 불교가 전파되었습니다. 그 이유가 무엇입니까?

3. 실크로드와 가장 인연이 깊은 사람은 누구입니까?

4. 원효대사는 어떤 사람입니까?

5. 실크로드는 한국 역사에 어떤 의미를 가지고 있습니까?

〈五、다음을 잘 읽어 보세요.〉

〈둔황(敦煌)의 '막고굴'(莫高窟)〉

　흔히 우리가 둔황 석굴이라고 하는 '막고굴'은 중국 깐수성(甘肅省)의 둔황시(敦煌市) 근교에 있는 중국 3대 석굴 사원 중의 하나다 (천불동(千佛洞)으로도 부른다). 서기 366년 낙준(樂傳)이라는 스님이 둔황을 지나다가 삼위산(三危山)과 명사

산(鳴沙山)의 경계인 곳에서 황금빛 광채와 함께 1천여 개
의 불상이 나란히 서있는 환상을 본 후 이곳에서 수행하기
로 결심하였다. 마침 부유하고 불심이 깊은 어느 순례자를
만나게 되었고, 그에게 실크로드 여행을 마치고 안전하게
귀향하기 위해서는 석굴 하나를 만들어 화공(畵工)을 시
켜 석굴에 불화(佛畵)등으로 장식해 부처님께 봉헌할 것을 권유하였다. 이렇게 해서
첫 번째 석굴 사원이 만들어지게 되었다. 이런 선례로 지역 유지들이나 이곳을 지나
는 순례자들에 의해 석굴 사원들이 하나씩 만들어지게 되었다. 이렇듯 굴이 늘어나
고 내부에 벽화가 그려지고 불상들이 모셔지면서 사람들이 많아지고 승방(僧房)이
들어서고 규모가 커지게 된 후 둔황 근처 주민은 물론 실크로드를 오가는 대상들 및
순례자들의 성지로 자리잡게 된다. 이후 1천 년 동안 여러 왕조에 걸쳐 남북 1.6Km
넓이에 1천여 개의 석굴이 만들어졌는데 현재 492개가 발굴되어 있다. 특히 신라 시
대 혜초(蕙草)스님의 시대인 당나라 때 수 백 개의 많은 석굴이 만들어졌다. 발굴된
각 석굴의 입구에는 세 종류의 일련번호가 적혀있다. 1908년 막고굴을 방문하고 혜
초 스님의 『왕오천축국전』을 비롯한 많은 고문서들을 가져간 프랑스의 동양학자
'폴 펠리오'(Paul Pelliot 1878-1945)가 붙여놓은 번호 (약자'P'로 시작됨), 그 이
후 1943년 쓰촨성(四川省) 출신의 화가인 장따치엔(張大千)(약자 'C')이 벽화들의
모사 작업을 하면서 1번부터 309번까지 붙인 번호, 그리고 1949년 중화인민공화국
(中和人民共和國) 건국 이후 둔황문물연구소(敦煌文物研究所)가 붙인 가장 큰 번호
다.

<六、다음 대화에 어울리는 속담을 찾으세요.>

미미 : 요즘 취직하기가 너무 힘들어.
강강 : 특히 공무원이 되기가 정말 어렵지.
미미 : 맞아, 공무원은 수입이 적어도 안정적이라 대학생들 사이에 제일 인기
가 있어. 그래서 경쟁이 너무 치열해.

( )

① 그림의 떡.   ② 하늘의 별 따기.
③ 땅 짚고 헤엄치기.   ④ 누워서 떡 먹기.

〈보충단어〉

파키스탄	（名）	巴基斯坦
공인되다	（自）	被公认
꽃피우다	（他）	谈笑风生；使繁荣，使兴旺
환상	（名）	幻想
모사 작업	（词组）	临摹工作

第24课 兴夫与游夫
흥부와 놀부

<핵심 사항>
• 한국의 고전 문학 작품과 그 특징을 조사해 본다.
  调查韩国的古典文学作品及其特征。

<一、어휘 check>

1. 주어진 단어를 이용하여 다음 문장을 완성하세요.

<보기>	면목이 없다	그토록	삽시간에	쏜살같이
	이끌다	형수	은혜를 갚다	무렵
	물려주다	아깝다	어느덧	

(1) 부모님께서 나를 위해 이렇게 애를 쓰시는데 성적이 자꾸 떨어져 정말 (　　　　　　).
(2) 젊은이들이 전쟁에 나가 (　　　　　　) 목숨을 잃다니 정말 안타까운 일이다.
(3) 저녁 (　　　　　　) 가족들과 같이 산책을 나가는 것이 나의 가장 큰 즐거움이다.
(4) 딸이 커서 (　　　　　　) 학교에 갈 나이가 되었다.
(5) 요즘은 자신의 유산을 자식들에게 (　　　　　　) 않는 부모들이 많아지고 있다.
(6) (　　　　　　) 바라던 일이 이루어져 너무 기쁘다.
(7) 우리 반을 (　　　　　　) 사람은 반장이 아니라 우리 반 학생 전체이다.
(8) 다른 사람의 도움을 받으면 반드시 (　　　　　　) 한다.
(9) 눈사태가 나서 마을은 (　　　　　　) 눈에 파묻히고 말았다.
(10) 할아버지께서는 젊었을 때의 사진을 보시며 세월이 정말로 (　　　　　　) 흘러갔다고 말씀하셨다.

<二、다음을 잘 듣고 질문에 대답해 보세요.>

1. 전래동화 '흥부와 놀부' 이야기를 배우고 있는 대상은 누구입니까?
( )

① 영국 초등학생들 ② 미국 초등학생들
③ 중국 초등학생들 ④ 미국 중학생들

2. 미국 초등학교 읽기 교과서에 <흥부와 놀부>는 무슨 제목으로 실려있습니까?
( )

① 꾀많은 제비 ② 욕심꾸러기 형
③ 제비의 선물 ④ 이솝우화

3. 미국판 <흥부와 놀부>의 삽화를 그린 사람은 누구입니까?
( )

① 재미화가 허유미 씨 ② 미국사람 허스트 씨
③ 이솝 우화 그린 사람 ④ 재미교포 김미자 씨

4. <흥부와놀부>가 미국 어린이들에게 흥미를 끄는 이유는 무엇입니까?
( )

① 책값이 저렴해서 ② 제비 같은 동물이 등장해서
③ 이솝우화처럼 어린이들이 공감할 수 있는 주제라서
④ 형제들 싸움이 재미있어서

<三、다음은 한국의 전래 이야기 두 편입니다. 잘 읽고 질문에 답하세요.>

1. 옛날에 흥부와 놀부가 있었는데 두 사람은 형제였다. 그들의 부모님은 돌아가시면서 많은 재산을 두 형제에게 남겼다. 하지만 놀부는 재산을 독차지하고 8명의 아이가 있는 흥부를 집에서 내 쫓았다. 흥부와 그의 가족들은 가난하게 살았다. 그가 먹을 것이 없어 놀부를 찾아가도 놀부와 놀부의 가족들은 홀대했다. 어느날 흥부의 집에 제비가 둥지를 틀었다. 그런데 그 제비 중

한 마리가 다리를 다쳐 땅에 떨어져 있었다. 흥부는 그 제비의 다리를 치료해 주었다. 며칠 뒤 그 제비는 호박씨 하나를 흥부에게 주었다. 흥부는 그 씨를 심었다. 그것은 아주 잘 자랐다. 그것이 다 자랐을 때 흥부는 가족들과 함께 톱으로 쪼개었다. 그 호박 안에는 온갖 금은보화가 들어 있었다. 가난했던 흥부네 가족은 제비가 가져다 준 호박씨 덕분에 그의 마을에서 부자가 되었다. 그 소문을 들은 놀부는 욕심이 생겼다. 그래서 일부러 제비의 다리를 부러뜨렸다. 그리고는 그 제비의 다리를 치료했다. 며칠 뒤 제비는 호박씨 하나를 놀부에게 주었다. 놀부는 그 씨를 심었다. 그것은 아주 잘 자랐다. 그것이 다 자랐을 때 놀부는 가족들과 함께 톱으로 쪼개었다. 그 호박 안에는 온갖 괴물들이 들어 있었다. 괴물들은 놀부의 재산을 모두 파괴하고 그와 가족들을 괴롭혔다. 놀부와 그 가족들은 이제 빈털터리가 되었다. 가난한 놀부는 부자인 흥부를 찾아갔다. 놀부는 그에게 애원했다. 흥부는 놀부에게 자신과 함께 살 것을 제안했다. 그 두 가족은 행복하게 살았다.

2. 심청은 어려서 어머니를 여의고, 눈 먼 부친 심봉사 밑에서 자란다. 심청은 어려서부터 효성이 지극하여 아비지를 극진히 부양했다. 그러던 어느 날 심봉사는 공양미 삼백 석을 시주하면 눈을 뜰 수 있다는 이야기를 몽은사 스님으로부터 전해들었다. 그는 눈을 뜰 수 있다는 욕심에 가난한 자신의 형편도 생각치 않고 공양미를 시주하겠노라고 약속한 뒤 전전긍긍한다. 이에 효녀인 심청은 마침 바다를 무사히 지나기 위해 바다에 바칠 어린 소녀를 찾는 남경 상인에게 공양미 삼백 석을 받고 자신의 몸을 판다.

1. 두 이야기의 공통 주제는 무엇입니까?

2. <흥부와 놀부>에서 흥부의 성격이 잘 나타난 부분은 어디입니까?

3. 심청이가 인당수에 몸을 던진 이유는 무엇입니까?

4. 2번 이야기의 다음 부분을 상상하여 글을 완성해 보세요.

● <四、속담>

1. 속담 '칼로 물 베기'는 무슨 뜻입니까? 아는 대로 설명해 보세요.

2. 다음 대화문을 보고 속담 '칼로 물 베기'를 활용하여 대화를 완성하세요.

은정: 어젯밤에 남편이랑 또 싸웠어요.
미미: 이번에는 무슨 일인데요?
은정: 우리 부부는 성격이 너무 달라요. 매사 의견이 달라 자꾸 싸움을 하게 돼요.
미미: _____

● <보충단어>

독차지	（名）	独占，独霸，独揽，垄断
홀대하다	（他）	慢待，怠慢
둥지를 틀다	（词组）	筑巢
여의다	（他）	失去（父母）
전전긍긍	（名）	战战兢兢

第25课 环境问题 환경 문제

> **〈핵심 사항〉**
> - 환경 문제의 심각성과 그 대책에 대해 자신의 생각을 말할 수 있다.
>   关于环境问题的严重性及其对策，可以表达自己的想法。
> - -(까지)만 해도
> - -다가는
> - -나마
> - -데(요)

〈一、어휘 check〉

1. 주어진 단어를 이용하여 다음 문장을 완성하세요.

<보기>	끔찍하다	대기	둘러싸다	아끼다
	온통	옷깃	일회용품	재활용
	정착	치르다	혹독하다	멸종되다

(1) 공룡이 (　　　　　　　　) 정확한 이유가 무엇인지 아직도 과학적으로 밝혀지지 않았다.

(2) 나무젓가락, 종이컵 등은 우리가 흔히 쓰는 (　　　　　　　　)들이다.

(3) 여름이 되자 바닷가마다 (　　　　　　　　) 수영하러 온 사람들로 붐볐다.

(4) 시험을 나 (　　　　　　　　) 나니 이제서야 살 것 같다.

(5) (　　　　　　　　)하고 무서운 영화를 보면 밤잠을 잘 수가 없다.

(6) 한국 속담에 (　　　　　　　　)만 스쳐도 인연이라는 말이 있는데 이렇게 만나서 같이 식사까지 하게 되니 정말 우리는 인연이 깊은 것 같다.

(7) 요즘은 다른 나라로 이민을 가서 (　　　　　　　　)하는 사람들이 꽤 많다.

(8) 지난 겨울 (　　　　　) 추위를 꿋꿋이 견뎌낸 매화 나무에 아름다운 꽃이 피었다.

(9) 다시 쓸 수 있는 쓰레기는 (　　　　　)으로 분리해 버려야 한다.

(10) 이웃끼리 서로 (　　　　　) 도와주어야 한다.

〈二、문법 point〉

1. '-(까지)만 해도'를 사용하여 문장을 완성하세요.

(1) 아까, 울다
(2) 작년, 비싸다
(3) 1시간, 가다
(4) 몇 년 전, 크다
(5) 어제, 그치다

2. '-다가는'을 사용하여 문장을 완성하세요.

(1) 그렇게 먹기만 하고 운동을 안 하다가는 _____
(2) 추운데 그렇게 얇게 옷을 입고 있다가는 _____
(3) 날씨가 덥다고 자꾸 아이스크림을 먹다가는 _____
(4) 공부하지 않고 매일같이 컴퓨터 게임만 하다가는 _____
(5) 그렇게 어른한테 버릇없이 꼬박꼬박 말대꾸를 하다가는 _____

3. '-나마'를 사용하여 이어지는 문장을 완성하세요.

(1) 어머니께서 병에 걸리셨어요.
_____

(2) 집에 어린 동생 혼자 있대요.
_____

(3) 그 가게가 망했다고 해요.
_____

(4) 늦게 집에 갈 때는 부모님이 걱정하지 않으시게.
_____

(5) 어제까지 홍수 때문에 수백 명이 피해를 입었대요.
_____

4. '-데(요)'를 사용하여 대화를 완성하세요.

(1) ㄱ : 요즘 미미 씨 봤어요?
   ㄴ : _____.

(2) ㄱ : 요즘 과일 값이 너무 비싸졌죠?
   ㄴ : _____.

(3) ㄱ : 다음주에 세종극장에서 콘서트가 열릴 거래요. 들었어요?
   ㄴ : _____.

(4) ㄱ : 이게 다 뭐야? 오늘 네 생일이라고 받은 선물이야?
   ㄴ : _____.

(5) ㄱ : 그날 여자 친구 만났어?
   ㄴ : _____.

<三、다음을 잘 듣고 질문에 대답해 보세요.>

1. 이 글은 무엇에 대해 말하고 있습니까?
    (   )

   ① 환경 오염   ② 환경 개발   ③ 환경 호르몬   ④ 환경 정비

2. 환경 호르몬을 일으키는 것이 아닌 것은 무엇입니까?
    (   )

   ① 살충제   ② 콜라   ③ 화장품   ④ 스프레이

3. 환경 호르몬을 막기 위한 방법이 아닌 것은 무엇입니까?
    (   )

   ① 플라스틱 식기는 가능한 한 피해야 한다.
   ② 스프레이 등 화장품 사용도 조심해야 한다.

③ 살충·살균제 사용은 최소한으로 사용해야 한다.
④ 장난감은 비싼 것을 산다.

<四、다음 글을 읽고 질문에 답하세요.>

　지구 온난화는 일단 자동차의 수가 급격히 늘면서 생기는 대기 오염 문제 때문입니다. 자동차나 전기용품에서 나오는 이산화탄소가 위로 올라가면서 오존층을 뚫어 지금 지구 온난화가 퍼지고 있습니다. 특히 냉장고와 에어컨에서 나오는 열기가 올라가서 더 덥게 만들게 됩니다. 온난화가 진행이 되면 멀쩡한 빙산이나 빙하가 서서히 녹아 내리면서 바닷물을 더 증가시키게 됩니다. 그러면 작은 섬들은 모조리 침몰이 되고 맙니다. 또한 온난화로 인해 지구가 더워지면서 가뭄이 증가합니다. 가뭄이 발생하면 땅이 말라 죽어버리고, 비가 오지 않아 농산물이 자라지 않거나 물이 부족하게 되어 나중에는 사람이 살지 못할 것이라고 합니다.

1. 지구 온난화의 주된 원인은 무엇입니까?

2. 오존층이 뚫리면 어떤 문제가 생깁니까?

3. 지구 온난화를 막기 위해 우리가 해야 할 일은 무엇인지 아는 대로 적어 보세요.

<五、속담>

1. 다음 설명에 맞는 속담은 무엇일까요?

　옳지 못한 일을 저질러 놓고 엉뚱한 수작으로 속여 넘기려 하는 일을 비유적으로 이르는 말. 남의 닭을 몰래 잡아먹고서 시치미를 뗀다. 그것도 모자라 나는 당신네 닭을 먹은 것이 아니라 오리를 잡아먹었다고 둘러댄다. 그리고는 오리발을 증거로 보여준다. 하지만 다른 사람들은 그가 닭을 잡아먹은 사실을 알고 있다. 그래서 그의 행동이 밉기만 하다. 이때 그를 비꼬아서 하는 말이 바로 이 속담이다.

① 감나무 밑에 누워서 감 떨어지기를 기다린다.
② 닭 잡아먹고 오리발 내민다.
③ 열 번 찍어 안 넘어가는 나무 없다.
④ 고기는 씹어야 맛이요, 말은 해야 맛이라.

2. 속담 <닭잡아 먹고 오리발 내민다>를 활용하여 다음 대화를 완성하세요.

강강 : 얼마 전 국회의원들이 뇌물 받은 사건이 터졌지요?
미미 : 네, 저도 봤어요. 국회의원들이 어쩜 그렇게 나쁜 짓을 할 수가 있어요?
강강 : _____

<보충단어>

이산화탄소	(名)	二氧化碳
오존층	(名)	臭氧层
멀쩡하다	(形)	健全，完好，完整无缺

综合练习5 종합연습 5

점수

1. <보기>에서 적절한 단어를 찾아 적으세요. (10分)

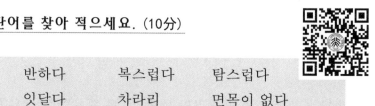

<보기>	첫눈에	반하다	복스럽다	탐스럽다
	태반	잇달다	차라리	면목이 없다
	삽시간에	무렵	물려주다	정착
	끊임없이	어느덧		

(1) 내 실수로 이런 일이 생겨서 정말 (   ).
(2) 요즘은 (   ) 사고가 터지고 있다.
(3) 우리 이렇게 연애만 하지 말고 (   ) 결혼을 합시다.
(4) (   ) 분위기가 썰렁해졌다.
(5) 저녁 (   ) 갑자기 비가 왔다.
(6) 후손들에게 깨끗한 자연을 (   ) 위해 노력해야 한다.
(7) 아직 쓰레기 분리 수거 제도가 제대로 (   )되지 않고 있다.
(8) 신문에는 내가 모르는 단어가 (   )이다.
(9) 지붕 위에 (   ) 호박이 열렸다.
(10) 저희는 보자마자 (   ).

2. 뜻이 통하도록 두 문장을 연결해 문장을 완성해 보세요. (10分)

(1) 미미 씨는 예쁘다. 영화배우 못지 않다.
　

(2) 아이를 겨우 재웠는데 다시 깼다. 전화가 왔다.
　

(3) 왕동 씨는 덩치가 좋다. 힘깨나 쓴다.
　

(4) 걸었다. 백화점 앞까지 갔다.

(5) 우리 집에는 책이 많다. 소설책, 역사책 등이 있다.
_____

3. 잘 듣고 쓰세요. (10分)

(1) _____
(2) _____
(3) _____
(4) _____
(5) _____

4. 틀린 곳을 찾아 고쳐 보세요. (10分)

(1) 이 문제에 관해서는 생각해 보았던 적이 있습니다.
(2) 중국에는 왕푸징을 비롯하니 많은 유적들이 있어요.
(3) 그 책을 예선에 보기는 하는네 내용이 머릿속에 잘 들어오지 않았어요.
(4) 상다리가 휘어지도록 음식을 많이 채렸습니다.
(5) 은혜를 갚지 않으면 안 됩니다.
(6) 그렇게 공부를 못 하다가는 시험에 떨어집니다.
(7) 그래도 너까지 내 곁에 있어서 정말 다행이야.
(8) 사람들이 잘 안 먹어서 음식이 많이 남은던데요.
(9) 어제까지만 했더니 비가 엄청 많이 내렸습니다.
(10) 잘 안 먹어서 몸이 자꾸 여이어지는 것 같아요.

5. 다음을 잘 듣고 질문에 대답해 보세요. (20分)

(1) 이 글에서 말한 한국에서 가장 빠르게 성장하는 부분 중의 하나는 무엇입니까?

(   )

① 우주 항공 산업　　② 서비스 산업
③ 레저 산업　　　　④ 지식 산업

(2) 한국인들이 가족들과 여행이나 소풍을 즐겨 가는 곳이 아닌 곳은?

(   )

① 박물관　　② 공원　　③ 바다　　④ 궁전

(3) 인기 있는 아침 스포츠가 아닌 것은 무엇입니까?

(　　　)

① 마라톤　　　② 축구　　　③ 테니스　　　④ 조깅

(4) 많은 도시인들이 집을 떠나 야외에서 휴일을 보내는 원인이 무엇이라고 했습니까?

(　　　)

① 월급 인상　　　　　　② 자가용의 빠른 증가
③ 호텔 증축　　　　　　④ 광고 영향

(5) 한국인들의 자연 사랑과 등산에 대한 국가적인 열풍은 어떤 이유 대문입니까?

(　　　)

① 등산 산업의 발달　　　　② 에베레스트 산 정복
③ 한국 국토의 70%가 산으로 되어 있다　④ 산이 아름답기 때문에

6. 다음 글을 잘 읽고 질문에 대답해 보세요. (20分)

　　최근 들어 '다문화 가족'이라는 용어는 보다 포괄적으로 사용되고 있다. 즉, 외국인과의 결혼으로 인한 국적에 따른 차별성 대신 한 가족 내에 다양한 문화가 공존하고 있다는 의미로 해석되고 있다. 따라서 요즘에는 한국인 남성과 결혼한 이주 여성 가족, 한국인 여성과 결혼한 이주 남성 가족, 이주민 가족(이주 노동자, 유학생, 새터민 등)을 포함하여 그 범위를 확대하여 사용하고 있다.
　　현재 여러 단체에서 이들을 위한 다양한 사회적 서비스가 제공되고 있고, 다문화 가족 네트워크 구축, 다문화 가족들에게 필요한 사안을 찾아 해결하기 위해 많은 노력을 기울이고 있다.
　　타민족, 타문화에 대한 배타적인 시선보다 그들의 문화를 이해하고 존중하며 더불어 살아가는 사회 분위기 조성을 위해 대전시는 14일 오후 시청에서 결혼 이민 여성들과 함께하는 추석음식 만들기, 차례상 차리는 법 등에 대해 설명을 하는 시간을 가졌다. 이날 한복을 곱게 차려 입고 온 필리핀 출신 새댁 중 한 참석자인 크리스티나 씨(28세)는 "한국의 명절을 시집 온 후 처음 맞게 되는데 한국의 명절 음식 만들기를 배워보니 색깔도 곱고 맛도 좋다"며 "추석 때 오늘 배운 상차림을 가족들에게 선보이고 칭찬받을 생각에 가슴이 설렌다"

고 말했다. 일본에서 시집 온 미야코 씨(26세)는 "내가 만든 송편이 참 귀엽고 예쁘다"며 "남편에게 자랑하고 싶다"고 말했다. 행사는 중국, 베트남, 몽골 등 이주여성들의 생활 체조와 다문화 가족 어린이들의 사물놀이를 시작으로 다문화 가족 장기 자랑, 스피드 퀴즈 등 본 행사와 다문화 음식 시식 코너, 외국 옷 입어보기, 다문화 사진전, 다문화 악기 전시회 등 다양한 부대 행사가 함께 열렸다.

(1) '다문화 가족'이란 무엇입니까?

(2) '다문화 가족'이라는 용어가 가진 의미는 무엇입니까?

(3) 대전시가 행사를 연 목적은 무엇입니까?

(4) 다문화 가족이 겪을 수 있는 문제짐은 무엇이라고 생각합니까?

(5) 이주 여성 및 다문화 가족과 함께 공존하기 위해 우리가 해야 할 일은 무엇이라고 생각합니까? 잘 생각해 보고 글을 써 보세요. (반드시 <보기>의 속담을 활용할 것)

<보기> 공든 탑이 무너지랴   하늘의 별따기.   고생 끝에 낙이 온다.

7. 다음은 '한국'과 관련된 단어입니다. 이와 같이 '서울' 하면 떠오르는 단어를 모두 적어보세요. 그리고 그 단어들을 활용해 '서울'을 주제로 문장을 써 보세요. (20分)

서울은 한국의 수도입니다.

练习册答案

<제 1 과>

一、(1) 사투리 (2) 예전 (3) 여부 (4) 당황하 (5) 초면 (6) 방식 (7) 서열
   (8) 다시피했습니다 (9) 무례한 (10) 사적

二、1. (1) 예뻐지는 걸 보면 (2) 바쁘다고 하는 걸 보면 (3) 인기가 없는 걸 보면
      (4) 사투리를 쓰는 걸 보면
      (5) 얼굴을 볼 수 없는 걸 보니 어디 간 모양이에요.
      (6) 열이 나는 걸 보면
   2. (1) 꾸었더니 (2) 먹었더니 (3) 갔더니 (4) 들어갔더니 (5) 뛰어왔더니
      (6) 앉아있었더니 (7) 누워있었더니
   3. (1) 요즘은 비가 매일 오다시피하네요.
      (2) 왕동 씨가 사업을 시작했다면서요?
      (3) 보너스를 받고 가족 여행을 갔다 왔다면서요?
      (4) 요즘 여자친구와 데이트를 하느라 거의 매일 만나다시피해요.
      (5) 감기가 너무 지독해서 병원에 살다시피 했어요.
      (6) 아드님이 이번에 상장을 받았다면서요?
      (7) 새로 상반한 집이 아주 좋다면서요?
      (8) 아침마다 테니스 치러 다닌다면서요? 네, 테니스장에서 살다시피해요.
      (9) 오늘이 왕동 씨 아버지 생신이라면서요?
      (10) 우리 동네로 이사오셨다면서요?
   4. (1) 좋아하는 걸 보니 (2) 안 좋은 걸 보니 (3) 뛰었더니 (4) 하였다더니
      (5) 날씬해졌다면서요? (6) 먹다시피 했습니다. (7) 외출했더니
      (8) 결혼한다면서요? (9) 만나다시피 (10) 외우는 걸 보면

三、1. (1) 간결한 문장으로 초고(草稿)를 작성하여 쓴다. 최소한의 정보는 반드시 기재해야
      하며 구체적으로 쓴다.
      (2) ②
   2.
      (듣기 대본)

> 저는 왕밍이라고 합니다. 고향은 중국 하남성입니다. 그곳에는 저의 사랑하는 부모님 두 분이 계십니다. 저는 지금 스케이트 선수입니다. 그래서 고향을 떠나 북경에 와서 운동을 하고 있습니다.
> 저는 잘 웃습니다. 운동이 너무 힘들고 지칠 때에도 저는 항상 웃습니다. 웃음은 참 좋습니다. 웃음은 힘들 때나 괴로울 때 사람에게 희망을 주기 때문입니다. 그래서 저는 언제나 긍정적인 마음으로 생각하고 웃으려고 합니다. 가끔 덜렁거려서 물건을 잃어버리기도 합니다. 그래서 제 별명은 어렸을 때부터 "덜렁이"였습니다. 이렇게 덜렁대는 습관은 제가 고쳐야 할 단점입니다.
> 앞으로 저는 운동을 더 열심히 해서 올림픽 금메달리스트가 되고 싶습니

다. 상대에 올라 그동안 힘들었던 일들을 기억하며 활짝 웃는 저를 상상하면 기분이 좋습니다. 제 목에 금메달을 걸고 있는 모습, 상상만 해도 웃음이 나오지 않습니까?

이름	왕멍
고향	중국 하남성
가족 관계	부모님 두 분과 나
성격	저는 잘 웃습니다.
별명	덜렁이
단점	가끔 덜렁거려서 물건을 잃어버리기도 합니다.
장래 희망	올림픽 금메달리스트

3. (1) 여섯 살 때 부모님과 함께 동물원에 간 일이 있습니다. 그때 잘못해서 혼자 길을 잃었습니다. 저는 어렸지만 울지 않고 침착하게 옆에 있는 어른에게 도움을 청했습니다. 그래서 부모님을 만나 무사히 집에 돌아올 수 있었습니다.
  (2) 저는 어떠한 조건에서도 '하면 된다'라는 적극적이고 긍정적 사고로 매사에 임하며, 난관을 극복하는 돌파력을 많은 경험을 통해 얻었습니다. 그래서 저는 반드시 목적지에 가고야 마는 성격 때문에 "전차"라는 별명을 가지게 되었습니다.
  (3) 대학교 1학년 때부터 저는 산악회 동아리에 가입하여 등산을 했습니다. 특히 방학 때 저는 우리나라에서 가장 높은 산인 백두산에 올라가 보았습니다. 며칠을 동아리 사람들과 생활하면서 인간관계의 중요성을 배우는가 하면, 산 위에서 세상을 바라보며 저의 삶에 대하여 깊이 생각하는 시간을 많이 가지고 있습니다.
  (4) 저는 남들보다 한발 앞서가는 인생을 살고자 합니다. 막노동과 다양한 아르바이트 등을 통해 새로운 삶을 모색하고 해야 할 일을 생각하는 것을 좋아합니다. 그래서 그동안 일본, 중국 등으로 해외 배낭여행을 다녀오기도 했습니다. 뿐만 아니라 외국인들에게 한글을 가르치는 봉사 활동 등도 꾸준히 하고 있습니다. 이렇게 저는 조그마한 힘이라도 사회와 사람들에게 도움이 되는 사람이 되고 싶습니다.
4. 생략
5. 생략

四、(1) 그 분야에 대한 전문성과 국제 비즈니스맨으로서 기본 소양 매너와 상대방 문화와 관습을 깊이 이해하는 것입니다.
  (2) 그들이 체면을 잃었다고 느끼게 해서는 안 된다는 점입니다.
  (3) 문화적 특성의 근저를 이루는 요인 중 하나가 종교이기 때문입니다.

五、1. ④ 2. 열 번 찍어 안 넘어가는 나무 없다더니.

<제 2 과>

一、1. (1) 예상 (2) 마음껏 (3) 처벌 (4) 차츰 (5) 대체로 (6) 머무르지
  (7) 일고 (8) 미끄러져서 (9) 보람있는 (10) 한풀 꺾인
2. (1) 습도가 높아서 땀을 너무 많이 흘리게 되거든요.

(2) 좋아하는 과일이 있으면 마음껏 드세요.
(3) 딸기가 하도 비싸서 안 샀다.
(4) 덩치가 하도 커서 맞는 옷이 없어요.
(5) 약속을 잊어버리셨을까 봐 전화했습니다.
(6) 입맛에 따라 골라 드세요.

二、1. (1) 날씨가 하도 좋아서 (2) 하도 떨려서 (3) 하도 많아서
   (4) 요즘에 하도 바빠서 (5) 아침을 하도 많이 먹었더니
   (6) 하도 술을 많이 마셨더니
2. (1) 추울까 봐 (2) 사고날까 봐 (3) 여행 못 갈까 봐 (4) 혼날까 봐
   (5) 지각할까 봐 (6) 늦을까 봐 (7) 체할까 봐
3. (1) 나라 (2) 사람 (3) 가격 (4) 병원 (5) 입맛
4. (1) 입고 (2) 끝내 (3) 보내 (4) 조심하 (5) 참석하 (6) 줄이
5. (1) (×) (2) (○) (3) (×) (4) (×) (5) (○) (6) (×) (7) (○)

三、(1) 단순히 물이 부족한 수준을 넘어서 인류의 생존이 달린 문제로까지 확대 심화되었습니다.
(2) 생략
(3) 물 부족 사태를 준비하는 일은 범국가적인 사업으로 인식하고, 빗물 관리 및 해양심층수 등의 대체 수자원을 개발하는 등 다양한 노력이 필요합니다.
(4) 우리 팀에게 이번 동계 훈련은 어느 누구도 예외가 될 수 없을 정도로 중요한 일입니다.
(5) 생략

四、나들이 지수 -40   세차지수 - 10   빨래지수- 30
   운동지수 - 50   자외선 지수 - 20   불쾌지수 - 70
(듣기 대본)

> 요즘 날씨가 변덕스럽습니다. 날이 개었다가도 갑자기 소나기가 내리는 등 날씨를 예측하기가 어렵습니다. 오늘도 어제와 마찬가지로 날이 흐리겠습니다. 그래서 나들이 지수가 40이라 나들이를 할 때는 반드시 우산을 챙기십시오. 빨래 지수는 30입니다. 바깥보다는 실내에서 말리시는 게 좋습니다. 또 세차는 다음으로 미루십시오. 세차 지수가 10밖에 되지 않습니다. 자외선 지수는 20 정도라 괜찮지만 운동 지수가 50입니다. 따라서 가벼운 실내 운동을 즐기는 것이 좋습니다. 특히, 불쾌지수가 70으로 너무 높습니다. 이럴 때일수록 항상 웃는 얼굴로 생활하여 다른 사람과의 마찰을 줄이는 게 어떨까요?

五、1. ② 2. 개구리 올챙이 적 생각 못하면

<제 3 과>

一、(1) 갈아 끼워 (2) 핵가족 (3) 핼쑥해지다 (4) 평소 (5) 틀에 박혀서
   (6) 사정 (7) 양상 (8) 페인트칠을 하니 (9) 시골 (10) 더구나
二、1. (1) 어디 (2) 누구 (3) 언제 (4) 어디 (5) 무엇 (6) 누구
   2. (1) 있더라 (2) 드시던데요 (3) 많다더라/ 많다던데 (4) 멋있다던데요
      (5) 인상적이더라/인상적이던데 (6) 괜찮다던데/괜찮다더라

3. (1) 볼 일을 보지 그랬어. (2) 병원에 가보지 그랬어요?
   (3) 좀 일찍 서두르지 그랬어. (4) 놀러 오지 그랬어요?
   (5) 도와달라고 하지 그랬어요? (6) 말해주지 그랬어요?
4. (1) 나이가 들면서 사람들의 얼굴에 주름이 생긴다.
   (2) 경쟁이 치열해지면서 좋은 직장을 얻기가 더 힘들어졌다.
   (3) 자동차 수가 증가하면서 공기 오염이 심각해졌다.
   (4) 의학 기술이 고도로 발달되면서 사람의 수명이 길어졌다.
   (5) 따뜻한 봄이 되면서 각양각색의 꽃이 피기 시작했다.
   (6) 결혼 연령이 갈수록 높아지면서 출산율이 급격히 떨어졌다.
5. (1) 서구화되면서 (2) 말지 그랬어요 (3) 나갔다 왔어요 (4) 할 수 없게
   (5) 하고 (6) 공부하러 간 (7) 짓고 계십니다 (8) 안 가져왔습니다.
   (9) 관계없이 (10) 끓이는 데

三、1. ③ 2. ① 3. ⑤

四、1. 기존의 브랜드 이미지와 역사, 약의 효능을 강조하던 것에서 벗어난 새로운 광고 캠페인이기 때문입니다.
2. "소화제를 팔기보다는 소화 장애를 예방하는 것이 사회적으로 근본적인 대안이 될 수 있을 것"이라며 "공익 메시지를 강조"하고 있습니다.
3. 생략

五、1. ②
2. 정부는 이번에 국민들을 위한 의료법을 새롭게 만들었습니다. 그런데 그 의료법을 실행하기 위해서는 많은 예산이 필요하다고 합니다. 결국 새로운 의료법의 혜택을 받기 위해서는 국민들이 더 많은 세금을 내야 한다는 말이 됩니다. 이것은 '고양이 쥐 생각하는' 꼴이 아닙니까?

〈제 4 과〉

一、1. (1) 젖줄 (2) 넋이 나갈 (3) 온화하다 (4) 화석 (5) 비옥해서
   (6) 눈부신 (7) 봉우리 (8) 변화무쌍하다 (9) 달하는 (10) 풍부하다
2. 발상지, 평야, 일찍부터, 근대화, 삼각주

二、1. (1) 숨이 막힐 정도였어요. (2) 데이트할 시간도 없을 정도예요.
   (3) 눈을 뗄 수 없을 정도입니다. (4) 착각할 정도입니다.
   (5) 몰라볼 정도로 (6) 풀 수 없을 정도였어요.
2. (1) 여름이니까 덥잖아요. (2) 맛있잖아요. (3) 재미있잖아요.
   (4) 학생들이 공부를 열심히 하잖아요. (5) 남자친구잖아/ 남자친구잖아요.
   (6) 샀잖아.
3. (1) 저는 막내로 자라 애교가 많습니다.
   (2) 그 사람을 국회의원으로 뽑았다.
   (3) 그는 외아들로 컸다.
   (4) 성격이 좋은 사람을 남편으로 맞고 싶다.
   (5) 누가 여기에서 책임자로 일하고 있습니까?
   (6) 어떤 사람을 사위로 삼고 싶습니까?

4. (1) 이것은 옛날부터 전해져 오는 재미있는 이야기이다.
   (2) 저것들은 아이들이 어렸을 때부터 지금까지 써 온 일기장입니다.
   (3) 그동안 익혀 온 한국어 실력을 실제로 써 보기 바랍니다.
   (4) 그 여자가 아름답다는 이야기를 오래 전부터 들어 왔다.
   (5) 나는 2년 전부터 독립해 혼자 살아 오고 있다.
5. (1) 돈 때문에 – 돈으로   (2) 떨어지는 – 떨어질   (3) 예뻤기 – 예쁘기
   (4) 반장이 – 반장으로   (5) 모양이잔아요 – 모양이잖아요
   (6) 불러왔다 – 불리워/불려 왔다   (7) 이제 – 벌써

三、
(듣기 대본)

중국처럼 한국도 세계 문화유산이 많다. 2013년 통계에 의하면 석굴암·불국사, 해인사 장경판전, 종묘, 화성 등 10개가 유네스코에 등재되어 있다. 그 중 '화성'은 조선왕조 제22대 정조 대왕이 만든 '성'이다. 비극적인 삶을 마친 아버지 사도세자를 위해 만든 곳이다.

화성은 정조의 효심이 담겨있는 도시일 뿐만 아니라 자신의 정치적 꿈을 이루기 위해 이곳을 남쪽의 국방요새로 활용하기 위해 만들었다. 화성은 중국, 일본 등지에서 찾아볼 수 없는 형태로 18세기에 완공된 짧은 역사의 유산이지만 동서양의 군사 시설 이론을 잘 융합한 독특한 성으로서 방어적 기능이 뛰어난 특징을 가지고 있다. 따라서 화성은 시설의 기능이 가장 과학적이고 합리적이며, 실용적인 구조로 되어 있는 동양 성곽의 백미라 할 수 있다.

1. ④   2. ⑤   3. ④
4. 화성은 시설의 기능이 가장 과학적이고 합리적이며, 실용적인 구조로 되어 있는 동양 성곽의 백미라 할 수 있습니다.

四、1. 인류에게 보호되어야 할 보편적 가치가 있다고 인정되는 세계의 문화재를 지정함으로써 문화재 보호와 관리 수준을 높일 뿐만 아니라 지명도를 높여 관광객을 불러오는 전령역할을 하고 있습니다. 세계 문화유산 선정은 이제 세계 각국의 문화와 자연의 관광상품 개발의 장으로 변모하고 있으며 가히 '문화올림픽'이라고 불릴 만큼 그 경쟁이 치열해지고 있습니다.
2. 생략   3. 생략

五、1. ①   2. ③

<제 5 과>

一、1. ④
2. (1) 갈수록, 취업   (2) 독특하다   (3) 상쾌하다   (4) 아찔하다   (5) 가야금
   (6) 도전할   (7) 패기, 능력   (8) 교류   (9) 그만두면   (10) 뜻밖이다
二、1. (1) 어제는 일요일이라 백화점에 사람들이 많더니
   (2) 대학생이었을 때 그녀는 무척 청순하더니
   (3) 왕동 씨는 어렸을 때 성격이 내성적이더니
   (4) 지난번 시험은 너무 어렵더니

(5) 둘이는 만나기만 하면 싸우더니
(6) 며칠 동안 날씨가 춥더니
2. (1) 얼마나 귀엽다고요.
(2) 얼마나 재미있었는지 몰라요.
(3) 내가 얼마나 많이 컴퓨터 게임을 했다고 그래요?
(4) 얼굴도 예쁜데다 영어도 얼마나 잘하는 지 몰라요.
(5) 얼마나 심한지 눈을 뜨고 걸을 수도 없을 정도라고 하네요.
(6) 얼마나 예쁜지 주머니에 넣고 다니고 싶을 정도랍니다.
3. (1) 손님, 창가로 앉으시지요.
(2) 지금은 바쁘니까 다음에 다시 오시지요.
(3) 일의 마무리는 내일 하시지요.
(4) 주말에 저와 함께 등산을 하시지요.
(5) 속이 아프면 술을 줄이시지요.
(6) 그 사람이 마음에 들면 당신이 먼저 전화를 거시지요.
4. (1) 전화가 없어서 그가 못 올 줄 알았다.
(2) 그녀는 여전히 젊고 아름다워서 사람들은 그녀가 미혼인 줄 안다.
(3) 나는 시험을 잘 못 봤기 때문에 성적이 나쁠 줄 알고 있다.
(4) 요즘 그녀의 얼굴을 볼 수가 없었는데 나는 그녀가 고향으로 내려간 줄 몰랐다.
(5) 옷이 너무 예뻤지만 이렇게 비쌀 줄 몰랐다.
(6) 아버지께서 암에 걸리셨다. 그동안 가족들은 아버지께서 아프신 줄 몰랐다.
5. (1) 쉽지 않다/어렵다 (2) 되어서 (3) 모른다니 (4) 계발하기 위해
(5) 하더니 (6) 결혼한 (7) 지각하다시피 (8) 앓지만 (9) 답답하면
(10) 만나러

三.

(듣기 대본)

여가 생활이란 생활 시간 이외의 자유로운 시간을 말한다.
예전 조상들은 주로 놀고 즐기기 위해 여가 시간의 대부분을 보냈다. 물론, 풍년을 빌거나 내기를 하거나 가정과 마을의 평화를 빌기 위해 여가 시간을 활용하기도 했다. 계절에 따른 여가 생활을 분류해 보면 봄에는 그네뛰기, 씨름, 줄다리기, 농악놀이 등을 했다. 더운 여름은 시원한 냇가에 가서 머리감기 같은 것으로 시간을 보냈다. 가을에는 추수를 한 뒤 기분 좋게 강강술래나 달맞이, 소먹이놀이, 소싸움, 닭싸움 등을 했다. 추운 겨울에는 연날리기나 제기차기, 팽이치기, 그리고 얼음 위에서 하는 썰매타기 등을 하며 긴긴 겨울을 이겨냈다.

1. ③
2. ① 시원한 냇가에 가서 머리감기 —————————— *여름
   ② 그네뛰기, 씨름, 줄다리기, 농악놀이 —————————— *겨울
   ③ 연날리기나 제기차기, 팽이치기, 썰매타기 —————————— *가을
   ④ 강강술래나 달맞이, 소먹이놀이, 소싸움, 닭싸움 —————————— * 봄

四、1. 경제와 사회의 발전, 개인의 노력.

2. 그는 평소 일과 전쟁을 위한 교육은 물론 여가와 평화를 위한 교육의 중요함을 강조하였습니다. 사람은 일과 전쟁을 위한 능력을 몸에 지녀야 하지만 여가와 평화를 보다 잘 살리는 능력도 함께 지녀야 한다는 것입니다.
3. 아리스토텔레스는 여가를 중요시하였지만 현대인들은 그렇지 않습니다. 여가는 자아를 발견하고 자신의 가능성을 확인할 수 있게 합니다. 따라서 자신의 의지에 따라 여가를 즐겨야 합니다.
4. 생략

五、1. ③
2. 새로 건물을 지을 때는 빨리 짓는 것보다 튼튼하게 짓는 것이 중요하다. 무엇이든 "돌다리도 두드려 보고 건너라"는 말처럼 신중하게 해야 사고나 문제를 막을 수가 있기 때문이다.

〈종합연습 1〉

1.
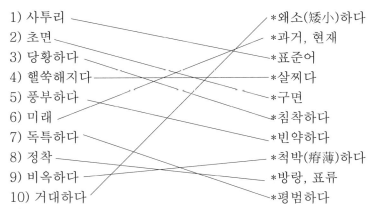

2. 1) 어제는 하도 더워서 하루 종일 선풍기 앞에만 있었어요.
2) 여름에는 좋아하는 과일도 마음껏 먹을 수 있습니다.
3) 서울은 구름이 많겠으며, 그 밖의 지방은 대체로 맑겠습니다.
4) 이번에 목욕탕과 부엌 구조를 많이 바꿨어요.
5) 요즘은 맞벌이 때문에 남자들도 집안일을 안 할 수 없게 되었어요.
3. 1) 초면에 결혼 여부를 묻는 것은 무례한 행동이다.
2) 나는 평소에 한 곳에 정착하지 않고 여러 나라를 떠돌아 다니는 것을 상상한다.
3) 골목 어귀에서 눈이 부시게 아름다운 여인을 보고 나는 넋이 나갔다.
4) 미래에는 갈수록 변화무쌍한 사건들이 많이 생길 것이다.
5) 최근 결혼 적령기가 늦어지는 양상에 비하면 그녀는 남달리 일찍 결혼을 했다.
4. 1) 단지 - 혹시   2) 하겠다더니 - 하더니   3) 들고 나니 - 들어 보니
4) 생길 줄 - 생긴 줄   5) 갈 거니 - 가니   6) 잃을 수 있는지 - 잃을까 봐
7) 심해진다면 - 심해지면서   8) 알았습니다 - 몰랐습니다   9) 아프니 - 아픈지
10) 주무셨지요 - 주무시지요
5. 1) 많이 보/말하   2) 술을 마셨   3) 시킬/ 할   4) 회복하/낫   5) 기다려야
6) 살   7) 퇴근하시/나가시   8) 입지   9) 배워/ 공부해   10) 살/ 지내
6. ① 무덥거나   ② 추우면   ③ 않으면   ④ 하기   ⑤ 세워야   ⑥ 나눠   ⑦ 뺄

⑧ 고려하여 ⑨ 있는지 ⑩ 늘리지
7. 1) 독서
   2) 하루라도 독서를 하지 아니하면 마음의 수양이 되지 않아 좋지 않은 말을 하게 된다는 말입니다. 따라서 '가시'는 좋지 않은 말을 뜻합니다.
   3) 책 속에는 수많은 지식과 감동이 있습니다. 그리고 옛날에서부터 지금까지의 수많은 사람들의 생각과 마음이 들어 있습니다. 그래서 책을 읽으면 그 속에 담긴 글의 내용뿐만 아니라 지은이의 생각까지도 알 수 있으며 그들과 마음 속으로 친구가 될 수도 있기 때문입니다.
   4) 생략
8. 찍어, 올챙이. 쥐, 파도, 두드려
9. 돌다리도 두드려 보고 건너라.
10. 1) 생략   2) 생략

<제 6 과>

一、1. (1) 지속적으로 (2) 헤아린다 (3) 떨어뜨렸다 (4) 끈질긴 (5) 한적한
     (6) 일단 (7) 배려할 (8) 들렀다 (9) 당첨됐다는 (10) 서리가 끼는
二、1. (1) 뛴다면 (2) 태어난다면 (3) 듣지 않았다면 (4) 너라면 (5) 알았다면
     (6) 당첨된다면
   2. (1) 리리 씨가 요즘 운동을 많이 했거든요. 그래서 살이 많이 빠졌어요.
     (2) 내가 어제 새로 생긴 한국식당에 가봤거든요. 근데 맛이 없더라구요.
     (3) 그 가수가 정말 인기가 많거든요. 콘서트할 때 팬들의 반응이 너무 열광적이어서 쓰러진 사람도 있다고 했어요.
     (4) 내가 안경을 써야 되는데 3년 동안 안 썼거든요. 그랬더니 시력이 많이 나빠졌어요.
     (5) 이름이 이세민이거든요. 중국어로 좀 써 주세요.
   3. (6) 오늘은 어제보다 추운 것 같습니다.
     (7) 내일은 날씨가 따뜻할 것 같습니다.
     (8) 칭칭 씨는 책을 보는 것을 좋아하는 것 같습니다.
     (9) 머리가 너무 아파요. 감기에 걸린 것 같습니다.
     (10) 지금 10시인데 이미 퇴근했을 것 같습니다.
   4. (1) 사다 준 거예요. (2) 가져다 주시겠어요? (3) 빌려다 주시겠어요?
     (4) 만들어다 줬어요. (5) 태워다 주시겠어요?
三、1. ③ 2. ④ 3. ②
   (듣기 대본)

> 지방에서 사업을 하는 박모 씨는 최근 사용하던 내비게이션이 작동하지 않아 애프터서비스(AS)센터를 찾았다. 하지만 주변에 해당 제품의 AS센터가 없어 택배로 접수한 후 2주가 넘어서야 제품을 받았다. 게다가 수리비는 2년 전 구입 가격의 절반에 해당하는 13만 원이나 청구돼 박씨는 큰 불편을 겪었다. 내비게이션 이용자들의 AS 불만이 끊이지 않고 있다. 지난해 기준 국내 내비게이션 시장 규모는 200만 대를 넘어섰지만 사업자들의 사후관리는 좀처럼 개선되고 있지

않다는 지적이다. 한 이용자는 "기업들은 제품을 구입하는 소비자를 소중히 생각하는 것처럼 제품 구입 후에도 소비자를 존중해주길 바란다"며 "현재 고객들이 겪고 있는 AS 관련 문제점이 빨리 해결되길 바란다"고 말했다.

四、1. 자신을 사랑하고 그것을 당당하게 드러내고 싶어하는 세대가 등장했고, 그것은 자기 중심 사회와 새로운 소비 문화에서 기인한다.
2. 아이 하나에, 엄마·아빠·할머니·할아버지·외할머니·외할아버지가 용돈을 준다는 뜻.
3. 생략
五、1. ① 2. 생략

⟨제 7 과⟩

一、1. (1) 오손도손 (2) 거세어졌다 (3) 물 쓰듯이 (4) 기렸다 (5) 형편없이
    (6) 폐를 끼치 (7) 정성껏 (8) 골고루 (9) 이른바 (10) 기원했다
二、1. (1) 참석할 텐데 (2) 비가 올 텐데 (3) 다들 배고플 텐데 (4) 기다릴 텐데
    (5) 곧 세일을 할 텐데
2. (1) 사귀는 모양이다 (2) 어제 저녁에 잠을 제대로 못 잔 모양이야
    (3) 우리가 잘못한 모양이야 (4) 계속 내릴 모양이다
    (5) 공부를 열심히 한 모양이야
3. (1) 너무 빨리 먹어서 그런지 (2) 주위가 시끄러워서 그런지
    (3) 자리 잡기가 힘들어요 (4) 날씨가 더워서 그런지
    (5) 퇴근시간이라서 그런지
4. (1) 힘드신데도 불구하고 (2) 열심히 공부했는데도 불구하고
    (3) 비가 오는데도 불구하고 (4) 5km 단축 마라톤을 완주하셨다
    (5) 집안의 반대가 심했는데도 불구하고
三、1. ② 2. ④ 3. 추도식 4. 생략
四、생략
五、1. ② 2. ④ 3. ③ 4. ③ 5. ④
   (듣기 대본)

유미: 강강 씨, 왜 그렇게 정신이 없어요?
강강: 내일이 설날이잖아요. 고향에 내려가려면 얼른 이 일을 마쳐야 할 텐데 걱정이에요. 아침부터 서둘렀는데도 불구하고 아직 반도 못 끝냈어요.
유미: 아, 강강 씨 고향이 강원도 강릉이라고 했지요? 강릉까지 가려면 빨리 해야겠네요.
강강: 네, 특히 저는 외동 아들이라서 제가 고향에 안 가면 부모님 두 분이서 명절을 쓸쓸하게 보내셔야 하거든요. 그래서 아무리 바빠도 고향에 가려고 애를 쓴답니다.
유미: 고향에 가면 주로 무엇을 하세요?
강강: 차례도 지내고, 부모님께 세배도 하고, 떡국도 먹고, 윷놀이도 하고 그러지요.

유미 : 부모님께서 강강 씨가 오기만을 눈이 빠지게 기다리고 계시겠네요. 그럼 일을 빨리 끝낼 수 있게 제가 좀 도와 드릴게요.

강강 : 정말 고마워요. 유미 씨.

<제 8 과>

一、1. (1) 바람 좀 쐬고 (2) 무궁무진하다 (3) 엄청나게 (4) 일컬어진다
    (5) 인파가 몰렸다 (6) 시간에 쫓겨 (7) 손바닥만하네
    (8) 말썽을 부렸어요 (9) 구비되었어요 (10) 자상해요

二、1. (1) 원래 오늘 도서관에서 공부하려다가 친구가 불러서 술 먹으러 갔다.
    (2) 친구 차를 타고 가려다가 친구 차가 고장나서 택시를 타고 갔다.
    (3) 식당에서 라면을 시키려다가 라면이 없다고 해서 된장찌개를 시켰다.
    (4) 오늘 학교에 가려다가 아파서 숙소에 있었다.
    (5) 저녁에 월드컵을 보려다가 엄마가 심부름을 시켜서 월드컵을 못 봤다.
    (6) 오늘 아기 데리고 동물원에 가려다가 애가 배탈이 나서 병원에 갔다.

  2. (1) 원래 나이 많으신 줄 알았는데 저만하네요.
    (2) 저 운동장이 작은 줄 알았는데 시청광장만하게 크네요.
    (3) 키가 참 크신데 발은 애기 발만하네요.
    (4) 덩치는 참 크신데 목소리는 모기소리만하네요.
    (5) 우리 학교 캠퍼스는 서울대 캠퍼스만해요.

  3. (1) 오늘 그 사람이 장난을 너무 심하게 했기 때문에 기분이 나빴어요.
    (2) 오늘은 휴일이기 때문에 공원에 사람이 아주 많아요.
    (3) 나는 요즘 그 사람 때문에 고생 많이 했다.
    (4) 요즘 회사 형편이 안 좋기 때문에 외식도 못 한다.
    (5) 태풍이 왔기 때문에 많은 비행기 스케줄이 취소됐다.
    (6) 정전 때문에 촛불을 켰다.

  4. (1) 그 여자가 마음씨 좋으면 사귈 것이다.
    (2) 저 식당 불고기가 맛있으면 가서 먹을 것이다.
    (3) 인민폐 가치가 올라가면 외국으로 여행갈 것이다.
    (4) 저 사람이 유죄가 입증되면 감옥에서 10년 살아야 된다.
    (5) 길에서 다른 사람의 가방을 줍게 되면 파출소에 신고해야 된다.
    (6) 한국어를 열심히 배우면 외교관이 될 수도 있다.

三、1. 천단 공원 2. ③ 3. ② 4. ④

(듣기 대본)

천단공원(天坛)은 북경의 대표적인 문화 유적지입니다. 천단공원에서는 명, 청 나라 황제들이 매년 제를 지내고 나라의 평안을 기원하였습니다. 천자는 하늘에서 명해준 자리라고 합니다. 예전의 황제들은 스스로를 천자라고 불렀습니다. 그래서 하늘을 숭배하고, 그에 대해 제사도 지냈습니다. 천단공원의 기년전은 매년 오곡이 풍성하기를 기원했습니다. 천단공원은 북경에서 가장 큰 공원으로 곳곳에 태극권과 검술을 연습하는 사람들을 볼 수 있습니다. 2006년 2월부

터 재정비가 되었습니다.
　　천단공원은 지하철 2호선 숭문문(崇文门) 근처에 있습니다.
　　공원 입장료는 비수기인 11월1일-3월31일에는 10위안, 성수기인 4월1일-10월31일에는 15위안입니다. 하지만 공원 입장료 외에 공원 내에 있는 천단 주요건축물을 관람할 때는 입장료 20위안을 따로 내야 합니다.

四、1. 북경은 유구한 전통을 가진 곳입니다. 유적지도 많고 새로 생긴 현대적 건물들도 많은 중국 발전의 상징입니다. 그래서 하루 관광으로 북경을 다 보기는 힘듭니다. 그래도 북경을 하루 관광하려면 중국의 상징인 천안문(天安门)과 고궁(故宫) 그리고 이화원(颐和园) 세 곳은 반드시 돌아봐야 합니다. 천안문 광장은 북경 시내 중심에 위치한 세계에서 현존하는 가장 큰 시내 광장이라 할 수 있습니다. 광장의 중앙에는 인민 영웅 기념비가 우뚝 솟아 있으며, 오성홍기(중국의 국기)가 광장 상공에서 펄럭이고 있습니다. 현재 매일 수많은 사람들이 이곳을 방문해 관광을 합니다. 고궁은 제일 완벽한 고대 황가 건축물로 어화원(御花园)이 독특합니다. 이화원은 북방 산천의 웅장함과 물의 고장 강남(江南)의 아름다움을 갖추고 있는 박물관 형식의 황실 정원입니다.
　　2. 북경 오리구이 즉 카오야가 북경의 대표 음식입니다. 오리를 잘 구워 밀 전병과 파에 싸 먹는 이 음식은 차문화가 발달된 중국에서 오랫동안 사랑받은 음식입니다. 이 오리 구이로 유명한 곳은 전취덕이라고 하는 곳이 있습니다.

五、1. ④　2. 생략

<제 9 과>

一、1. (1) 눈이 높아서　(2) 부쩍　(3) 각광을 받는다　(4) 눈살을 찌푸리며
　　(5) 앞세우고　(6) 시들었다　(7) 예의 바른　(8) 까다로워서
　　(9) 낮춰주세요　(10) 이게 웬 떡이냐

二、1. (1) 웬 사람이 이렇게 많아요?
　　(2) 웬 눈이 이렇게 내리지요?
　　(3) 이게 웬 인형이에요?
　　(4) 웬 아이스크림이에요?
　　(5) 웬 운동화예요?
　2. (1) 작다니요　(2) 적다니요　(3) 높다니요　(4) 덥다니요
　　(5) 좋아보인다니요
　3. (1) 군인답게 하네요　(2) 학생다운　(3) 남자다운　(4) 누나답게
　　(5) 세민 씨답게
　4. (1) 네, 차라리 학생 식당에서 먹는 게 낫겠어요.
　　(2) 차라리 걸어가는 게 낫겠어요.
　　(3) 차라리 비행기 타고 가는 게 낫겠어요.
　　(4) 그럼 차라리 쉬었다가 하는 게 낫겠어요.
　　(5) 차라리 죽는 게 낫겠어요.
　　(6) 차라리 내가 직접 하는 게 낫겠어요.

三、1. '영구하다'는 의미를 갖고 있기 때문입니다.
　　2. 중국에서 괘종시계나 우산 등은 금기하는 선물입니다. 헤어짐을 뜻하는 말들이기 때

문입니다. 관계의 단절을 의미하는 칼은 일본인들에게 선물해선 안 될 리스트로 뽑힙니다. 깨지기 쉬운 유리 소품이나 와인잔 등도 피해야 합니다.

  3. 한국인들은 흰색을 순결의 상징으로 여깁니다. 그래서 깨끗한 마음으로 두 사람이 함께 새 출발을 한다는 의미에서 흰색 드레스를 즐겨 입는 것입니다.

四、생략 五、생략 六. ④

⟨제 10 과⟩

一、1. (1) 지경 (2) 지끈지끈 (3) 안색 (4) 워낙 치열 (5) 불면증
    (6) 쌓이 해소 (7) 처했다 (8) 긴장 (9) 활용 (10) 심리적

二、1. (1) 원래 저 나이 많으신 줄 알았는데 저만하네요
    (2) 저 운동장이 작은 줄 알았는데 시청광장만하게 크네요.
    (3) 키가 참 크신데 발은 아기 발만하네요.
    (4) 덩치는 참 크신데 목소리는 모기 소리만하네요.
    (5) 우리 학교 캠퍼스는 서울대 캠퍼스만하네요.

2. (1) 끊기다 (2) 막히다 (3) 열려 (4) 풀리다 (5) 놓여 (6) 잡혔다

3. (1) 요즘 심심해서 죽을 지경이다.
    (2) 저녁 때 너무 많이 먹어서 배가 터질 지경이다.
    (3) 그 말을 듣고 너무 감동해 눈물이 나올 지경이다.
    (4) 비염이 심해 코가 아플 지경이다.
    (5) 기말 리포트가 많아 머리가 터질 지경이다.
    (6) 날씨가 너무 추워 얼어죽을 지경이다.

4. (1) 그 여자가 마음씨 좋으면 사귈 것이다.
    (2) 저 식당 불고기가 맛있으면 가서 먹을 것이다.
    (3) 인민폐 가치가 올라가면 외국으로 여행갈 것이다.
    (4) 길에서 다른 사람의 가방을 줍게 되면 파출소에 신고해야 된다.
    (5) 한국어를 열심히 배우면 외교관이 될 수도 있다.

5. 어제 늦게까지 게임을 했더니 오늘 눈이 침침하고 잘 (1)안보였다. 엄마는 꾀병부리지 말고 얼른 학교 (2)가라고 하셨다. 하지만 나는 머리까지 아파서 (3) 죽을 지경이었다. 아파서 학교에 못 가겠다고 말했더니 엄마가 소리를 버럭 질렀다. 엄마의 소리가 천둥 소리 (4)만하게 들렸다. 나는 할 수 없이 가방을 들고 밖으로 나왔다. 하지만 도저히 학교에 갈 수가 없어서 선생님께 문자로 (5)결석하겠다고 말씀드렸다.

三、1. ③ 만병의 근원 2. ④ 3. ①
  (듣기 대본)

> 현대인들은 다양한 환경과 원인으로 인해 스트레스를 받고 있다. 스트레스는 종류도 많고, 흔한 병이라 만병의 근원이라고도 한다. 따라서 스트레스를 잘 조절해야만 건강하게 살 수 있다. 그렇다고 모든 스트레스가 다 나쁜 것은 아니다. 긍정적인 스트레스는 자신의 삶을 더 나아지게 할 수 있는 요인이 되기도 하기 때문이다.
>
> 스트레스 증상으로 흔히 나타나는 것은 집중력과 기억력 감퇴, 불안, 신경과민, 우울증이다. 특히, 손톱을 깨물고 다리를 떠는 등 신경질적인 습관이 나타날 수 있고, 심지어 욕설, 비난 같은 행동이 나타나기도 한다.

五、1. ④　2. 수주대토(守株待兎)

<종합연습 2>

1. ① (시간에 쫓기는)　② (오손도손)　③ (예의 바른)　④ (까다롭지)　⑤ (자상한)
   ⑥ (앞세우며)　⑦ (눈살을 찌푸릴)　⑧ (엄청나게)　⑨ (시무룩하게)　⑩ (눈이 높다)
2. 1) 시간에 쫓겨 관광은 거의 못해 봤습니다.
   2) 6개월밖에 살 수 없다면 무엇을 하겠어요?
   3) 새해가 되면 윷놀이를 하거나 떡국을 먹는 풍습이 있다.
   4) 역사가 오래 된 도시에는 유적지를 비롯해서 볼거리가 많다.
   5) 겨울에 웬 소나기가 내리는 걸까?
3. 1) 밖에 없다　2) 발전해 왔기 때문에　3) 들을 만하다　4) 웬
   5) 마음이 담긴/마음을 담은
   6) 했는데도　7) 떨어지니/떨어져　8) 해 주셔서　9) 여자다워야, 남자다워야
   10) 차라리
4. 1) 찾거나 알려고 하는 것이 없을 때 쓰는 말.
   2) 정바람에 그동안 작업한 게 몽땅 없어졌다. 그 많은 걸 다시 하려니 정말 눈앞이 캄캄했다.
5. 생략

<제 11 과>

一、1. (1) 리스트　(2) 알려져　(3) 이른바　(4) 철썩　(5) 더없이
   (6) 흔해서　(7) 행운　(8) 만점　(9) 아무래도　(10) 효과
二、1. (1) 원래 오늘 도서관에서 공부하려고 했다. 친구가 불러서 술 먹으러갔다.
   (2) 친구 차를 타고 가려고 했다. 친구 차가 고장나서 택시를 타고 갔다.
   (3) 식당에서 라면을 시키려고 했다. 라면이 없다고 해서 된장찌개를시켰다.
   (4) 오늘 학교에 가려고 했다. 아파서 숙소에 있었다.
   (5) 저녁에 월드컵을 보려고 했다. 엄마가 심부름을 시켜서 월드컵을 못 봤다.
   (6) 오늘 아기 데리고 동물원에 가려고 했다. 아기가 배탈이 나서 병원에 갔다.
   2. (1) 깨지 않도록 조심하세요　　(2) 통하도록 창문을 열어주세요
   (3) 낫도록 기도할게요　　(4) 있도록 조용히 해야 한다
   (5) 잃지 않도록 지도를 가져가세요　(6) 잘하도록 노력을 해보고 싶어요
   3. (1) 태권도야말로 한국의 무술이다.
   (2) 이순신 장군이야말로 존경받아야 되는 분이에요.
   (3) 실력이야말로 성공의 키워드예요.
   (4) 불고기야말로 한국의 대표 음식이다.
   (5) 자금성이야말로 중국의 대표적 관광지이다.
   (6) 결혼이야말로 인생에서 중요한 순간이에요.
   4. (1) 한　(2) 큰　(3) 성공한　(4) 쓴　(5) 잘한　(6) 기계인

三、1. ③ 2. ① 3. ④
   (듣기 대본)

   떡은 한국의 대표적 음식 중 하나이다. 예부터 한국인들은 계절마다 또는 각종 경조사 때마다 떡을 해서 나눠 먹었다. 이렇게 떡을 해먹는 것은 한국의 전통적인 민속 풍속 중 하나이다.
   그 중에서도 시루떡은 가장 많이 해먹는 떡이었다. 붉은 팥을 넣어 만든 떡이 바로 시루떡이다. 붉은 팥 고물을 쓰는 것은 잡귀가 붉은색을 무서워하여 액을 피할 수 있다는 주술적인 뜻이 담겨 있다. 이사한 첫날 이웃을 돌아다니며 시루떡을 돌리면 악귀를 쫓아 새로운 둥지에 행복을 들일 수 있다고 한국인들은 믿었다. 이런 전통 풍속은 지금까지도 이사떡으로 이웃에 돌리는 풍습으로 남아 있으며, 요즘은 개업을 했을 때도 시루떡을 돌리기도 한다.

四、1. 원단.
   2. 집 입구에 대련을 써서 붙인다.
   3. 중국인들은 붉은색이 사악한 기운을 물리친다고 생각했다.
五、1. ①

<제 12 과>

一、1. (1) 쏠쏠해요 (2) 가식적 (3) 필수품 (4) 편리함 (5) 차린
      (6) 부작용 (7) 전망했다 (8) 부담 (9) 보급 (10) 만만치 않아요
二、1. (1) (1) 꺼졌다 (2) 써진다 (3) 깨졌다 (4) 알려진
      (5) 열어지는데 (6) 이루어졌다
   2. (1) 세워 놓다 (2) 만들어 놓았으니까 (3) 켜 놓고
      (4) 써 놓았으니까 (5) 넣어 두었다 (6) 청소해 놓고
   3. (1) (X) (2) (O) (3) (X) (4) (X) (5) (O) (6) (O)
   4. (1) 친구 집에서 재미있게 놀다 보니 벌써 집에 갈 시간이 되었다.
      (2) 조금만 먹으려고 했는데 너무 맛있다 보니 거의 다 먹었다.
      (3) 중국에서 10년이나 살다 보니 중국 사람이 다 됐다.
      (4) 컴퓨터 앞에서 오래 있다 보니 눈도 아프고 어깨도 뭉쳤다.
      (5) 직장 생활이 바쁘다 보니 가족과 함께 할 시간이 별로 없다.
      (6) 백화점이 세일해서 옷값이 싸다 보니 돈 많이 썼어요.
三、1. ④ 2. ④ 3. ④
   (듣기 대본)

   요즘 신문이나 방송을 보면 '유비쿼터스'라는 단어가 심심치 않게 나옵니다. 유비쿼터스란 라틴어로 '언제 어디서나' '동시에 존재한다'라는 뜻이지요. 현대 사회에서 유비쿼터스는 언제 어디서나 어떤 것을 이용해서라도 온라인 네트워크 상에 있으면서 서비스를 받는 환경이나 공간을 의미하게 되었습니다. 지금처럼 집이나 사무실 책상 위의 컴퓨터 네트워크 뿐만 아니라 휴대전화, TV, 게임

기, 휴대용 단말기 등 모든 PC기기가 네트워크화된 것을 말하지요. 지금은 이런 유비쿼터스 덕분에 집에서도 세계 어느 곳에 있는 사람과 대화를 할 수 있고, 쇼핑, 주식, 은행 거래 등을 간단하게 할 수 있지요. 이 외에도 현재 교통, 유통 등 수많은 방면에 유비쿼터스를 활용한 컴퓨터 관련 기술이 생활 구석구석에 스며들어 있습니다.

四、1. 17살 학생의 엄마
2. 아이가 스마트폰 중독에 빠져 있다.
3. 인터넷 스마트폰 중독 및 유해환경 차단 소프트웨어를 활용을 추천해 드린다
4. 생략

五、1. ①

〈제 13 과〉

一、1. (1) 날로 (2) 단연 (3) 뒤덮여 (4) 비로소 (5) 새삼 (6) 질서정연하게
    (7) 날로 (8) 단연 (9) 견학하 (10) 고조시켰다

二、1. (1) 갈수록 (2) 보면 볼수록 (3) 칠수록, 할수록 (4) 많을수록
    (5) 더울수록 (6) 사귀면 사귈수록
2. (1) 유리접시를 깨지 않도록 조심하세요.
   (2) 바람이 잘 통하도록 창문을 열어주세요.
   (3) 할머니 병이 빨리 낫도록 기도할게요.
   (4) 아이가 잘 잘 수 있도록 조용히 해야 한다.
   (5) 길을 잃지 않도록 지도를 가져가세요.
   (6) 한국어를 더 잘하도록 노력을 해보고 싶어요.
3. (1) 어찌할 바를 (2) 확인된 바가 (3) 느낀 바를 (4) 얻은 바가
   (5) 알 바가
4. (1) 칭칭 씨는 한국어는 물론이고 영어까지 잘합니다.
   (2) 너까지 나를 못 믿겠어? (3) 이제는 슈퍼에서 주식까지 파네요.
   (4) 오빠까지 이 일을 반대해요? (5) 시간도 늦고 비까지 내려서
   (6) 세민 씨 일본어 인사말까지 몰라?

三、1. ④ 2. ③ 3. ① 4. ②
(듣기 대본)

안녕하세요? 저는 한국을 아주 좋아하는 중국 대학생 황칭입니다. 저는 지금까지 한국에 가 본 적이 한 번도 없지만 제 가슴 속에는 한국에 대한 이미지가 또렷하게 있습니다.
한국은 중국보다 땅 크기는 무척 작지만 생기가 넘치는 나라입니다.
저는 한국 드라마를 즐겨 보는데 한국 사람들은 정말 패션 감각이 뛰어난 것 같습니다. 또한 예쁜 여자와 멋진 남자가 많은 것 같습니다. 젊은이들이 최근 유행에 따라 자기를 잘 꾸미는 감각을 가지고 있기 때문이라고 생각합니다.

> 　　근년에 들어 한국의 경제는 비약적으로 발전하고 있습니다. 삼성전자, LG전자, 현대자동차 등은 세계적으로도 유명합니다. 이것은 비록 나라는 작지만 우수한 한국인들이 많기 때문입니다. 특히, 세계의 흐름을 잘 파악하고 꾸밀 줄 아는 능력이 뛰어납니다. 뿐만 아니라 일에 집중하고 응집력이 강합니다. 10년 전 한국이 심각한 경기 불황에 휘청거릴 때 한국의 많은 아줌마들이 결혼 반지까지 정부에 기증하며 나라를 구하고자 했습니다. 이런 책임감은 우리가 배울 만한 정신이라고 생각합니다.

四、1. 우선 인원의 현지화입니다. 다음으로 상품의 현지화입니다. 일단 중국 사람들이 좋아할 수 있는 디자인 등을 고려한 상품 생산에 주력합니다. 또 부품의 현지화입니다.
　　2. 북경현대 내부에는 기술연구소, 연구개발센터 등을 만들어 한국에서 기술자들이 파견되어 중국 직원들하고 같이 연구소를 운영하고 있습니다.
　　3. 생략
五、1. ④　2. ④

〈제 14 과〉

一、1. (1) 운임　(2) 연락처　(3) 경유하여　(4) 알맞은　(5) 발권
　　　 (6) 완전 매진　(7) 조회　(8) 보수　(9) 확실한　(10) 직행한다
二、1. (1) 일본으로 해서 뉴욕에 갑니다.
　　　 (2) 퇴근한 후 책방으로 해서 집에 가려고 합니다.
　　　 (3) 골목길을 따라서 극장 앞으로 해서 가면 운동장이 보여요.
　　　 (4) 수미 씨가 도서관으로 해서 우체국에 들렀다 오겠다고 했어요.
　　　 (5) 지금 퇴근 시간이라서 북경대학교로 해서 이화원에 가는 게 더 빠를 거예요.
　　 2. (1) 부엌에 가는 길에 컵을 갖다 줄래?
　　　 (2) 교실에 들어가는 길에 창문을 열어 놓으렴.
　　　 (3) 병원에 들르는 길에 의사 선생님께 인사를 해야 겠어요.
　　　 (4) 서점에 가는 길에 한국어 책도 찾아 봐야 겠어요.
　　　 (5) 여행 가는 길에 선물을 하나 사야 겠어요.
　　 3. (1) 놀　(2) 조사할　(3) 느낄　(4) 소개할　(5) 할
　　 4. (1) 네, 한국어만큼은 자신이 있어요.
　　　 (2) 걱정 마세요. 요리만큼은 자신이 있으니까요.
　　　 (3) 수영만큼은 제가 자신이 있어요.
　　　 (4) 저는 노래만큼은 정말 자신이 없어요.
　　　 (5) 월급만큼은 많아요.
三、1. ④　2. ①　3. ②
　　 (듣기 대본)

> 　　항공 예약의 경우는 예약 시 언제까지 발권하라는 안내가 나가며, 발권 전 취소하면 취소 수수료가 부과되지 않고 문제가 없다. 하지만 발권을 하게 되면 발권과 동시에 지불한 운임과 상관없이 취소 수수료(refund service charge)가

발생한다. 항공권 가격이 저렴할수록 제약 조건이 많이 붙는다. 환불이 안 된다든지, 출발 3주 전까지 발권해야 한다든지, 마일리지 누적이 안 된다든지, 업그레이드가 안 된다든지 등등으로 항공사에서 여러 가지 제약 조건을 붙여 좌석에 대한 가격 정책을 달리 책정하여 운영한다. 미리 예약하고 발권해서 다행히 예정대로 가면 괜찮은데 불행히 스케줄이 변경된다든지 취소하게 되면 환불 위약금(refund penalty)이 부과되는 것이다.

四、1. 제주도요.
2. 저는 비행기로 가려고 합니다./ 저는 배로 갈 생각입니다.
3. 호텔에서 이틀 묵고 싶습니다. / 펜션에서 이틀 묵고 싶습니다./ 콘도에서 이틀 묵고 싶습니다.
4. 숙소는 금연 룸으로 해 주세요. 그리고 가능하다면 좋은 TV있고 인터넷이 되는 곳이면 더 좋겠습니다.
5. 제주도에서 볼 것이나 먹을 것 등을 자세히 소개해 주시면 좋겠어요.

五、1. ① 2. 생략

⟨제 15 과⟩

一、1. (1) 웬만한 (2) 무뚝뚝한 (3) 덜 (4) 자제할 (5) 반드시 (6) 넘치는
(7) 최소한 (8) 먹이 (9) 손이 많이 가야 합니다 (10) 둘러싸고

二、1. (1) 태워 (2) 울렸다 (3) 신겼다 (4) 속였다 (5) 녹여서 (6) 괴롭혔다
2. (1) 시키지 마세요. (2) 시키려고 합니다. (3) 청소를 시켰다.
(4) 말을 시키지 마세요. (5) 너무 어려운 거 시키지 마세요.
3. (1) 책을 많이 읽는 사람치고 (2) 한국사람치고 (3) 그 브랜드의 옷치고
(4) 세계의 대도시치고 (5) 우리 학교 출신치고
4. (1) 써 둔 (2) 모아 두었다 (3) 배워 두었다 (4) 적어두
(5) 읽어 두어라 (6) 놓아 두어라

三、1. ② 2. ① 3. ④
(듣기 대본)

주말이면 등산길마다 등산 인파로 줄을 잇습니다. 그 등산 인파 사이로 10대부터 20~30대 사이의 젊은 등산객들을 쉽게 찾을 수 있습니다. 데이트 겸 운동을 나온 연인이나 직장동료, 또는 친구끼리 짝을 이룬 이들의 표정에는 자연을 만끽하는 여유로움이 가득합니다. 젊은 사람들마다 산을 오르며 자연을 느끼면서 스트레스를 풀고 있습니다. 이렇게 등산을 즐기는 연령이 낮아지면서 산이 점점 젊어지고 있습니다. 주로 중장년층에 집중됐던 등산인구가 20~30대 젊은 층을 흡수하면서 새로운 등산문화를 만들고 있습니다. 탁 트인 산을 오르며 땀을 흘리는 등산의 묘미는 삭막한 도시 생활에 지친 20~30대들에게도 충분한 매력이 되는데요. 사회 전반적으로 미혼남녀의 결혼 시기가 늦춰지고 있고, 이들이 더욱 적극적으로 여가생활을 보내려는 심리가 강해진 것도 20~30대 등산 열풍의 한 축이 되고 있습니다.

四、1. 컴퓨터 통신이나 인터넷 따위를 통해서 온라인상으로 이루어지는 게임을 통틀어 이르는 말입니다.
2. 사이버 스포츠(cyber sports)가 있고 주최하는 단체나 대회에 따라 다르게 부르기도 합니다.
3. 보통 실시간 전략 게임, 일인칭 슈팅 게임, 스포츠 게임 같은 장르들입니다.
4. 사이버상으로 하는 게임이다보니 혼자 지내는 시간이 늘어날 수 있습니다. 따라서 고립된 생활을 통해 외로움을 느끼기 쉽습니다. 또한 사행성이나 퇴폐성 게임 등이 많아 정신 건강을 해치거나 청소년들에게 좋지 않은 영향을 미치기도 합니다.
5. 생략

五、1. ① 2. ③

〈종합연습 3〉

1. 1) 나의 콤플렉스는 작은 키라서 사람들 앞에 당당하게 서기가 쉽지 않다.
2) 막상 발표 시간이 되자 침착한 태도로 발표를 무사히 잘 마쳤다.
3) 타고난 사람이라도 틈틈이 연습을 해야 실력을 더욱 발휘할 수가 있다.
4) 평소에는 여성적 매력을 풍기지만 일을 할 때는 평소와 대조적으로 남성적 성격을 드러냅니다.
5) 도무지 그런 일을 그가 저질렀으리라고 생각할 수가 없다.
6) 도대체 살기에 적합한 곳은 어디입니까?
7) 그동안 열심히 얼굴을 가꾸더니 요즘 미미 씨가 부쩍 예뻐진 것 같아요.
8) 심지어 골치 아픈 일조차도 순조롭게 해결되어 정말 다행입니다.
9) 나는 학생들 이름을 잘 못 외워서 학생들을 번번이 착각을 하곤 합니다.
10) 약속 시간에 맞춰 부랴부랴 서둘렀더니 다행히도 늦지 않았습니다.

2. 1) 가식적인 2) 이른바 3) 무뚝뚝해서 4) 둘러싸인, 최소한 5) 집들이
6) 지름신 7) 새삼 8) 메세지 9) 전형적, 쾌청하다 10) 웬만하면, 자제하고

3. 1) 바쁠수록 운동은 꼭 해야 합니다.
2) 밖에 누가 온 듯 한데요.
3) 원래 빈 수레가 요란한 법입니다.
4) 한국어라면 누구 못지않게 자신 있습니다.
5) 잘난 척하는 사람은 딱 질색이에요.

4. 더럽겠다→더러워졌다, 벗었다→벗겼다, 먹었다→먹였다, 벗고→벗기고, 더워서→데워서, 씻었다→씻겼다, 좋으며→좋아서, 입었다→입혔다, 자우려고→재우려고, 눕였다→눕혔다.

5. 1) 공부만큼은 2) (O) 3) (O) 4) 잤는데도/ 잤지만 5) 못 봤어요
6) 사오라고 7) (O) 8) 늦춰야 9) (O) 10) 먹이지

6. 1) 손님을 대하는 손님의 태도가 불친절해서
2) 손님에게 친절하고 존중하는 자세를 가졌다.
3) 삼만 오천 원
4) 사람을 대하는 자세의 중요성
5) 이천 원어치가 넘는 친절/ 친절한 신발 가게 점원

7. 1) 2 2) 3 3) 여성 소비자들을 공략하기 위해서

(듣기 대본)

　　스마트폰은 이제 현대인의 필수품이 되었다. 특히, 최근에는 스마트폰 성능이 상향 평준화되면서 독특한 색깔과 디자인 경쟁이 벌어지고 있다. '백인백색'이라고 사람의 기호나 성향은 제각각이다. 하지만 동시에 사람들이 선호하는 색깔은 기본적으로 블랙과 화이트이다. 블랙과 화이트는 다른 색상에 비해 취향을 타지 않는 편이라 남녀노소 모두에게 보편적으로 인기를 끄는 색상이다. 따라서 대부분 기업은 전자 제품이나 스마트폰의 기본 색상으로 블랙과 화이트를 선호하고 있다. 블랙이나 화이트 다음으로 인기있는 색상은 단연 핑크다. 삼성전자를 비롯한 주요 스마트폰 제조사는 여성 소비자를 겨냥한 핑크 색상을 개발했다. 이외에도 블루, 그레이같은 다양한 색상의 제품도 출시하고 있다. 이렇게 같은 제품이지만 색상만 다르게 바꿔 내놓으면 새로운 느낌으로 또 다른 소비자층을 공략할 수 있다. 그래서 주요 스마트폰 제조사들은 색상을 바꿈으로써 자신들만의 제품의 독자성을 강화하고 있다.

⟨제 16 과⟩

一、1. (1) 순탄한 (2) 붐볐다 (3) 도무지 (4) 성스러운 (5) 걸쳐
　　　(6) 적합한 (7) 대조적으로 (8) 풍겨왔다 (9) 저실러 (10) 추모하는
二、1. (1) 써섰으니 (2) 써섰으니 (3) 깨섰으니 (4) 말녀신 (5) 멸이지는데
　　　(6) 이루어졌다
　　2. (1) 찾아냈습니다 (2) 밝혀내 (3) 참아냈다 (4) 그려냈다
　　　(5) 만들어냈다 (6) 읽어냈다
　　3. (1) 갑자기 비가 내리자 우산을 안 가져온 사람들은 뛰어가거나 근처 가게 같은 곳에 들어간다.
　　　(2) 중국 국가가 울리자 그 선수는 흐르는 눈물을 주체할 수 없었다.
　　　(3) 공연이 끝나자 관객들은 큰 박수를 쳤다.
　　　(4) 방학이 시작되자 나는 홍콩으로 여행갈 것이다.
　　　(5) 창문을 열자 먼지가 많이 들어왔다.
　　4. (1) 퇴근 시간이니까요. (2) 오늘은 어린이날이니까요.
　　　(3) 날씨가 더우니까요. (4) 그 식당의 음식이 맛이 있으니까요.
　　　(5) 이미 기차표를 샀으니까요. (6) 회의중이었으니까요.
三、1. ② 2. ③ 3. ④
　　(듣기 대본)

　　'공자님 말씀하고 있네!', '공자 앞에서 문자 쓰냐?' 한국에는 이런 표현이 있습니다. '공자님 말씀'은 말 그대로 지나치게 옳은 말, 바른 말을 뜻합니다. 이 말은 주로 다른 사람의 말이나 태도를 비웃을 때 쓰는 표현입니다. 한편, '공자 앞에서 문자 쓰냐?' 이 표현은 상대가 주제에 넘는 말이나 행동을 할 때 쓰는 표현입니다. 이것 역시 냉소적인 표현의 하나입니다. 이런 표현을 보면 '공자'는 단순히 유교를 일궈낸 위대한 사상가일 뿐 아니라 우리 잠재 의식 속에 너무도 뛰

어나 도저히 뛰어넘을 수 없는 사람을 대표하는 상징이 되었습니다. 특히 소크라테스나 플라톤처럼 서양의 위대한 사상가들도 많은데 그들이 나오는 속담이나 표현이 없는 것을 보면 옛 성현 중 지식적인 부분에서 공자의 인지도는 압도적이라 할 수 있습니다.

四、1. ③
2. 자기 자신을 위한 것임과 동시에 사람을 다스리는 것.
3. 법률이나 형벌로 백성을 규율하는 것이 아니라 도덕적 교리와 언행을 통해 백성을 선도하는 것이며, 따라서 먼저 자기 자신을 닦는 것이 필수가 된 것입니다.
4. 최고의 성인인 제왕(성왕)을 정점으로, 사대부는 각기 쌓아 올린 지식과 교양을 갖추고 제왕을 보익하고, 제왕이 도덕정치에 만전을 기할 수 있게 하는 것.
5. 노인에게 자리를 양보한다. 노인을 공경한다. 어른 앞에서는 무릎을 꿇고 앉는다. 어른 앞에서는 나를 낮춘다. 식사를 할 때에는 어른이 수저를 먼저 드신 후에 먹는다. 어른을 공경한다.

五、1. ④
2. '구슬이 서 말이라도 꿰어야 보배'라는 말처럼 현재 계획서를 잘 분석하여 실제로 활용할 방안을 찾아보려 합니다.

〈제 17 과〉

一、1. (1) 지극합니다 (2) 겸비한 (3) 틈틈이 (4) 힘을 쏟았습니다
   (5) 꼽혔습니다 (6) 막상 (7) 섬세하 (8) 어진 (9) 섭섭했습니다
   (10) 닥쳤다

二、1. (1) × 누구에게나 단점이 있는 법이다. (2) × 뿌린 대로 거두는 법이다.
   (3) ○ (4) × 내가 하기 싫은 일은 남도 하기 싫은 법이다.
   (5) ○ (6) × 벼는 익을수록 고개를 숙이는 법이다.

2. (1) 그의 설명을 듣고 보니 (2) 우유를 다 먹고 보니
   (3) 새로 산 원피스를 입고 보니 (4) 지영 씨하고 사귀고 보니
   (5) 막상 그 일을 하고 보니 (6) 그 사람이 어려 보이는데 알고 보니

3. (1) 비 오듯이 (2) 아는 듯이 (3) 쏟아질 듯이 (4) 잘한 듯이
   (5) 끝날 듯하니 (6) 미친 듯이

三、1. ② 2. ③ 3. ④ 4. ④
(듣기 대본)

매창(梅窓:1573~1610)은 조선 중기의 여류 시인이다. 본명은 향금(香今), 자는 천향(天香)이고, 매창(梅窓)은 호다. 아전 이탕종(李湯從)의 딸로서, 시문과 거문고에 뛰어나 당대의 문사인 유희경(劉希慶)·허균(許筠)·이귀(李貴) 등과 교유가 깊었다. 부안(扶安)의 기생으로 개성의 황진이(黃眞伊)와 더불어 조선 명기의 쌍벽을 이루었다. 유희경의 문집에는 계랑에게 주는 시가 10여 편이 있으며, 〈가곡원류〉에는 "이화우(梨花雨) 흩날릴 때 울며 붙잡고 이별(離別)한 님"으로 시작되는 매창의 시조가 유희경을 생각하며 지은 것이라고 기록되어 있다.

허균의 〈성소부부고〉에도 그녀와 시를 주고받은 이야기가 전하며, 그녀의 죽음을 전해 듣고 애도하는 시와 함께 그녀의 사람됨에 대하여 간단한 기록도 덧붙였다. 그녀의 시문은 가늘고 약한 선으로 자신의 숙명을 그대로 읊고 있다는 특징이 있다. 또한 자유자재로 구사한 시어에서 그녀의 우수한 시재(詩才)를 엿볼 수 있다.

四、 1. 잠자리 등 다양한 식물과 곤충을 포함한 그림을 말하는 것입니다.
　　 2. 수박이 다산을 상징합니다. 속에 씨를 많이 갖고 있기 때문입니다.
　　 3. 부드럽고 여성적인 표현과 산뜻하면서도 한국적인 품위를 지닌 색채 감각이 대단히 뛰어납니다.
　　 4. 생략
五、 1. 공은 공이고, 사는 사다.
　　 2. 죄송합니다. 공은 공이고, 사는 사입니다. 그런 문제는 여기서 처리할 수가 없으니 이해해 주십시오.

〈제 18 과〉

一、1. (1) 마주쳤다　(2) 팍팍　(3) 침체　(4) 빈둥거렸다　(5) 너나 할 것 없이
　　　(6) 끼먹어서　(7) 모처럼　(8) 쭉　(9) 신호　(10) 읽긴다
二、1. (1) (1) 갈수록　(2) 보면 볼수록　(3) 칠수록, 할수록　(4) 많을수록
　　　(5) 더울수록　(6) 사귀면 사귈수록
　　2. (1) 평소에 열심히 공부했더라면 장학금을 탈 수 있었을 거예요.
　　　(2) 운동을 안 했더라면 살이 많이 쪘을 거예요.
　　　(3) 일찍 떠났더라면 기차를 놓치지 않았을 거예요.
　　　(4) 이 바지 사이즈가 조금 더 컸더라면 나한테 맞았을 텐데요.
　　　(5) 조금만 더 참았더라면 싸우지 않았을 것 같아요.
　　　(6) 지하철을 탔더라면 시간을 맞춰 도착할 수 있었을텐데.
　　3. (1) 소파에서 텔레비전을 켜놓은 채로　(2) 고개를 숙인 채로
　　　(3) 씻지 않은 채로　(4) 열어 놓은 채　(5) 안경도 벗지 않은 채
　　　(6) 산 채로
　　4. (1) 부엌에 가는 길에 컵을 갖다 줄래?
　　　(2) 교실에 들어가는 길에 창문을 열어 놓으렴.
　　　(3) 병원에 들르는 길에 의사 선생님께 인사를 해야 겠어요.
　　　(4) 서점에 가는 길에 한국어 책도 찾아 봐야 겠어요.
　　　(5) 여행 가는 길에 선물을 하나 사야 겠어요.
　　5.

요즘은 세계적으로 경제 불황에다 너나 할 것 없이 스펙이 좋아서 날이 갈수록 경쟁이 더 치열해 진다. 그래서 취업난이 사회적 문제로 대두되고 있다. 회사가 밀집되어 있는 강남 부근에 가면 입사 신청서를 든 채로 구직을 하러 다니는 취준생들을 흔히 볼 수 있다. 지방 사립대 출신인 이정오 씨도 그 중 한 명이다.

그는 벌써 3년째 직업을 구하지 못한 채 백수로 지내고 있다고 한다. 이 씨는 진작에 공무원 시험 준비를 했더라면 좋았을 텐데라고 후회를 했다.

三、1. ④ 2. ①, ④
(듣기 대본)

최근 한국 경제의 가장 큰 고민 중 하나는 청년실업 문제일 것입니다. 경제 침체가 지속되고, 취업난이 점점 심해지면서 청년 실업자는 이제 100만명을 훌쩍 넘었습니다.
　　백수라고 불리는 청년 실업자. 청년 백수들은 좋은 직장을 구하기 위해 비싼 돈 들여 스펙 쌓기에 열중합니다. 수많은 면접 시험을 보고, 좌절과 절망에 빠져 우울증에 걸리기도 합니다. 반면, 운좋게 취업에 성공하더라도 전공이나 적성은 고려하지 않은 직장에 적응하지 못하고 중도에 그만 두기도 합니다.
　　이런 청년실업 해소를 위해서는 단기간의 일자리 창출 뿐만 아니라 교육시스템이 개선되어야 합니다. 무엇보다 직업의식 교육 강화 등 중장기 대책이 동시에 추진되어야 합니다.

四、1. 현재는 영어 공인 성적, 특기 등 취업을 위한 취준생들의 능력 정도를 상징하는 말로 쓰인다
　　2. 3 생략
五、1. ③

<제 19 과>

一、1. (1) 번번이 (2) 가꾸 (3) 소박하 (4) 이르렀다 (5) 절실하다
　　(6) 기울였다 (7) 흠뻑 (8) 반듯하 (9) 컴플렉스 (10) 되풀이하
二、1. (1) 교통사고를 당했어요.
　　(2) 거절을 당했거든요.
　　(3) 길에서 나한테 말 건 사람한테 사기를 당했어요.
　　(4) 협박을 당했다면서요?
　　(5) 해고를 당했어요.
　　(6) 망신을 당했어요.
　　2. (1) 나빠지는 바람에 (2) 넘어지는 바람에 (3) 막히는 바람에
　　(4) 생기는 바람에 (5) 어제 잠을 못 자는 바람에
　　(6) 예약을 늦게 하는 바람에
　　3. (1) 세민 씨가 가수 못지 않게 노래를 잘합니다.
　　(2) 지영 씨는 여자지만 남자 못지 않게 일을 잘합니다.
　　(3) 그 애의 판단력은 성인 못지 않다.
　　(4) 이 책에 요리사 못지 않은 요리법이 많이 소개되었다.
　　(5) 그 여자는 웬만한 연예인 못지 않게 예쁩니다.
　　(6) 태산도 황산 못지 않게 아름답습니다.

三、1. ④ 2. ① 3. ④ 4. ③
(듣기 대본)

> 무한경쟁의 시대에서 완벽한 인간이 되기 위한 욕망은 점점 도를 넘고 있다. 나이드는 것을 두려워하는 중년층에서부터 좀더 예뻐지고 싶어 하는 젊은이들에 이르기까지 외모 지상주의에 빠져 있는 듯하다. 최근 노인층 사이에는 생일 선물로 해외 여행이나 현금 대신에 처진 주름을 끌어올리는 수술이나 주름 제거 수술 등을 받는 것이 유행이 될 정도다.
> 이런 외모 지상주의는 성형 중독으로 이어졌고, 심리적인 문제를 포함한 부작용은 하나의 사회 문제로 대두뵜었다. 뿐만 아니라 지능이나 성취도를 인공적으로 높이기 위해 약물을 복용하는 예도 있다. 정상적인 사람이 정신과 치료제를 이용해 타고난 능력을 극대화하려는 것이다. 하지만 이 역시 큰 문제점을 야기하고 있다. 윤리위원회와 정신과 의사 등 전문가들은 인간의 완벽화 추구가 결국 사회를 이중으로 분열시키고 말 것이라고 우려하고 있다. 그 역시 새로운 낙오자를 만들어낼 것이며, 중독성을 무시한 물리적인 변화는 새로운 부작용으로 나타날 수 있기 때문이다.

四、1. 남성은 사회적으로 정해진 옷 입기 규칙만 잘 따르면 멋쟁이가 될 수 있습니다.
2. 슈트 컬러는 상대가 당신이 어떤 사람인지를 판단하는 데 단초가 될 수 있으며, 잘못된 옷차림은 비즈니스의 실패로 귀결될 수 있기 때문입니다.
3. 가장 쉽고도 확실한 방법은 자기 몸에 딱 맞게 입는 것입니다.
4. 남성의 옷차림 규칙은?/ 멋쟁이 남성의 옷차림
五、1. ① 2. 생략

<제 20 과>

一、1. (1) 반짝인다 (2) 당당한 (3) 채운다 (4) 예컨대 (5) 부랴부랴
   (6) 착수했습니다 (7) 대비해 (8) 심지어 (9) 순조롭 (10) 줄지어
二、1. (1) × 모르면 아는 척하지 말고 가만이 있어. (2) ○
   (3) × 저는 채팅하고 있었는데 어머니가 방에 들어오셔서 열심히 공부하는 척했어요.
   (4) × 그는 내 말을 듣고도 못 들은 척했다.
   (5) ○ (6) ○
2. (1) 한 (2) 큰 (3) 성공한 (4) 쓰는 (5) 잘한 (6) 기계인
3. (1) 소파에서 텔레비전을 켜놓은 채로 (2) 고개를 숙인 채로
   (3) 씻지 않은 채로 (4) 열어 놓은 채 (5) 안경도 벗지 않은 채 (6) 산 채로
4. (1) 소요될 (2) 마비되었다 (3) 전환되고 있다 (4) 추정됐다
   (5) 정지됐다 (6) 해결됐다
三、1. ④ 2. ④ 3. ②
(듣기 대본)

> 진시황제는 최초로 중국을 통일하는 과업을 이루었다는 점에서 중국역사상 독보적인 존재로 평가 받는 인물이다. 그러나 그는 통일제국에 대한 지나친 집

> 착으로 인해 폭군으로 부각되는 상반된 평가를 받고 있기도 하다. 그는 장양왕의 아들로서 13세에 즉위한 뒤, 이사 등을 등용하여 강력한 부국강병책을 추진하였다. 기원전 230년부터 221년까지 10년에 걸친 대역사 끝에 중국을 하나의 통치체제 밑에서 지배하였다. 그는 중앙집권적 전제정치체제를 수립하기 위해 모든 노력을 기울였다. 우선 그는 황제라는 존호를 최초로 제정하고 스스로 시황제(始皇帝)라 불렀다. 또한 전국을 하나의 통치체제로 편입시키기 위해 군현(郡縣)제도를 실시했다. 이후 중국은 2천 년 이상 군현제를 운영하기에 이르렀다.

四、1. 진시황제의 명을 받고 '불로장생'약을 찾아 나선 중국의 사신입니다.
2. 서복이 직접 동남녀 500쌍을 데리고 지금의 제주인 영주(瀛州)(영주산(瀛州山)은 지금의 한라산)를 찾은 것에서 시작되었습니다.
3. 영지 버섯, 당귀.
4. 중국의 우수한 문화를 한국에 전파한 인물로 보고 있습니다.
5. 인간은 누구나 죽습니다. 이런 자연의 이치를 거스른 채 과욕을 부린 것이 결국 불로초 찾기로 이어진 것입니다. 하지만 불로초라고 올라온 음식들 중에는 수은도 역시 다량 포함되어 있었다고 합니다. 결국 진시황은 불로초를 구한다고 하고는 몸에 안 좋은 것들을 섭취하였기 때문에 50세 정도 밖에 살지 못한 것입니다. 지나친 욕심이 자신의 명을 재촉한 것입니다.

五、1. ③ 2. 생략

〈종합연습 4〉

1. 1) 나의 콤플렉스는 작은 키라서 사람들 앞에 당당하게 서기가 쉽지 않다.
2) 덜렁대던 아이가 막상 발표 시간이 되자 침착한 태도로 발표를 무사히 잘 마쳤다.
3) 음악적 재능이 타고난 사람이라도 틈틈이 연습을 해야 실력을 더욱 발휘할 수가 있다.
4) 미미 씨는 평소에는 여성적 매력을 풍기지만 일을 할 때는 평소와 대조적으로 남성적 성격을 드러냅니다.
5) 도무지 그런 일을 그가 저질렀으리라고 생각할 수가 없다.
6) 도대체 살기에 적합한 곳은 어디입니까?
7) 그동안 열심히 얼굴을 가꾸더니 요즘 미미 씨가 부쩍 예뻐진 것 같아요.
8) 심지어 골치 아픈 일조차도 순조롭게 해결되어 정말 다행입니다.
9) 나는 학생들 이름을 잘 못 외워서 학생들을 번번이 착각을 하곤 합니다.
10) 약속 시간에 맞춰 부랴부랴 서둘렀더니 다행이도 늦지 않았습니다.

2. 1) 내일 새벽에 나가야 하니까 아침 6시에 꼭 깨워 주세요.
2) 그녀는 자신의 뜻을 마음껏 발휘할 수 있는 직장을 찾고 있다.
3) 원래 빈 수레가 요란한 법이다.
4) 요즘 자꾸 살이 쪄서 고민이에요.
5) 그는 정말 영화 배우처럼 잘 생겼다니까요.

3. 더럽겠다→더러워졌다 벗었다→벗겼다 먹었다→먹였다 벗고→벗기고 더워서→데워서 씻었다→씻겼다 좋으며→좋아서 입었다→입혔다 자우려고→재우려고 눕었다→눕혔다.

4. 1. ③ 2. ② 3. ① 4. ④ 5. ②

(듣기 대본)

　　'백인백색'이라고 사람의 기호나 성향은 제각각이다. 동시에 그럭저럭 선호하는 부분이 겹치는 것도 인지상정이다. 자동차의 색상도 그렇다. 미국에 본사를 둔 자동차 코팅제 생산업체인 듀폰이 지난 8일 발표한 '2008 듀폰 글로벌 자동차 색상 인기도 리포트'는 이런 심리를 잘 보여준다.
　　리포트는 세계 소비자들의 성향을 '보수적 차별화'로 표현했다. 흰색, 검은색, 은색 등 무난한 색상을 공통적으로 선호하면서도 메탈감, 펄 등의 효과를 줘 미묘한 차별화를 시도한다는 것이다. 한국의 경우 검은색을 선택한 소비자 25% 중 7%, 흰색 18% 중 6%가 이에 해당한다.
　　나라별로도 선호색상이 겹치면서 조금씩 다르다. 우선 유럽은 검은색(펄과 메탈감 있는 색상 포함)이 26%로 가장 인기다. 은색이 20%, 회색이 18%로 뒤를 잇는다. 북미에서는 흰색(20%)이 1위다. 검은색과 은색이 17%로 나란히 2위를 차지했다. 파란색이 13%로 4위에 올랐다.
　　러시아는 은색이 30%로 선두고 검은색이 14%로 2위를 차지했다. 빨강색(14%)과 초록색(13%), 파란색(12%) 등 화려한 원색도 다른 지역에 비해 인기가 높았다. 인도도 흰색(28%)과 은색(27%)의 선호가 높았지만 빨강색(12%)과 파란색(8%)의 인기도 만만치 않았다. 우리나라는 은색이 50%로 압도적이었다. 검은색(25%)과 흰색(18%)을 합치면 세 가지 색상에 93%가 몰렸다. 파란색(2%)이나 빨강색(1%)은 인기가 없었다. 일본 소비자들은 흰색(32%)과 은색(28%)을 좋아했다.
　　멕시코는 흰색과 검은색이 각각 20%를 차지했고 브라질에서는 은색, 검은색, 회색, 흰색 등 무채색이 인기를 끌었다. 전체적으로 볼 때 파란색의 인기가 눈에 띈다. 듀폰은 최근 몇 년 동안 파란색이 브라질을 제외한 국가에서 상위 5위 안에 들었다고 밝혔다. 파란색은 밝은 느낌을 줄 뿐 아니라 환경 보존을 대표할 수 있는 색상인 데다 미래를 낙관하는 이미지도 담고 있는 점이 인기의 비결이란 설명이다.

5. 왕동 씨는 취업 준비에 열심이다. 그러나 매번 면접 때마다 고배를 마신다. 하지만 그는 열 번 찍어 안 넘어가는 나무 없다는 생각을 하면서 더욱 취업 준비를 열심히 한다. 그저 감나무 밑에 누워서 감 떨어지기를 기다리는 다른 사람과는 달리 왕동 씨는 오늘도 취업 공부를 하러 도서관으로 갔다.

〈제 21 과〉

一、1. (1) 여위어　(2) 적절하다　(3) 첫눈에 반했다　(4) 탐스럽게
　　　(5) 더할 나위 없이　(6) 은은한　(7) 어우러져　(8) 복스럽게　(9) 시급히
　　　(10) 단속하
二、1. (1) 자랑스럽다　(2) 여성스러운　(3) 조심스럽게　(4) 사랑스러운
　　　(5) 어른스러워서　(6) 자연스럽게
　　2. (1) 그는 번역가이자 시인입니다.
　　　(2) 그분은 저의 선생님이자 친구입니다.

(3) 오늘은 우리의 결혼 기념일이자 나의 생일입니다.
(4) 그분은 유명한 소설가이자 비평가입니다.
(5) 이 사람은 정신과 의사이자 심리학자입니다.
(6) 가수이자 배우인 그녀는 인기가 아주 많습니다.
3. (1) 지진으로 인해 (2) 오해로 인해 (3) 음주운전으로 인한
   (4) 폭설로 인해 (5) 스트레스로 인하여
4. (1) 물들어 간다 (2) 깊어 가 (3) 병들어 가 (4) 흘러 가
   (5) 정들어 갔다 (6) 식어 갔다

三、1. ④ 2. ② 3. ② 4. ③
(듣기 대본)

> 서울특별시는 대한민국의 수도다. 한반도 중앙에 있으며, 한강을 사이에 두고 남북으로 펼쳐져 있다. 한반도의 0.28%(남한 면적의 0.61%)에 해당하는 넓이로, 남북간 연장거리 30.30km, 동서간 연장거리 36.78km다. 1394년(태조 3)부터 한국의 수도가 되어 정치·경제·산업·사회·문화·교통의 중심지가 되어 왔다. 1986년 아시아경기대회, 1988년 서울올림픽경기대회가 개최되는 등 국제적인 대도시다. 1960년대 이후 경제발전과 함께 도시화가 진행되면서 통근 및 거주지역이 반경 30km 내의 주변 수도권에 광역적으로 확장되고 있어, 거대도시(Megalopolis)가 되고 있다. 서울 정도(定都) 600년인 1994년부터 10월 28일이 서울 시민의 날로 제정되어 이후 각종 행사가 열리고 있다.
>
> 특히 2002년 한일 월드컵이 성공적으로 열렸을 때 서울 시민을 비롯한 한국인들의 질서정연하고 열정적인 응원 모습은 서울의 발전상을 단적으로 보여주었다. 서울은 대한민국의 수도일 뿐 아니라 세계의 중심 도시로서 젊고 패기있는 모습으로 갈수록 진화하는 모습을 보여주고 있다.

四、1. 국토의 심장부라는 공간적 의미는 물론, 역사와 문화가 살아있는 서울의 상징적인 장소로서 시민이 한데 어울리는 친근한 마당이 되자는 의미를 담고 있습니다.
2. 시민들에게 각종 문화 행사를 제공함으로써 시와 시민이 서로 친근해지고 가까워질 수 있도록하는 계기를 만들기 위해서.
3. 생략
五、1. ②
2. 눈을 가려 판단력을 흐리게 하는 상징물로 널리 쓰이고 있다. 따라서 속담에서는 콩깍지가 눈 앞을 가리어 사물을 정확하게 보지 못함을 비유적으로 이른다.

〈제 22 과〉

一、1. (1) 뭉쳐야 한다 (2) 쩔쩔맸다 (3) 돈독히 (4) 게다가 (5) 뜨끈한
   (6) 낯이 익었다 (7) 보수적인 (8) 지나치면 (9) 아껴 (10) 낯선
二、1. (1) 지내다 보니 (2) 먹다 보니 (3) 살다 보니 (4) 작업하다 보니
   (5) 바쁘다 보니 (6) 사다 보니
2. (1) 돈깨나 있는 (2) 이름깨나 (3) 신경깨나 썼습니다
   (4) 시간깨나 걸릴 것입니다 (5) 노력 깨나 해야 할 것 같습니다

3. (1) 언젠가 (2) 누군가 (3) 뭔가 (4) 어딘가 (5) 언젠가 (6) 어딘가
4. (1) 심심해서 죽을 뻔했어요 (2) 다리가 아파서 죽을 뻔했어요
   (3) 감동 받아서 죽을 뻔했어요 (4) 더워서 죽을 뻔했어요
   (5) 속상해서 죽을 뻔했어요 (6) 바빠서 죽을 뻔했어요

三、1. ② 2. ④ 3. ① 4. ②
(듣기 대본)

> 김치와 불고기는 한국을 대표하는 세계적인 음식이다. 발효음식인 김치는 밥과 함께 매일 한국인의 식단에 빠지지 않는 부식인 반면, 양념된 고기를 불에 구워먹는 불고기는 손님을 접대하거나 행사 등에 등장하는 특별한 음식이다. 외식 메뉴로 불고기는 한국인들 뿐만 아니라 외국인들도 선호하는 음식이다. 불에 구워먹는 고기란 뜻인 불고기는 코리안 바베큐로 외국인들에게는 알려져 있으며, 실제로는 돼지고기, 닭고기, 오징어 등 다양한 고기 종류가 동일한 양념에 의해 양념된 것들이 다 불고기라고 불릴 수 있으나, 통상 양념된 쇠고기가 불고기로 널리 알려져 있다. 한국인들은 불에 구워먹는 불고기와 상추를 곁들여 쌈을 싸 먹는데, 상추쌈을 먹으며 곁들이게 되는 마늘이나 고추장, 된장 등은 항암효과가 탁월하며 비타민과 미네랄 섭취도 함께 할 수 있어 건강에도 좋다.

四、1. 국제결혼, 이중문화 가정, 서로 다른 인종사이에서 태어나 자녀를 일컫는 혼혈인 가족 등으로 불리던 국제결혼 가족을 부르는 용어입니다.
2. 국제결혼이라는 용어가 내포한 내국인 간의 결혼과 외국인과의 결혼으로 구분하는 국적에 따른 차별성 대신 한 가족 내에 다양한 문화가 공존하고 있다는 의미로 해석할 수 있습니다.
3. 타민족, 타문화에 대한 배타적인 시선보다 그들의 문화를 이해하고 존중하며 더불어 살아가는 사회 분위기 조성을 위해서.
4. 언어소통의 문제/ 사회적 차별/ 문화 차이로 인한 오해
5. 생략

五、1. ④
2. '고생 끝에 낙이 온다'는데 이렇게 열심히 노력하면 반드시 좋은 날이 오겠지요?

<제 23 과>

一、1. (1) 전래되었다 (2) 개척해야 한다 (3) 거꾸로 (4) 끊임없이 (5) 피로연
    (6) 잇닿은 (7) 선을 보고 (8) 촉진시키기 (9) 빈번한 (10) 계기

二、1. (1) 한국에 대해서 알고 있습니까?
    (2) 김치에 대해 잘 알 뿐만 아니라 요리할 줄도 압니다.
    (3) 요즘 제가 역사에 대해 공부하고 있습니다.
    (4) 당신은 환경 보호에 대해 생각해 본 적이 있습니까?
    (5) 결혼에 대해 고려해 본 적이 없습니다.
2. (1) 중국에는 고궁을 비롯해서 (2) 중국에는 두보를 비롯해서
    (3) 한국에는 광복절을 비롯하여 (4) 이번 축제에는 대통령을 비롯하여
    (5) 이번 폭발 사고에서는 마라톤 선수들은 비롯하여

3. (1) 아니요, 일주일에 한 번 운동을 하기도 합니다.
   (2) 고향에 가기도 하고 가까운 곳에 여행 가기도 하고 그래요.
   (3) 예쁘기는 하지만 색깔이 좀 어둡기도 하고 비싸기도 해서요.
   (4) 잘 씻고, 잘 자면 돼요. 가끔식 피부 마사지를 하기도 해요.
   (5) 남편이 하기도 하고 제가 하기도 하고 그래요.
   (6) 친구를 만나기도 하고 텔레비전도 보면서 한가하게 지내요.

三、1. ③ 2. ④ 3. ② 4. ④
(듣기 대본)

> 칭기스칸(成吉思汗)은 몽골 부족의 위대한 부족장이었다. 그는 13세기 초, 마침내 몽골 초원의 각 부분을 통일하고 그 자손들은 금(金)나라를 멸하고 송(宋)나라를 공격하여 마침내는 역사 상 최대의 몽골 대제국을 건설했다. 몽골의 과거부터 현재까지 실크로드를 개척한 칭기스칸은 13세기 몽골의 여러 유목민을 하나로 통일하기 시작하면서, 아시아, 유럽, 러시아까지 점령하고 인류 최대의 제국을 건설하는 데 성공했다. 몽골계와 투르크계의 분할된 유목 부족을 13세기 초 칭기스칸이 연합시킨 후, 이듬해인 1206년 칭기스칸은 몽골 부족을 통일하여, 4명의 아들을 통해 제국을 분할하여 다스렸다. 칭기스칸은 100만 명의 인구를 가진 몽골 부족에서 불과 10만 명의 군대 만으로 로마가 400년 동안 정복한 것보다 훨씬 많은 땅을 25년 만에 정복했다. 하지만 그가 세계사에서 중요 인물로 주목 받는 이유는 단순히 그가 정복한 영토 때문이 아니라 세계사에 끼친 엄청난 영향 때문이다. 칭기스칸의 원정을 통해 동·서양 문명과 문화의 교류가 이뤄졌고, 후진적이던 유럽을 일깨운 결과를 가져왔다.

四、1. 실크로드를 통해 한국에 불교가 전파되었습니다.
   2. 신라는 백제보다 더 일찍이 불교가 들어오기는 하였으나 고구려의 스님 정방(正方)과 멸구자가 순교를 당하는 등 인정을 받지 못했습니다.
   3. 원효대사.
   4. 당시 중국인 당나라로 불법을 공부하러 서기 651년 의상과 함께 떠난 후 실크로드에서 해골 물을 마시고 큰 깨달음을 얻고 나서 신라로 돌아와 불교를 신라에 꽃피운 사람입니다.
   5. 동서양의 문물을 실어 나르는 비단길이었을 뿐만 아니라 우리에게는 불교를 이 땅에 뿌리내리게 한 초석으로서의 의미가 있습니다.

五、생략
六. ②

<제 24 과>

一、1. (1) 면목이 없다 (2) 아까운 (3) 무렵 (4) 어느덧 (5) 물려주지
       (6) 그토록 (7) 이끄는 (8) 은혜를 갚아야 (9) 삽시간에 (10) 쏜살같이
二、1. ② 2. ③ 3. ① 4. ③

(듣기 대본)

　　전래 동화 '흥부와 놀부' 이야기를 미국 초등학생들도 배우고 있다. '흥부와 놀부' 이야기는 텍사스 주 댈러스 북쪽에 있는 덴트시의 샘휴스턴 초등학교 2학년 학생들의 읽기 교과서인 <리터러시 플레이스 2.3>에 '제비의 선물'이란 제목으로 실렸다. 스콜라스틱 출판사가 펴낸 이 교과서는 '제비의 선물' 전체 내용과 흥부 가족들이 입은 전통 한복에 대한 소개, 삽화를 그린 재미 화가 허유미 씨에 관한 설명 등을 모두 20여 쪽에 담고 있다. 허씨는 "우연히 한국 동화와 관련된 일러스트레이트 작업을 맡은 게 인연이 되어 이 분야에 본격적으로 뛰어들었다"면서 "미국에서도 한국 전래 동화 영문본이 서점은 물론 학교나 도서관에 꾸준히 판매될 정도로 인기가 있다"고 전했다. 그는 "10여 년 전에 낸 '제비의 선물'이 미국 교과서에 실렸다니 기쁘다"면서 "이솝 우화처럼 권선징악이 주제여서 미국 어린이들도 공감할 수 있다는 점이 고려된 것 같다"고 말했다.

三、1. 권선징악.
　　2. 예전에 자신을 홀대했던 형이지만 빈털털이가 되자 같이 살자고 제안한 부분.
　　3. 공양미 삼백 석을 시주하면 눈을 뜰 수 있다는 이야기를 듣고, 아버지의 눈을 뜨게 하기 위해 자신의 몸을 상인들에게 팝니다.
　　4. 생략

四、1. 부부지간(夫婦之間)의 정은 특별한 것이라 사소한 것으로 다투기도 하지만, 그런 만큼 쉽게 화해도 한다. 상대방에 대한 사랑과 신뢰를 바탕에 깔고 있기 때문이다. 그런 원리를 칼로 물 베기에 비유하였다. 아무리 뛰어난 검객이 휘두르는 날카로운 칼이라고 해도 물을 완전히 벨 수는 없다. '부부 싸움은 칼로 물 베기'란 부부는 싸움을 하여도 화합하기 쉬움을 비유적으로 이르는 속담이다.
　　2. '부부 싸움은 칼로 물 베기'라는데 너무 심각하게 생각하지 말고 먼저 화해하세요.

<제 25 과>

一、1. (1) 멸종된　(2) 일회용품　(3) 온통　(4) 치르고　(5) 끔직
　　　(6) 옷깃　(7) 정착　(8) 혹독한　(9) 재활용　(10) 아끼고
二、1. (1) 아까까지만 해도 슬프게 울더니 어느새 웃고 있네요.
　　　(2) 작년까지만 해도 이곳은 쌌는데 올해는 엄청 가격이 올랐어요.
　　　(3) 1시간 전까지만 해도 여기 있었는데, 어디 갔지요?
　　　(4) 몇 년 전까지만 해도 아이같더니만 키가 정말 몰라보게 컸네요.
　　　(5) 어제까지만 해도 비가 내리더니 오늘은 비가 그치고 날씨가 좋아졌어요.
　　2. (1) 뚱뚱해지겠다.　(2) 감기에 걸리겠다.　(3) 배탈이 납니다.
　　　(4) 시험에 떨어진다.　(5) 혼이 날 것이다.
　　3. (1) 별로 심하지 않아서 그나마 다행이에요.
　　　(2) 저나마 얼른 집에 가야겠어요.
　　　(3) 밥이나마 먹고 사는지 모르겠어요.
　　　(4) 전화나마 해야 한다.
　　　(5) 사망자가 생기지 않은 게 그나마 다행이에요.

4. (1) 네, 정말 많이 예뻐졌던데요.
   (2) 네, 시장에 가 봤더니 과일값이 많이 비싸졌던데요.
   (3) 알고 있어요. 벌써 콘서트 표가 다 팔렸데요.
   (4) 응, 오늘 내 생일이라고 친구들이 가져 왔데.
   (5) 아니, 기다려도 안 오데, 그래서 그냥 왔어.

三、1. ③ 2. ② 3. ④
   (듣기 대본)

> 환경 호르몬이란 내분비(內分泌) 계통에 이상을 가져올 수 있는 물질을 통틀어 이르는 말이다. 이런 환경 호르몬을 막기 위한 방법으로는 다음과 같은 것들이 있다. 첫째, 플라스틱 식기는 가능한 한 피해야 한다. 플라스틱 식품 용기는 평상시 보존 용도로는 별 문제가 없다. 하지만 음식을 넣은 상태로 열을 가하거나 기름에 닿으면 환경 호르몬이 나오기 쉽다. 따라서 음식은 반드시 식품용 플라스틱 제품에 담아야 하며 특히 전자레인지로 식품용 이외의 플라스틱 용기 안에서 식품을 장시간 가열해서는 절대 안 된다. 둘째, 살충·살균제 사용은 최소한으로 사용해야 한다. 살충제, 살균제, 진드기 제초제에는 환경 호르몬이 다량 함유돼 있다. 실내에서 바퀴벌레나 모기를 잡기 위해서는 모기장을 이용하는 등 될 수 있으면 물리적 방법을 선택하고 살충제 사용은 자제하는 게 좋다. 셋째, 스프레이 등 화장품 사용도 조심해야 한다. 성인들이 멋을 내려고 바르거나 뿌리는 젤이나 헤어스프레이 등 여자들이 자주 쓰는 화장품까지 또 가장 보호받아야 할 아이들의 장난감에도 환경 호르몬은 자리 잡고 있다.

四、1. 일단 자동차의 수가 급격히 늘면서 생기는 대기 오염 문제 때문입니다.
   2. 태양빛이나 자외선을 막을 수가 없어서 공기가 더워지고 비가 오는 양이 적어지며 물이 부족한 일이 발생합니다.
   3. 이산화탄소, 메탄, 프레온 가스등의 억제 및 규제, 새로운 대체 에너지 (태양 에너지, 풍력 에너지, 수력 에너지 등 석탄과 석유를 사용하지 않는 무공해 대체 에너지) 자원 개발, 삼림 면적 지역 확대 등등.

五、1. ②
   2. 그런데 다들 '닭 잡아먹고 오리발 내밀듯'이 자신의 죄를 인정하지 않더라고요. 저는 뇌물 받은 것보다 거짓말하는 게 더 나쁘다고 생각해요.

〈종합연습 5〉

1. 1) 면목이 없다 2) 끊임없이/잇달아 3) 차라리 4) 삽시간에 5) 무렵
   6) 물려주기 7) 정착 8) 태반 9) 복스럽고, 탐스러운 10) 첫눈에 반하다
2. 1) 미미 씨는 영화 배우 못지않게 예쁘다.
   2) 아이를 겨우 재웠는데 전화가 오는 바람에 아이가 다시 깼다.
   3) 왕동 씨는 덩치가 좋아 힘깨나 쓰게 생겼다.
   4) 백화점 앞까지 갔다.
   5) 우리 집에는 소설책, 역사책을 비롯해서 책이 많다.

3. 1) 온통 까맣게 때가 묻었다
   2) 재산을 빼앗고 내쫓아 버렸다.
   3) 선풍기를 틀어 놓은 채 잤다.
   4) 경복궁을 비롯해 많은 고궁들이 있다.
   5) 도심은 높은 빌딩들이 솟아 있다.
4. 1) 보았던-본 2) 비롯하니- 비롯해서 3) 하는데-했는데
   4) 채렸습니다-차렸습니다 5) 갑지-값지 6) 못 -안 7) 까지-나마
   8) 남은던데요-남았던데요 9) 어제까지만 했더니-어제까지만해도
   10) 여이어지는-여위어 가는
5. 1) ③ 2) ③ 3) ① 4) ② 5) ④
6. 1) 국제 결혼, 이중문화 가정, 서로 다른 인종사이에서 태어난 자녀를 일컫는 혼혈인 가족 등으로 불리던 국제결혼 가족을 부르는 용어입니다.
   2) 국제 결혼이라는 용어가 내포한 내국인 간의 결혼과 외국인과의 결혼으로 구분하는 국적에 따른 차별성 대신 한 가족 내에 다양한 문화가 공존하고 있다는 의미로 해석할 수 있습니다.
   3) 타민족, 타문화에 대한 배타적인 시선보다 그들의 문화를 이해하고 존중하며 더불어 살아가는 사회 분위기 조성을 위해서.
   4) 언어소통의 문제/ 사회적 차별/ 문화 차이로 인한 오해
   5) 생략
5.

(듣기 대본)

> 레저 산업은 국가 소득 수준의 향상의 결과로 다양한 레저 활동을 즐기는 사람들이 증가하여, 한국에서 가장 빠르게 성장하는 부분 중의 하나이다. 한국인들은 일하는 것만큼이나 매우 열광적으로 레저 활동을 즐기고 있다. 많은 박물관과 궁전, 사찰, 왕릉, 공원, 과학역사 유적지 등은 한국인들이 가족들과 여행이나 소풍을 즐겨 가는 곳이 되었다. 최근에 많은 사람들은 전체적으로 웰빙을 즐기기 위해 그들의 한가한 시간을 보내는 좋은 방법으로 신체적인 활동을 찾아 떠나기도 한다.
>
> 테니스나 조깅은 가장 인기 있는 두 가지 아침 스포츠다. 조금 더 체력적으로 왕성한 사람들은 조기 축구팀을 만든다. 또 다른 것으로는 수영과 하이킹, 골프, 스키, 수상 스키, 낚시, 윈드서핑, 그리고 핸드볼 등이 있다. 축구, 야구, 농구, 배구, 복싱, 그리고 씨름과 같은 스포츠를 즐기는 관중들도 많이 있다.
>
> 최근 점점 더 많은 도시인들이 집을 떠나 그들의 휴일을 보내기도 한다. 자가용의 빠른 증가에 따라 휴가를 보내러 온 가족들이 산과 해변으로 떠난다. 동시에 텔레비전을 시청하거나 장기와 바둑을 두면서 그들의 직장 동료들과 주말을 보내는 것도 여전히 인기 있는 방법 중의 하나다.
>
> 특히 매주마다 도시 교외에 자리잡은 산과 언덕에는 하이커들과 등산가들로 가득 찬다. 한국의 고상돈이 1977년 9월 에베레스트 꼭대기에 오른 이후, 수많은 등산가들이 최근 놀랄 만큼 많이 증가하였다. 한국 국토의 70%가 산으로 되어 있다는 사실을 고려할 때 한국인들의 자연 사랑과 등산에 대한 국가적인 열풍은 이유가 있는 것이다.

教科书答案

第1课

1.
- (1) 매일 철수 씨와 만나는 걸 보면
- (2) 하늘에 구름이 잔뜩 낀 걸 보면
- (3) 아니요, 김진이 주연인 걸 보면
- (4) 영호 씨가 요즘 기분이 안 좋은 걸 보면
- (5) 글쎄요. 세민 씨의 여행 가방이 아직 방에 있는 걸 보면 여행을 안 간 것 같습니다.
- (6) 생긴 걸 보면 인도에서 온 것 같습니다.

2.
- (1) 건강이 많이 좋아졌습니다.
- (2) 기관지가 나빠졌습니다.
- (3) 다리가 시렸습니다.
- (4) 열이 내렸습니다.
- (5) 늦을 것 같아서 뛰어 왔더니
- (6) 1시간 늦게 약속 장소에 도착했더니
- (7) 하루 종일 책을 봤더니
- (8) 요즘 데이트 하느라고 공부를 별로 못했더니

3.
- (1) 성준 씨는 매일 오락실에서 살다시피 합니다.
- (2) 장용은 매일 지각하다시피 합니다.
- (3) 우리는 연애할 때 거의 매일 만나다시피 했습니다.
- (4) 그 이야기는 하도 많이 들어서 거의 외우다시피 했습니다.
- (5) 저는 어릴 때 집이 아주 가난해서 점심을 거의 못 먹다시피 했습니다.
- (6) 우리 형은 거의 매일 술을 마시다시피 합니다.

4.
- (1) 서울은 오늘 비가 많이 왔다면서요?
- (2) 지영 씨는 술을 잘 마신다면서요?
- (3) 어제가 지영 씨 생일이었다면서요?

(4) 지영 씨는 영화를 자주 본다면서요?

(5) 이번 시험이 아주 어렵다면서요?

(6) 지영 씨는 야채만 먹는다면서요?

5.
(1) 선화가 시험에서 1등 했다면서?

(2) 진수와 문수가 사귄다면서?

(3) 담임선생님께서 어제 너희들한테 화내셨다면서?

(4) 너희 반에 근수라는 학생이 그렇게 잘생겼다면서?

6.
(1) 이름이 무엇입니까?

(2) 문수 씨는 고향이 어디입니까?

(3) 문수 씨는 가족이 몇 명입니까?

(4) 문수 씨는 취미가 무엇입니까?

(5) 문수 씨 특기는 무엇입니까?

(6) 문수 씨는 앞으로 무슨 일을 할 겁니까?

(7) 문수 씨는 언제 결혼을 할 겁니까?

7.
(1) 이주홍입니다.

(2) 이주홍 씨는 한국 사람입니다.

(3) 이주홍 씨는 1990년 6월 7일에 태어났습니다.

(4) 이주홍 씨는 회사원입니다.

(5) 이주홍 씨는 서울대학교에서 경제학을 전공했습니다.

(6) 이주홍 씨와 연락을 하시려면 4가지 방법이 있습니다. 첫 번째는 집으로 찾아가는 겁니다. 주소는 서울특별시 종로구 명륜동 2가 4, 아남 APT 101동 405호입니다. 두 번째는 이주홍 씨에게 편지를 보내는 겁니다. 세 번째는 전화를 하는 겁니다. 이주홍 씨의 집 전화번호는 733-1400입니다. 네 번째는 팩스를 보내는 겁니다. 이주홍 씨의 팩스번호는 733-0330입니다.

9. 다음 문장을 한국어로 번역하십시오.

(1) 세민 씨가 오늘 수업에 안 온 걸 보면 병이 아직 안 나았나 봐요.

(2) 친구한테 생일 선물을 사줬더니 친구가 무척 기뻐했어요.

(3) 매운 것을 많이 먹었더니 배가 아파요.

(4) 왕단 씨가 요즘 매일 도서관에서 살다시피 해요.

(5) 김 교수님이 이미 퇴직했다면서요?

(6) 그 책이 잘 팔리는 걸 보면 무척 재미있나 봐요.

(7) 지영 씨가 요즘 아르바이트를 매일 하다시피 해요.

(8) 세민 씨, 여자친구가 의사라면서요?

(9) 어제 오후에 농구를 세 시간이나 했더니 오른팔이 너무 아파요.

(10) 왕단 씨가 요즘 주말마다 영어를 배우러 가는 걸 보면 졸업한 후 유학갈 것 같아요.

第2课

1.

(1) 참외가 하도 맛있어 보여서 많이 샀습니다.

(2) 몸이 하도 아파서 학교에 올 수 없었습니다.

(3) 네, 그동안 하도 열심히 일해서 좀 쉬고 싶었습니다.

(4) 영화관 앞에 사람이 하도 많아서 그냥 돌아왔습니다.

(5) 아니요, 문제가 하도 어려워서 시험을 잘 못 봤습니다.

(6) 네, 고기가 하도 많이 잡혀서 매운탕을 실컷 만들어 먹었습니다.

2.

(1) 아침에 구름이 잔뜩 껴서 비가 올까 봐 가지고 왔어요.

(2) 늦을까 봐 뛰어왔더니

(3) 진형 씨, 시험에 떨어질까 봐 제가 기도를 많이 했어요.

(4) 영화표가 없을까 봐 걱정했는데 다행히

(5) 모자랄까 봐 걱정했는데

(6) 비행기가 연착될까 봐 걱정했는데 다행이에요.

3.

(1) 국가에 따라 법이 다릅니다.

(2) 전공에 따라 등록금이 다릅니다.

(3) 사람에 따라 이 일을 해결하는 방식이 다릅니다.

(4) 계절에 따라 입는 옷이 다릅니다.

(5) 회사에 따라 월급이 다릅니다.

(6) 상점에 따라 물건이 있을 수도 있고 없을 수도 있습니다.

4.

(1) 세상에서 가장 사랑하는 부모님께 :

저를 길러주신 은혜 감사 드립니다. 새해에는 더욱 건강하시기 바랍니다.

(2) 사랑하는 동생에게 :

네가 이제 성인이 되었구나. 앞으로 책임감이 있는 네가 되기를 바란다.

(3) 고마운 아버님 어머님께 :

아버님 어머님, 늘 저를 아끼고 사랑해 주셔서 감사합니다. 항상 행복하시기 바랍니다.

(4) 존경하는 선생님께 :

선생님의 가르침에 깊은 감사를 드리고 있습니다. 학생들을 향한 선생님의 인내와 미소가 영원하기를 바랍니다.

(5) 내가 가장 좋아하는 친구에게 :

친구야, 이제 이틀만 있으면 크리스마스네. 즐거운 크리스마스가 되길 바래.

(6) 졸업하는 선배에게 :

선배님, 대학시절 공부를 열심히 하셨는데 좋은 직장 구하시길 바랍니다.

5.

(1) 저는 여름을 가장 좋아합니다. 바닷가에서 마음껏 수영할 수 있기 때문입니다.

(2) 제 고향은 봄 여름 가을 겨울이 모두 있는 서울입니다. 봄에는 따뜻한 날과 추운 날이 반복됩니다. 여름은 매우 덥고 습합니다. 가을은 사계절 중 가장 맑고 상쾌합니다. 겨울은 매우 춥습니다.

6.

(1) ③

(2) ②

8. 다음문장을 한국어로 번역하십시오.

(1) 나는 그 드라마가 하도 재미있어서 밤 새워서 다 봤어요.

(2) 그 식당 음식이 하도 맛있어서 점심을 너무 많이 먹었더니 지금은 배가 전혀 고프지 않아요.

(3) 지각할까 봐 뛰어 왔어요.

(4) 부모들은 모두 자녀들이 행복하기를 바랍니다.

(5) 이 사건에 대해 사람마다 다 자기 생각을 가지고 있다.

(6) 시대에 따라 유행하는 것도 다릅니다.

(7) 이빈 시험에서 성공하기를 바랍니다.

(8) 지영 씨는 살이 찔까 봐 요즘 자주 저녁을 안 먹어요.

(9) 이 며칠동안 하도 힘들어서 눕기만 하면 잠들어요.

(10) 많이 기다릴까 봐 걱정돼 죽겠어요.

第3课

1.
　　ㄱ: 근주 씨, 어제 어디에 갔다 왔어요?
　　ㄴ: 네, 어디 좀 갔다 왔어요.
　　ㄱ: 어디 갔다 왔어요?
　　ㄴ: 명동에 쇼핑 갔다 왔어요.
　　ㄱ: 누구와 같이 갔었어요?
　　ㄴ: 미영이와 같이 갔었어요.

2.
　(1)
　　ㄱ: 선화 씨, 계림에 갔다 왔다면서요? 어땠어요?
　　ㄴ: 정말 예쁘던데요. 지영 씨는 운남에 갔다 왔다면서요?
　　ㄱ: 네.
　　ㄴ: 어땠어요?
　　ㄱ: 운남도 무척 아름다웠어요.

　(2)
　　ㄱ: 어제 어디 갔었어요?
　　ㄴ: 자장면을 먹으러 갔었어요.
　　ㄱ: 맛있었어요?
　　ㄴ: 네, 그런데 중국 자장면은 한국 자장면과 맛이 다르던데요.

　(3)
　　ㄱ: 어제 왜 안 왔어?
　　ㄴ: 몸이 안 좋아서 갈 수 없었어. 재미있었어?
　　ㄱ: 응, 너의 가장 친한 친구였던 영선이는 하나도 안 변했더라.

　(4)
　　ㄱ: 살을 빼려면 무슨 운동을 해야 하지?
　　ㄴ: 매일 꾸준히 조깅을 해. 살이 많이 빠지더라.

3.
　(1) 지하철을 타고 오지 그랬어요?
　(2) 할인할 때 사지 그랬어요?
　(3) 미리 가지고 와서 회사에 놓아두지 그랬어요?
　(4) 공부 좀 열심히 하지 그랬어요?
　(5) 달력에 표시를 해 놓지 그랬어요?

(6) 일찍 시작하지 그랬어요?

4.

(1) 도시 인구가 늘어났다.

(2) 그가 좋아졌다.

(3) 사람들의 생활수준이 향상되었다.

(4) 몸이 건강해졌다.

(5) 살이 빠졌다.

(6) 노인 경시 현상이 생겨났다.

5.

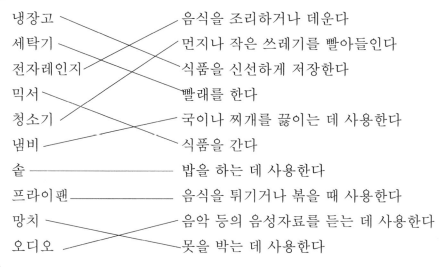

6.

(1)

　ㄱ: 선화 씨는 집안일을 하나요?

　ㄴ: 네.

　ㄱ: 어떤 일을 가장 싫어하나요?

　ㄴ: 방 닦는 것을 가장 싫어해요.

(2)

　ㄱ: 선화 씨 집은 집안일을 어머니가 다 하나요?

　ㄴ: 아니요, 나누어서 해요.

　ㄱ: 어떻게 하나요?

　ㄴ: 어머니는 밥과 설거지를 하시고, 아버지는 방 청소를 해요. 그리고 저는 빨래를 해요.

(3)

　ㄱ: 선화 씨는 결혼 후에도 일을 할 건가요?

ㄴ: 아니요.

ㄱ: 왜요?

ㄴ: 결혼 후에도 일을 하면 집안을 관리할 사람이 없어요.

(4)

ㄱ: 남성과 여성의 능력에 차이가 있습니까?

ㄴ: 네, 남성은 계산 능력이 강하고 여성은 암기 능력이 강하대요.

7. (1)

9. 다음 문장을 한국어로 번역하십시오.

(1) 이번 겨울 방학 때 어디든 여행을 가고 싶어요.

(2) —냉면 먹고 싶은데 어디로 가면 좋을까요? —한국 식당에 가보세요. 거기 냉면이 아주 맛있던데요.

(3) 이 회사 제품이 질이 좋던데요.

(4) 세민 씨가 대학을 언제 졸업했지요?

(5) 김 교수님이 오늘 학교에 안 계시는데요, 오시기 전에 전화를 주시지 그랬어요.

(6) 과학기술이 발달하면서 컴퓨터는 이미 사람들이 일할 때 없으면 안 될 파트너가 됐습니다.

(7) 저는 방금 누구를 좀 만나느라고 늦었어요.

(8) 저는 오전에 영호 씨를 만났는데 그때 운동장에서 축구를 하고 있더라고요.

(9) —세민 씨가 이 소식을 듣고 많이 화났어요. —음, 이 일을 세민 씨한테 알려주지 말지 그랬어요.

(10) 인구가 증가하면서 인간이 자연환경에 미치는 영향도 점점 커지고 있어요.

第4课

1.

(1) 집이 잠길 정도로

(2) 정신을 잃을 정도로

(3) 제대로 서 있지 못할 정도로

(4) 내 생일조차 잊어버릴 정도로

(5) 일찍 가지 않으면 자리가 없을 정도로

(6) 외국 사람인지 모를 정도로

2.
- (1)
  - ㄱ: 요즘 날씨가 참 따뜻해요.
  - ㄴ: 제 고향은 사계절 모두 이런 날씨이에요. 매일 바닷가에서 수영해도 될 정도로 따뜻해요.
- (2)
  - ㄱ: 문수 씨 고향의 특산물은 뭐가 있어요?
  - ㄴ: 오징어요. 온종일 오징어만 먹고 싶을 정도로 맛있어요.
- (3)
  - ㄱ: 문수 씨 고향은 어디가 가장 유명해요?
  - ㄴ: 경복궁이요. 매년 관광객의 발걸음이 끊이지 않을 정도로 유명한 곳이에요.
- (4)
  - ㄱ: 부모님께서 많이 편찮으셨다면서요?
  - ㄴ: 네, 하지만 지금은 등산을 할 수 있을 정도로 좋아지셨어요.
- (5)
  - ㄱ: 반에서 가장 친한 친구가 누구예요?
  - ㄴ: 창수요. 매일 같이 붙어 다닐 정도로 친해요.
- (6)
  - ㄱ: 취미가 뭐예요?
  - ㄴ: 수영이요. 거의 매일 수영장에 갈 정도로 좋아해요.

3.
- (1) 퇴근 시간이잖아요.
- (2) 감기 걸렸잖아요.
- (3) 성격이 활발하고 착하잖아요.
- (4) 어제 여행을 간다고 짐을 쌌잖아요.
- (5) 어제 벌써 돌려 줬잖아요.
- (6) 일요일이잖아요.

4. (2), (5)

5.
- (1) 저는 이 회사에서 30년 동안 일해 왔습니다. 제 인생의 반을 이곳에서 보낸 거죠.
- (2) 저는 한국에서 20년 동안 살아 왔습니다. 이제 한국 사람이나 다름없습니다.
- (3) 저는 6살 때부터 지금까지 배드민턴을 계속 쳐 왔습니다. 그래서 배드민턴으

로 저를 이길 사람은 거의 없습니다.
7. 다음 문장을 한국어로 번역하십시오.
   (1) 세민 씨가 요즘 시험을 준비하고 있는데 잠을 잘 시간도 없을 정도로 바빠요.
   (2) 왕단 씨가 이 프로그램의 책임자로 뽑혔어요.
   (3) —이 옷은 너무 비싸요. —디자인도 예쁘고 질도 좋잖아요.
   (4) 이 도시는 알아보지 못할 정도로 변화가 큽니다.
   (5) 저는 오늘 학생 대표로 대회에서 발표를 해서 아주 기쁩니다.
   (6) —지영 씨가 어떻게 일등을 또 했어요? —평소에 줄곧 열심히 공부해왔잖아요.
   (7) 저는 초등학교 때부터 피아노를 매일 3시간씩 연습해왔어요.
   (8) 그의 말을 듣고 저는 울 정도로 감동 받았어요.
   (9) 저는 계속 부모님과 북경에서 살아왔어요.
   (10) —우리 지하철을 타고 가는 거예요? —네, 지하철이 빠르고 가격도 싸잖아요.

第5课

1.
   (1) 지금은 안 고파요.
   (2) 지금은 해가 났어요.
   (3) 이제는 안 먹네요.
   (4) 요즘은 일찍 출근하네요.
   (5) 말이 적더니 지금은 말이 많아졌어요.
   (6) 어제까지 춥더니 오늘은 많이 덥네요.

2.
   (1)
      ㄱ: 여행 갔던 곳 중에 어디가 가장 기억에 남아요?
      ㄴ: 지리산이요.
      ㄱ: 지리산은 아름다운가요?
      ㄴ: 그럼요. 얼마나 아름답다고요.
   (2)
      ㄱ: 지금까지 살아오면서 누가 가장 기억에 남아요?
      ㄴ: 저번에 사귄 남자친구요.
      ㄱ: 성격이 안 좋았잖아요.

ㄴ: 아니요, 얼마나 좋은 사람이라고요. 외국으로 유학 간다고 해서 할 수 없이 헤어졌어요.

(3)

ㄱ: 최근에 본 영화 중에 어떤 영화가 가장 기억에 남아요?

ㄴ: <엽기적인 그녀2>요.

ㄱ: <엽기적인 그녀2>가 재미있나요?

ㄴ: 그럼요. 얼마나 재미있다고요. 너무 웃어서 입이 아플 정도였어요.

(4)

ㄱ: 살아오면서 어떤 일이 가장 기억에 남아요?

ㄴ: 초등학교 6학년 때 반장 선거에서 떨어진 일이요.

ㄱ: 많이 실망했었어요?

ㄴ: 그럼요. 얼마나 가슴이 아팠다고요.

3.

(1) 인사동에 있는 전통 찻집으로 가시지요. 분위기가 아주 좋아요.

(2) 용기를 내서 그 사람에게 고백을 해 보시지요.

(3) 친구에게 필요한 가전제품을 선물해 보시지요. 좋아할 겁니다.

(4) 개인 사업을 한번 해 보시지요.

(5) 자기 전에 명상을 해 보시지요.

(6) 밤에 일찍 주무시지요.

4.

(1) 몸이 편찮으신 줄 알았어요.

(2) 길이 안 막힐 줄 알았어요.

(3) 저는 벌써 간 줄 알았어요.

(4) 이사가 그렇게 힘들 줄은 몰랐어요.

(5) 고기를 안 좋아하는 줄 알았는데

(6) 백화점에 사람이 그렇게 많을 줄 몰랐어요.

5.

(1)

ㄱ: 선화 씨는 시간이 있을 때 무엇을 하나요?

ㄴ: 영화를 봅니다.

ㄱ: 일주일에 몇 편이나 보나요?

ㄴ: 주말에 두세 편 정도 봅니다.

(2)

　　ㄱ: 선화 씨는 특별히 잘하는 것이 무엇입니까?

　　ㄴ: 피아노입니다.

(3)

　　ㄱ: 앞으로 시간적, 경제적 여유가 있을 때 해 보고 싶은 취미생활은 무엇입니까?

　　ㄴ: 골프입니다.

(4)

　　ㄱ: 선화 씨는 특별히 좋아하는 운동선수나 연예인, 예술가가 있습니까?

　　ㄴ: 네, 있습니다.

　　ㄱ: 누구예요?

　　ㄴ: 성룡입니다.

　　ㄱ: 왜 성룡을 좋아합니까?

　　ㄴ: 연기를 잘하기 때문입니다.

(5)

　　ㄱ: 선화 씨는 감명 깊게 봤던 영화나 소설이 있습니까?

　　ㄴ: 물론 있습니다. 공리가 주연한 <인생>이라는 영화입니다.

(6)

　　ㄱ: 선화 씨 집에서는 가족들이 모두 한자리에 모였을 때 무엇을 합니까?

　　ㄴ: 윷놀이를 하고 놉니다.

7. 다음 문장을 한국어로 번역하십시오.

(1) 어젯밤까지만 해도 비가 오더니 오늘 아침에는 눈이 내리기 시작했어요.

(2) 지금 세일기간도 아닌데 백화점에 사람들이 이렇게 많은 줄 몰랐어요.

(3) 작년에 지영 씨를 만났을 때 좀 뚱뚱하더니 지금은 참 날씬해졌네요.

(4) —문수 씨가 아주 착하다면서요? —얼마나 착하다고요. 그는 항상 남을 먼저 생각해요.

(5) 강강 씨가 한국어를 너무 잘해서 저는 처음에 그가 한국사람인 줄 알았어요.

(6) 기분이 별로 좋지 않으면 음악을 좀 들어보시죠.

(7) —만리장성에 가봤어요? 아주 웅장하다면서요? —네, 얼마나 웅장하다고요. 꼭 가보세요.

(8) 자주 피곤하면 평소에 운동을 좀 많이 해보시죠.

(9) 세민 씨가 어렸을 때는 운동하기를 안 좋아하더니 지금은 주말마다 등산을 갑니다.

(10) 세민 씨가 진짜 결혼했네요! 전 처음에 잘못 들은 줄 알았어요.

第6课

1.
   (1)
      ㄱ: 불치병에 걸려서 6개월밖에 살 수 없다면 무엇을 하고 싶나요?
      ㄴ: 제가 살아 온 인생에 관한 책을 쓰겠어요.
   (2)
      ㄱ: 복권에 당첨되어 백만장자가 된다면 무엇을 하고 싶나요?
      ㄴ: 어려운 사람들을 마음껏 도와주고 싶어요.
   (3)
      ㄱ: 당신이 중국의 주석이 된다면 무엇을 하고 싶나요?
      ㄴ: 중국을 최대 강국으로 만들고 싶어요.
   (4)
      ㄱ: 내일 지구가 멸망한다면 오늘 무엇을 할 것입니까?
      ㄴ: 조용히 책상 앞에 앉아 반성의 시간을 갖겠습니다.
   (5)
      ㄱ: 다음 생애에 축구 감독으로 태어난다면 어떻게 하시겠습니까?
      ㄴ: 중국 축구팀을 세계에서 제일 강한 팀으로 만들겠습니다.
   (6)
      ㄱ: 싫어하는 남자(여자)가 계속 따라 다닌다면 어떻게 하시겠습니까?
      ㄴ: 싫다는 의사표시를 분명히 하겠습니다.

2.
(1) 지난 주말에 등산을 6시간 동안 했거든요. 그랬더니 지금도 다리가 아파요.
(2) 우리 고향은 경치가 참 좋거든요. 꼭 한번 놀러 오세요.
(3) 저는 피아노 치는 것을 참 좋아하거든요. 나중에 기회가 되면 꼭 들려주고 싶어요.
(4) 바지가 크거든요. 한 사이즈 작은 것은 없나요?

3.
   (1) 도착한
   (2) 앉았을
   (3) 없을
   (4) 오는

(5) 헤어진

(6) 먹었을

4.

  (1)

    A: -아/어다 주다

    엄마, 감기가 심하게 걸려서 움직일 수가 없어요. 감기약 좀 사다 줄 수 있으세요?

    B: -아/어 주다

    엄마, 감기에 걸려서 누워있어요. 죽을 좀 끓여 줄 수 있어요?

  (2)

    A: -아/어다 주다

    홍단 씨, 내일 이사를 해야 하는데 제가 내일은 중요한 약속이 있거든요. 저 대신 짐을 좀 옮겨다 줄 수 있나요?

    B: -아/어 주다

    홍단 씨, 곧 이사를 해야 하는데 짐이 너무 많아요. 저 좀 도와 줄 수 있나요?

  (3)

    A: -아/어다 주다

    도서관에서 빌려야 할 책이 있는데 시험 공부 때문에 너무 바빠서 갈 시간이 없어요. 유나 씨가 좀 빌려다 줄 수 있나요?

    B: -아/어 주다

    시험 공부 때문에 너무 바빠서 집에 전화 할 시간이 없네요. 유나 씨가 저 대신 우리 부모님께 전화를 좀 해 주시겠어요?

  (4)

    A: -아/어다 주다

    여보, 저기 있는 감자 좀 가져다 줄래요?

    B: -아/어 주다

    여보, 당신이 설거지를 좀 해 줄래요?

5.

  (1)

    ㄱ: 며칠 전에 이 구두를 샀어요. 그런데 색깔이 마음에 안 드네요. 교환 되나요?

    ㄴ: 네, 영수증을 보여 주시겠어요?

    ㄱ: 안 가지고 왔어요.

ㄴ: 교환 하시려면 영수증이 꼭 필요해요.

ㄱ: 그럼 어쩔 수가 없네요. 내일 다시 올게요.

(2)

ㄱ: 한달 전에 이 서점에서 책을 샀는데 10페이지 정도가 없네요. 바꿔 주세요.

ㄴ: 그래요? 책은 가지고 오셨습니까?

ㄱ: 네, 여기 있어요.

ㄴ: 어? 정말 없네요. 죄송합니다. 새것으로 바꿔 드리겠습니다.

(3)

ㄱ: 일주일 전에 여기에서 이 옷을 샀어요. 물빨래 해도 된다고 쓰여 있어서 그렇게 했거든요. 그런데 옷이 많이 줄었어요. 바꿔 주세요.

ㄴ: 세탁 수칙대로 잘 빨았다면 옷이 주는 일은 없을 텐데요. 옷을 좀 볼 수 있을까요?

ㄱ: 여기 있어요.

ㄴ: 옷을 뜨거운 물에 빨았죠?

ㄱ: 네.

ㄴ: 그러시면 안 된다고 여기 쓰여 있네요. 고객님, 이 옷은 바꿔드릴 수 없습니다.

(4)

ㄱ: 어제 여기에서 냉장고를 구입했는데 냉동실에 이상이 있어요.

ㄴ: 어떤 문제가 있나요?

ㄱ: 서리가 끼고 소리가 심하게 나요.

ㄴ: 냉동실이 고장이 난 것 같네요.

ㄱ: 바꿔주세요.

ㄴ: 저희가 문제점을 직접 보고 수리를 해 드리면 안 될까요?

ㄱ: 싫어요. 새로 산 건데 고장 난 제품을 수리해서 쓰고 싶지 않아요.

7. 다음 문장을 한국어로 번역하십시오.

(1) 나무도 생각이 있다면 무엇을 생각할까요?

(2) 나는 한국어를 전공으로 하고 있습니다. 앞으로 한국에 유학을 가려고 해요.

(3) 내가 장미라면 향기를 줄 것이고, 내가 태양이라면 따뜻함을 줄 겁니다.

(4) 길이 많이 막혀서 오늘 지각할 것 같아요.

(5) 이 노트북은 친구가 한국에 여행 가서 사다 준 거예요.

(6) 저는 글쓰는 것을 아주 좋아해요. 제 꿈은 작가가 되는 겁니다.

(7) 세민 씨, 저쪽 소파 위에 있는 옷을 좀 가져다 주실래요?

(8) 꼭 다이어트 해야 된다면 어떤 방법을 선택할 거예요?

(9) 두 사람이 만나서 인사를 안 한 걸 보면 서로 모르는 사이 같아요.

(10) 여름 방학 때 저는 고향에 돌아갔어요. 고향이 많이 변했더군요.

第7课

1.

(1) 공부를 열심히 하고 있는지 모르겠네요.

(2) 전 그런 말 못 들었거든요.

(3) 일찍 씻고 쉬세요.

(4) 옷을 많이 가지고 가세요.

(5) 제가 같이 가 드릴게요.

(6) 꼭 좋은 결과가 있었으면 좋겠네요.

2.

(1) 불타다 남은 건물을 보니 화재가 난 모양이에요.

(2) 건물이 무너질 정도면 큰 화재인 모양이에요.

(3) 사람이 많이 죽은 모양이에요. 장례 행렬이 길게 이어지네요.

(4) 저 울고 있는 아이는 부모님을 잃은 모양이에요. 정말 불쌍하네요.

3.

(1) 이 지역에 오염이 심해서 그런지

(2) 환절기라서 그런지

(3) 고칼로리 위주로 식생활이 변하고 있어서 그런지

(4) 농촌의 젊은 사람들이 도시로 몰려 와서 그런지

(5) 추석을 지내려고 사람들이 고향을 찾아가서 그런지

(6) 식생활이 좋아져서 그런지

4.

(1) 날씨가 싸늘하다.

(2) 아주 건강하시다.

(3) 텔레비전에서 재미있는 것을 하지 않는다.

(4) 저 사람은 빚을 아주 많이 졌는데도 불구하고

(5) 공부를 별로 안 하는데도 불구하고

(6) 회의한다는 통지를 안 했는데도 불구하고

6.

(1) 한국의 2대 명절은 추석과 설날입니다.

(2) 추석은 설날과 함께 제일 큰 명절 중의 하나입니다. 또한 과거 농업 사회에서 한 해 동안 지은 농작물을 수확하여 조상과 신에게 감사의 제사를 지내는 날이기도 합니다.

(3) ③

8. 다음 문장을 한국어로 번역하십시오.

(1) 이번 시험이 많이 어려울 텐데 어떻게 준비해야 되지요?
(2) 청청 씨가 매운 것을 안 좋아하는 모양이에요.
(3) 그들은 이미 북경에 도착했을 텐데 아직 연락이 없어요.
(4) 날씨가 안 좋아서 그런지 저의 기분도 별로 안 좋아요.
(5) 세민 씨가 온종일 기뻐하는 걸 보면 면접에 통과한 모양이에요.
(6) 비가 오는데도 불구하고 경기를 보러 온 사람들이 아주 많아요.
(7) 요즘 운동을 안 해서 그런지 자꾸 피곤해요.
(8) 그 아이는 나이가 어린데도 불구하고 아는 것이 많아요.
(9) 그 배우는 쉰 살이 넘었는데도 불구하고 아주 젊어 보여요.
(10) 요즘 북경이 많이 추울 텐데 건강 조심하세요.

第8课

1.

(1) 아버지 생신날 꽃을 사려다가 돈이 모자란 걸 알고는 포기했습니다.
(2) 작년 여름에 해남도로 여행을 가려다가 친구가 티베트로 가자고 해서 그리로 갔습니다.
(3) 지난 주말에 쇼핑을 가려다가 숙제가 너무 많아서 그냥 집에 있었습니다.
(4) 작년에 한국으로 유학을 가려다가 집에 사정이 생겨서 못 갔습니다.

2.

(1) 제 방은 선화 씨 집 거실만 합니다.
(2) 우리 오빠의 키는 중국의 농구 선수인 야오밍만 합니다. / 제 동생은 백설공주에서 나오는 난쟁이만 합니다.
(3) 이 개는 호랑이만 하네요. / 이 개는 손바닥만 하네요.
(4) 제 마음은 축구장만 합니다.

3.

(1) 저는 중국 사람이기 때문에 한국말을 잘 못합니다.
(3) 저 여자한테서 나는 향수 냄새 때문에 머리가 아픕니다.
(4) 저 사람은 외아들이기 때문에 버릇이 없습니다.

(6) 내일은 공휴일이기 때문에 회사에 안 갑니다.

4.
(1) 시험 전날에 머리를 감으면 그동안 외웠던 것들을 많이 잊어버리게 됩니다.
(2) 자전거 체인이 빠지면 하루 일이 잘 안 풀립니다.
(3) 남자 친구와 안 좋은 일이 생기려고 하면 몸에 열이 납니다.
(4) 아침에 엘리베이터가 4층에서 멈추면 그날 온종일 기분이 안 좋습니다.

5.
(1) 여자(남자) 친구의 생일을 깜빡 잊어버리면 다음날 꽃을 한 다발 사다 줍니다.
(2) 식당에서 밥을 먹고 돈이 없으면 주민등록증을 맡기고 나중에 돈을 가져다 줍니다.
(3) 제가 만약 빌 게이츠처럼 돈이 많으면 어려운 사람들을 도울 것입니다.
(4) 길에서 강도를 만나면 도망을 갈 것입니다.
(5) 천사가 나타나 한가지 소원을 들어준다고 한다면 늘 미소를 잃지 않는 사람이 되게 해 달라고 청하겠습니다.
(6) 앞으로 1개월밖에 살지 못한다면 나의 모든 재산을 고아원에 기부하겠습니다.

6.
(1)
ㄱ: 북경에 처음 도읍을 정한 왕조가 어느 왕조인지 알아요?
ㄴ: 모르겠어요.

(2)
ㄱ: 북경의 인구가 얼마나 되는지 알아요?
ㄴ: 2,000만 명이 넘습니다.

(3)
ㄱ: 북경의 5대 명소가 어디인지 알아요?
ㄴ: 네, 자금성, 만리장성, 이화원, 명13릉, 천단입니다.

(4)
ㄱ: 북경에서 가장 높은 건물이 뭔지 알아요?
ㄴ: 모르겠어요.

(5)
ㄱ: 북경에서 가장 번화한 거리가 어디인지 모르죠?
ㄴ: 알아요. 왕부정이에요.

(6)
ㄱ: 북경의 가장 대표적인 교통수단이 뭔지 모르죠?

ㄴ: 알아요. 버스와 지하철입니다.

(7)

ㄱ: 북경에서 가장 넓은 도로가 어디인지 모르죠?

ㄴ: 네, 모릅니다.

(8)

ㄱ: 모택동의 무덤이 어디에 있는지 모르죠?

ㄴ: 알아요. 모택동기념당에 있습니다.

8. (1), (4)

10. 다음 문장을 한국어로 번역하십시오.

(1) 여름 방학 때 고향에 돌아가려다가 대학원 시험을 준비하고 싶어서 북경에 남았어요.

(2) 기분이 좋을 땐 보통 뭘 해요?

(3) 청청 씨가 독감 때문에 며칠 동안 수업에 못 나왔어요.

(4) 기숙사 방은 우리 집 삼분의 일만해요.

(5) 제가 졸업한 후 한국으로 유학을 가려했었는데 좋은 직장을 찾게 되어 일단 취직했어요.

(6) 저는 어제 손바닥만한 전자사전을 샀어요.

(7) 지금은 환절기이니까 감기에 걸리지 않도록 주의하세요.

(8) 인터넷에서 구두를 사려다가 질이 별로 안 좋을 것 같아서 백화점에서 샀어요.

(9) 주말에 날씨가 좋으면 우리 등산 갑시다.

(10) 그 옷이 작으면 동생에게 주세요.

第9课

1.

(1)

ㄱ: 지갑에 웬 돈이 이렇게 많아요?

ㄴ: 오늘 컴퓨터를 살 생각이거든요.

(2)

ㄱ: 웬 책을 이렇게 많이 빌렸어요?

ㄴ: 보고서를 한 편 써야 하거든요.

(3)

ㄱ: 웬 여행 가방이에요? 여행 가나요?

ㄴ: 네, 수업 끝나고 바로 갈 생각이에요.

(4)

ㄱ: 웬 그림이죠? 예전에는 없었는데?

ㄴ: 우리 반 철수가 미술 시간에 그린 그림이래요. 너무 잘 그려서 담임선생님이 여기에다 걸어 놓은 모양이에요.

(5)

ㄱ: 웬 도시락이에요? 늘 학생 식당에서 먹었었잖아요.

ㄴ: 어머니가 요즘 내 몸이 약해졌다고 도시락을 싸 주셨어요.

(6)

ㄱ: 여름에 웬 감기에요?

ㄴ: 에어컨 바람 때문인가 봐요.

2.

(1) 싸우다니요? 우리는 사이가 아주 좋아요.

(2) 지각했다니요? 벌써 교실 청소까지 다 해 놨습니다.

(3) 아무도 안 오셨다니요? 벌써 200명 가까이 왔습니다.

(4) 맛이 없었다니요? 너무 맛있었습니다.

(5) 폐를 끼치다니요? 언제 와도 환영입니다.

(6) 결혼했다니요? 아직 총각입니다.

3.

(1) 사람은 인간다운 삶을 살아야 한다.

(2) 철수 씨는 남자다워서 멋있어요.

(3) 지영 씨는 웃을 때 참 여자다워요.

(4) 지영 씨답지 않게 왜 이렇게 연약해졌어요?

(5) 당신 딸이 이제 18살이라면서요? 참 꽃다운 나이네요.

(6) 영선 씨가 반에서 또 1등 했다면서요? 영선 씨답네요.

4.

(1)

ㄱ: 야외로 놀러 가면 참 재미있겠다.

ㄴ: 오늘은 안 될 것 같아. 밖에 비가 오잖아. 차라리 실내에서 영화를 보는 게 낫겠어.

(2)

ㄱ: 어머니 생신 때 옷을 한 벌 사다 드리는 건 어때요?

ㄴ: 그것보다 어머니는 꽃을 좋아하시니까 차라리 꽃을 한 다발 사다 드리는 게 나아요.

(3)
ㄱ: 컴퓨터를 사려면 해선 전자상가로 가야죠.
ㄴ: 거기는 가짜를 많이 판대요. 차라리 용산 전자상가로 가는 게 나아요.

(4)
ㄱ: 한국어를 잘하고 싶은데, 한국어로 된 책을 많이 보면 되나요?
ㄴ: 그것도 좋지만 한국인 친구를 많이 사귀는 게 더 나아요.

(5)
ㄱ: 아르바이트를 하고 싶은데 식당에서 일하면 돈을 많이 벌 수 있죠?
ㄴ: 그건 너무 힘들잖아요. 그것보다는 번역 일을 하는 게 더 나아요.

(6)
ㄱ: 몸이 너무 아파요. 몸살이 났나 봐요. 이 약을 먹으면 되나요?
ㄴ: 그 약은 목 아픈 데 먹는 약이에요. 지금은 해열제를 먹는 게 나아요.

5.
(1) 사람에 따라 결혼하고 싶은 사람도 있고 안 하고 싶은 사람도 있습니다. 따라서 결혼은 각자 취향에 따라 선택할 수 있는 것이라고 생각합니다.
(2) 저는 결혼을 하고 싶습니다. 어떤 일을 할 때 혼자서 결정을 하는 것보다 누가 옆에서 함께 결정해 주는 것이 좋기 때문입니다.
(3) 마음이 넓고 착한 사람입니다.
(4) 성격-경제력-직업-집안-외모
(5) 결혼할 때 서로에게 반지를 주고받는 것이 가장 큰 선물이라고 생각합니다. 왜냐하면 반지는 평생을 함께 하겠다는 약속의 표시이기 때문입니다.
(6) 한국의 아름다운 섬인 제주도로 신혼여행을 가고 싶습니다.

7. 다음 문장을 한국어로 번역하십시오.
(1) 이게 웬 케이크예요? 오늘 누구 생일이에요?
(2) 세민 씨한테 도와 달라고 하는 것보다 차라리 내가 직접 하는 게 낫겠어요.
(3) 이번 시험이 쉽답니까? 나는 통과할지도 모르겠는대요.
(4) 10월인데 웬 눈이에요?
(5) —너무 비싸요. 좀 싸게 해 주세요. —비싸다니요? 이미 할인 된 가격인데요.
(6) 이렇게 쉬운 일은 다른 사람한테 도와달라고 하는 것보다 차라리 자기가 스스로 하는 게 더 낫겠어요.

(7) —칭칭 씨, 지금 몇 학년이에요? —몇 학년이라니요? (졸업하고) 취직한지 벌써 2년이 됐어요.

(8) 지금 우리의 행동이 대학생다워야 합니다.

(9) 서점에 가서 책을 사는 것보다 차라리 인터넷에서 사는 게 더 낫겠어요. 빠르고 싸거든요.

(10) 세민 씨, 웬 돈이 이렇게 많아요? 복권에 당첨이라도 됐어요?

第10课

1.
(1) 신입사원이 말을 안 들어서 화를 낼 수밖에 없었어요.
(2) 길이 너무 막혀서 늦을 수밖에 없었어요.
(3) 운동화를 빨았는데 아직 마르지 않아서 구두를 신고 올 수밖에 없었습니다.
(4) 이번 운동회를 연기할 수밖에 없겠어요.
(5) 늘 수밖에 없어요.
(6) 거짓말을 할 수밖에 없었어요.

2.
(1) 빠르면 내년 여름에 결혼할지도 모릅니다.
(2) 아직 결정 안 했어요. 대학원에 진학할지도 모릅니다.
(3) 네, 하지만 이제 곧 퇴직하실지도 모릅니다.
(4) 글쎄요. 연세가 많아서 돌아가셨을지도 모르죠.
(5) 비가 올지도 모르니까
(6) 주말이라 선우 씨가 여자친구랑 데이트하고 있을지도 몰라요.

3.
(1) 일기예보에서 비가 온다고 하길래 가지고 왔어요.
(2) 몸이 아프길래 안 갔어요.
(3) 수진 씨 생일이라고 하길래 사가지고 왔어요.
(4) 여자친구가 배우라고 하길래 한 달 전에 학원에 등록했어요.
(5) 친구가 나한테 도둑놈이라고 하길래 너무 화가 났어요.
(6) 취직이 되었다길래 옷을 선물했어요.

4.
(5) 이유 :
1) '-길래'가 사용되는 문장은 1인칭 주어가 의지를 가지고 어떤 행동을 하거나 반응을 나타내는 의미를 포함해야 한다. 하지만 "밥을 급하게 먹었길래

배가 아파요." 중의 "배가 아파요"는 1인칭 주어의 의지가 필요 없는 어떤 현상일 뿐이다.

2) '-길래'는 과거시제 문장에서만 쓸 수 있다. 하지만 이 문장은 현재시제이다.

(6) 이유 :

'-길래'는 과거시제 문장에서만 쓸 수 있다. 하지만 이 문장 중의 '-ㄹ 거예요'는 미래에 어떤 일을 하겠다는 의지를 나타내고 있다. 따라서 '-길래'와 함께 쓸 수 없다.

5.

(1) 지금 가 봤자 너무 늦어서 못 살 거예요.

(2) 부모님께 졸라 봤자 안 사 주실 거예요.

(3) 아무리 쫓아다녀 봤자 당신의 마음을 안 받아 줄 거예요.

(4) 아무리 기다려 봤자 안 올 거예요.

(5) 밥을 굶어 봤자 살은 안 빠질 거예요.

(6) 약을 먹어 봤자 쉬지 않으면 안 나을 거예요.

6.

(1) 친구와의 약속을 자주 잊어버립니다.

(2) 솔직하게 거절할 때도 있고 상대방의 기분을 생각해서 핑계를 댈 때도 있습니다.

(3) 솔직하게 잘못을 저지를 수밖에 없었던 이유를 말하면서 사과를 합니다.

(4) 수업시간에 선생님께서 말씀하신 내용을 잘 이해하지 못했을 때 친구들에게 가르쳐달라고 부탁합니다. 그리고 숙제를 대신 해달라는 부탁을 많이 받습니다.

(5) 자기의 숙제를 대신 해달라는 부탁은 안 했으면 좋겠습니다.

7.

(1)

ㄱ: 정말 미안해. 나 늦을 거 같아.

ㄴ: 너 어디야? 나 한 시간이나 기다렸어.

ㄱ: 길이 너무 막히네. 나도 언제 도착할 수 있을지 모르겠어.

(2)

ㄱ: 네가 저번에 빌려 준 책 잃어버렸어.

ㄴ: 뭐라고? 그건 남자(여자) 친구한테서 선물 받은 거야.

ㄱ: 정말 미안해. 내가 꼭 똑같은 것으로 사 줄게.

219

(3)

ㄱ: 오늘이 무슨 날인지 알아?

ㄴ: 글쎄, 잘 모르겠는데.

ㄱ: 내 생일이야. 넌 어떻게 내 생일을 잊어버릴 수가 있니?

ㄴ: 정말 미안해. 어제까지 기억하고 있었는데 오늘 너무 바빠서 그만 잊어버렸어.

(4)

ㄱ: 선생님, 보고서 제출일을 며칠 연기해 주시면 안 될까요?

ㄴ: 왜?

ㄱ: 몸이 아파서 아직 다 못 썼어요.

ㄴ: 그럼 내일까지 해와.

8.

(1) 말을 잘하면 어려운 일이나 불가능한 일도 해결할 수 있다는 뜻입니다.

(2) 친구는 어렸을 적 소아마비를 앓아 다리를 저는 아이였습니다. 그래서 내가 '이 바보야'라는 의미로 한 말을 그 친구는 자신이 다리 저는 것을 빗대어 한 말이라고 생각했기 때문입니다.

(3) 아주 간절하게 빈다는 뜻입니다.

(4) 말하기 전에 한 번 더 생각을 해야 된다.

10. 다음 문장을 한국어로 번역하십시오.

(1) 가정 형편이 어려워 세민 씨는 아르바이트하면서 공부할 수 밖에 없어요.

(2) 그가 이미 결정을 했으니 더 말해 봤자 소용이 없을 거예요.

(3) 배가 너무 고프길래 먼저 먹었어요.

(4) 몸 상태가 안 좋아 그녀는 이번 경기를 포기할 수 밖에 없어요.

(5) 세민 씨가 오늘 몸이 아프다고 하길래 제가 집에서 쉬라고 했어요.

(6) 저는 청청 씨를 10년 동안 못 봐서 알아보지 못할지도 모릅니다.

(7) 이 케이크가 맛있어 보이길래 (당신한테 주려고) 사왔어요.

(8) 요즘 유미 씨가 시험을 준비하고 있어서 우리하고 여행을 못 갈지도 모릅니다.

(9) 세민 씨가 와 봤자 도움이 안 될 거예요.

(10) 청청 씨가 노력해 봤자 유명한 가수가 되기는 어려워요.

第11课

1.
   (1) 알고 말고요. 제 전공이에요.
   (2) 가 보고 말고요. 경치가 정말 장관이었어요.
   (3) 배우고 말고요. 벌써 운전 경력 2년이에요.
   (4) 맛있고 말고요. 요리법을 배우고 싶을 정도예요.
   (5) 바쁘고 말고요. 연말이라 정신이 없습니다.
   (6) 좋아하고 말고요. 깨어있는 시간은 거의 음악을 듣습니다.

2.
   (1) 친구들과 같이 간 데다가 바닷물이 따뜻해서 참 재미있었어요.
   (2) 문제가 어려운 데다가 시간이 부족했어요.
   (3) 제 생일인 데다가 부모님이 절 보러 온대요.
   (4) 네, 사람들이 착한 데다가 거리가 너무 깨끗해요.
   (5) 사람이 많은 데다가 차까지 많아요.
   (6) 진수가 지각한 데다가 거짓말까지 하잖아요.

3.
   (1) 잡혔습니다.
   (2) 막혀서
   (3) 보여요.
   (4) 보여요.
   (5) 쓰여있어요.
   (6) 들려요.
   (7) 열렸어요.
   (8) 물렸어요.
   (9) 잡혔어요.
   (10) 놓여 있어요.

5.
   (1) 한국에서는 생일, 집들이, 결혼식 등과 같은 날에 손님을 초대합니다.
   (2) 저는 생일날 친구들을 많이 초대합니다.
   (3) 한국에서는 상대방이 초대한 이유에 따라 가져가는 것이 다릅니다. 예를 들어 생일에는 꽃이나 케이크를 주로 가지고 가고, 집들이 때는 휴지나 가루비누를, 결혼식 때는 축의금을 가지고 갑니다.
   (4) 한국에서는 밤늦은 시간에 남의 집을 방문하면 안 됩니다.

6.

(1) 초대장

(2) 현대 사회와 독서

(3) 10월29일(목요일)

(4) 동숭동에 있는 흥사단

(5) 책 읽기를 통해 독서의 역할과 의미를 함께 나누는 곳.

8. 다음 문장을 한국어로 번역하십시오.

(1) —한국어를 아세요? —알고 말고요. 저는 한국어과 학생이에요.

(2) 유미 씨는 예쁜데다가 성격도 좋아서 인기가 많아요.

(3) 방금 전화가 갑자기 끊겼어요.

(4) 이 운동화의 끈이 자꾸 풀려요.

(5) —성준 씨의 여자친구가 예뻐요? —예쁘고 말고요. 모델을 한 적도 있다고 했어요.

(6) 점심을 많이 먹은 데다가 오후에 간식도 많이 먹어서 지금은 배가 하나도 안 고파요.

(7) 테이블 위에 책이 놓여 있어요.

(8) —이번 토요일 오전에 결혼식을 하는데 와주시기 바랍니다. —가고 말고요. 결혼식은 어디서 하는데요?

(9) 경찰에 잡힌 그 도둑은 아직 미성년자래요.

(10) 이 영화는 재미있는데다가 교육적인 의미도 있어요.

第12课

1.

(1) 바빠서 밥도 못 먹을 지경이었어요.

(2) 바빠서 죽을 지경이에요.

(3) 등산만 생각하면 등이 오싹할 지경이에요.

(4) 너무 재미있었어요. 돌아오고 싶지 않을 지경이었어요.

(5) 춤추고 싶을 지경이에요.

(6) 네, 기가 막힐 지경이에요.

2.

(1) 걸어 놓으세요.

(2) 준비해 놓았어요.

(3) 예약해 놓았어요.

(4) 해 놓을 거예요.

(5) 넣어 놓았어요.

(6) 받아 놓으세요.

3.

(1) 개나리며 진달래며 아름다운 꽃들이 잔뜩 피어있어요.

(2) 푸른 산이며 예쁜 호수며 정말 아름다워요.

(3) 중국의 양삭은 끊임없이 이어진 산이며, 소수민족 복장을 한 사람들이며 정말 인상적인 곳이에요.

(4) 푸른 바다며 아름다운 꽃들이 저를 무척 기쁘게 해요.

4.

(1) 그럼요. 몰라볼 만큼 컸어요.

(2) 네, 제 무릎까지 쌓일 만큼 왔어요.

(3) 네, 중국 음식 때문에 한국으로 돌아오고 싶지 않을 만큼 맛있어요.

(4) 네, 한번 가면 다시 돌아오고 싶지 않을 만큼 아름다워요.

(5) 네, 공부하다 죽어도 좋을 만큼 재미있어요.

(6) 네, 하루 24시간 운동만하고 싶을 만큼 좋아요.

5.

(1) 좋은 직장을 얻기 위해 컴퓨터 자격증을 따 놓고 싶습니다.

(2) 중국 여행을 하기 위해 돈을 모아 놓고 싶습니다.

(3) 한국어 강사가 되기 위해 한국어 공부를 열심히 해 놓고 싶습니다.

(4) 외국으로 출장 가기 위해 비자를 준비해 놓고 싶습니다.

(5) 아름다운 몸매를 유지하기 위해 요가를 배워 놓고 싶습니다.

6.

(1) 이강의 유람선 위에서 이 엽서를 썼습니다.

(2) 계림에서 양삭까지 가는 유람선입니다.

(3) 온 도시가 아름다운 봉우리와 바위로 이루어져 있어 그림과 같다고 했습니다.

(4) 이강을 따라 양삭까지 가는 길의 아름다운 경치 때문에 마치 신선이 될 것 같다고 했습니다.

8. 다음 문장을 한국어로 번역하십시오.

(1) 오늘 저녁을 너무 많이 먹어서 배가 터질 지경이에요.

(2) 테이블 위에 포도며 배며 바나나 등 많은 과일이 놓여 있어요.

(3) 다음주 서울에 가는 비행기표를 이미 예약해 놓았으니까 걱정하지 마세요.

(4) 그분은 유명한 시인이며 교수며 정치가입니다.

(5) 요즘 많은 가게가 문을 닫을 만큼 경제 불황이 아주 심합니다.

(6) 주말까지 저는 꼭 리포트를 써 놓겠습니다.

(7) 요즘 많은 일이 잘 풀리지 않아서 저는 우울해 죽을 지경이에요.

(8) 그는 수술 후 이미 정상적으로 생활할 수 있을 만큼 회복이 빨라요.

(9) 밥을 해놓고 가세요. 좀 있다가 아이들이 배고프면 먹을 수 있게요.

(10) 그 두 사람의 경력은 놀랄 만큼 비슷합니다.

第13课

1.

(1) 많이 사귀면 사귈수록 좋아요.

(2) 많이 하면 할수록 아는 것이 많아져요.

(3) 많이 먹으면 먹을수록 몸에 해로워요.

(4) 많으면 많을수록 경험이 쌓여요.

(5) 크면 클수록 점점 예뻐져요.

(6) 많으면 많을수록 좋아요.

2.

(1) 얼굴에 주름이 늘어나요.

(2) 밖에 나가기가 싫어요.

(3) 날씨가 따뜻해요.

(4) 겸손해져요.

(5) 일 처리가 빨라요.

(6) 순박해요.

3.

(1) 지각하지 않도록

(2) 밖을 내다볼 수 있도록

(3) 밤에 배가 고프지 않도록

(4) 배운 것을 잊어버리지 않도록

(5) 기분이 좋아질 수 있도록

(6) 몸이 상하지 않도록

4.

(1) 까지

(2) 마다

(3) 에다가

(4) 이나

(5) 밖에

(6) 으로

(7) 처럼

(8) 만에

(9) 이나

(10) 까지

6.

(1) 나는 1년 전쯤에 한국에 왔습니다.

(2) 경주는 도시 전체가 그대로 역사와 문화의 박물관인 것 같기 때문입니다.

(3) 나는 석굴암이 가장 인상적이었습니다.

(4) 석굴암의 부처님은 화강암으로 만들었습니다.

(5) 나는 요즘 한국의 경제 성장만큼이나 놀라운 문화 유산에 감탄하고 있습니다.

8. 다음 문장을 한국어로 번역하십시오.

(1) 이 책은 보면 볼수록 재미있어요.

(2) 우리는 손님들이 잘 쉴 수 있도록 조용히 합시다.

(3) 당신까지 나를 안 믿어요? 가슴이 너무 아파요.

(4) 이번 행사에 참가하고 느낀 바에 대해 한번 말해 보세요.

(5) 단점은 적을수록 좋고, 장점은 많을수록 좋습니다.

(6) 이 가게는 원래 영업이 잘되지 않았던데다가 경제위기까지 닥쳤으니 버틸 수 있을지 모르겠어요.

(7) 꽃이 잘 자랄 수 있도록 제때에 물을 줘야 해요.

(8) 어려운 때일수록 끝까지 견뎌야 해요.

(9) 걱정하지 마세요. 앞으로 이런 일이 없도록 하겠습니다.

(10) 김 교수님은 한국어 언어학 연구에 기여한 바가 큽니다.

第14课

1.

(1) 네, 남산으로 해서 신사동으로 갑니다.

(2) 볼링장으로 해서 식당으로 갈 겁니다.

(3) 아니요, 영어학원으로 해서 집으로 갑니다.

(4) 아니요, 식당으로 해서 생맥주 집으로 갔습니다.

(5) 아니요, 뉴욕으로 해서 워싱턴으로 갑니다.

(6) 백화점으로 해서 친구 집으로 가신다고 했습니다.

2.
(1) 학교 가는 길에 서점에 잠깐 들렀어요.
(2) 백화점 가는 길에 예쁜 옷이 있어서 한 벌 샀어요.
(3) 친구 집에 가는 길에 선물을 샀어요.
(4) 집으로 가는 길에 과일을 좀 샀어요.
(5) 영화 보러 가는 길에 식사를 했어요.
(6) 시장 가는 길에 꽃가게에 들렀어요.

3.
(1) 영화 볼까 하는데 같이 볼래요?
(2) 이번 주말에 친구 집에 놀러 갈까 합니다.
(3) 이번 방학에 계림으로 여행을 갈까 합니다.
(4) 러시아어 공부를 할까 합니다.
(5) 취직을 할까 합니다.
(6) 컴퓨터 공부를 열심히 안 했습니다. 다음달부터 컴퓨터 학원에 다닐까 합니다.

4.
(1) 내년까지 반드시 취직을 할 생각입니다.
(2) 3박 4일 동안 홍콩을 갔다 올 계획입니다.
(3) 내년에 미국으로 유학을 갈 예정입니다.
(4) 오늘 저녁 7시까지 모든 파티 준비를 끝낼 작정입니다.
(5) 내년 여름에 결혼을 할 생각입니다.

5.
(1) 네, 빵은 못 만들어도 커피만큼은 잘 만들어요.
(2) 다른 건 몰라도 성격만큼은 아주 좋아요.
(3) 작긴 해도 시설만큼은 잘 갖춰져 있어요.
(4) 네, 노력은 별로 안 하는데 머리만큼은 절 닮아서 좋아요.
(5) 네, 사장님이 까다롭긴 한데 이해심만큼은 누구보다 넓어서 회사 생활이 편해요.
(6) 그럼요. 다른 건 몰라도 단풍만큼은 정말 볼만해요.

6.
(1)
ㄱ: 안녕하세요? 문화여행사죠?
ㄴ: 네, 무엇을 도와드릴까요?

ㄱ: 서울로 가는 비행기표 예약을 좀 하고 싶은데요.
ㄴ: 언제 출발할 예정이십니까?
ㄱ: 내일 오전 표가 있어요?
ㄴ: 네, 있습니다. 오전 10시 비행기고 대한항공 편입니다.
ㄱ: 그것으로 예약해 주세요.

(2)
ㄱ: 내일 서울에서 경주로 가는 기차표가 있나요?
ㄴ: 표가 한 장밖에 안 남았습니다. 내일 오전 10시 기차입니다.
ㄱ: 그걸로 주세요.

(3)
ㄱ: <쿵푸팬더4> 표 있어요?
ㄴ: 네, 몇 시 것으로 드릴까요?
ㄱ: 10시 것으로 두 장 주세요. 중간 좌석으로 주시고요.
ㄴ: 네.

(4)
ㄱ: 안녕하세요? 하나로 레스토랑이죠?
ㄴ: 네.
ㄱ: 저녁에 회식이 있는데 예약 좀 할 수 있을까요?
ㄴ: 몇 분 정도 오시나요?
ㄱ: 한 10명 될 거예요.
ㄴ: 몇 시쯤에 오시나요?
ㄱ: 6시에 도착할 겁니다.
ㄴ: 성함이 어떻게 되세요?
ㄱ: 정지영이라고 합니다.
ㄴ: 정자, 지자, 영자, 맞나요?
ㄱ: 네.
ㄴ: 예약되었습니다.

(5)
ㄱ: 내일 외국에서 손님이 와요. 비어 있는 방이 있나요?
ㄴ: 몇 분 정도 오실 건데요?
ㄱ: 두 분이에요.
ㄴ: 네, 방이 있습니다.
ㄱ: 5일 정도 묵으실 거예요.

ㄴ: 네, 알겠습니다. 예약되었습니다.

7.
(1) 세민 씨는 너무 바빠서 그만 극장표 예약해 놓는 것을 잊어버렸습니다.
(2) 주말이라 사람이 너무 많아서 표를 살 수 없었습니다.
(3) 표가 한 장도 없다는 뜻입니다.
(4) 영화를 보여주기로 했는데 표를 예약하지 않아서 결국 영화를 못 보게 되었기 때문입니다.

9. 다음 문장을 한국어로 번역하십시오.
(1) 저는 오늘 먼저 슈퍼에 들렀다가 집으로 갈 겁니다.
(2) 저는 졸업한 후에 한국에 가서 석사과정을 이수할 예정입니다.
(3) 다른 건 몰라도 그 식당의 냉면만큼은 아주 맛있습니다.
(4) 오후 비행기가 다 싱가포르를 경유해서 호주로 가는 건데 괜찮겠습니까?
(5) 문수가 요즘 또 아프다고 했어요. 회사에서 돌아오는 길에 문수를 좀 보고 오세요.
(6) 이번 방학을 이용해 책을 좀 볼 생각입니다.
(7) 그 배우가 촬영하러 가는 길에서 교통사고를 당했다고 들었어요.
(8) 저의 20살 생일은 친한 친구들하고 같이 지낼 계획입니다.
(9) 제가 오늘 백화점 가는 길에 10년 동안 못 본 중학교 동창을 만났어요.
(10) 저는 노래만큼은 자신이 있어요.

第15课

1.
(1) 입히십니다.
(2) 먹이세요.
(3) 울립니다.
(4) 씌워줍니다.
(5) 알려 주세요.
(6) 남기세요.
(7) 재우세요.
(8) 맡기면
(9) 늘려야겠어요.
(10) 녹이세요.

3.
   (1) 사진과 그림이 많은 책으로 공부를 시켜보세요.
   (2) 노래를 참 잘한다고 계속 칭찬해 보세요.
   (3) 그 사람이 흥미를 가질 수 있는 이야기를 계속 해 보세요.
   (4) 강아지가 좋아하는 음식을 주면서 목욕을 시켜 보세요.
   (5) 재미있는 만화 영화를 틀어보세요.
   (6) 친절한 말로 일을 시켜 보세요.

4.
   (1) 싱겁지 않은 사람이 없어요.
   (2) 안 똑똑한 사람이 없어요.
   (3) 안 비싼 물건이 없어요.
   (4) 안 좋아하는 것이 없어요.
   (5) 믿을 만한 사람이 하나도 없어요.
   (6) 노래를 못 부르는 사람이 없어요.

5.
   (1) 돈을 많이 모아 두었어요.
   (2) 책상 위에 놓아두었거든요.
   (3) 먹어 두었어요.
   (4) 많이 사 두어요.
   (5) 들어 두어야 해요.
   (6) 적어 두었어요.

6.
   (1) 할아버지는 올해 팔순이십니다.
   (2) 새벽 일찍 일어나서 조깅을 하십니다.
   (3) 적게 먹고 몸을 많이 움직이고 욕심 많이 안 내는 것이 자신의 건강 비결이라고 말씀하십니다.
   (4) 고령의 나이에도 불구하고 늘 규칙적이고 꾸준한 운동으로 건강을 유지하시기 때문입니다.

8. 다음 문장을 한국어로 번역하십시오.
   (1) 그는 가족과 친구들을 다 속였어요.
   (2) 우리 가족치고 키 작은 사람이 없어요.
   (3) 장난꾸러기인 동생이 자꾸 언니를 괴롭혀요.
   (4) 너무 더우니까 에어컨 온도를 좀 더 낮춰 주세요.

(5) 내가 편지를 벌써 쓰긴 했지만 그에게 주지는 않았어요.

(6) 수업 시간이 거의 다 됐으니 빨리 아이들을 깨우세요.

(7) 평소에 법률 상식을 공부해 둘 필요가 있습니다.

(8) 선생님이 지각한 학생들한테 교실 청소를 시켰어요.

(9) 노력하지 않는 사람치고 진정으로 성공하는 사람은 없어요.

(10) 제가 없을 때 무슨 일이 있으면 청청을 시켜요.

第16课

1.
　　(1) 밝혀졌습니다.
　　(2) 믿어지지
　　(3) 불리어졌습니다.
　　(4) 이루어지기를
　　(5) 알려진
　　(6) 고쳐지지
　　(7) 켜져
　　(8) 잊혀지지

2.
　　(1) 잡아내야 합니다.
　　(2) 풀어내야 합니다.
　　(3) 암을 이겨 낼 수 있을 것입니다.
　　(4) 꼭 살아야 한다는 의지로 견뎌 냈습니다.
　　(5) 꼭 해내겠습니다.
　　(6) 꼭 이루어내겠습니다.

3.
우리 연구팀은 4년 동안 신약 연구개발에만 매달려 지난 3월 마침내 세상에서 가장 강력한 항암제를 만들어 내었습니다.

4.
　　(1) 지영이가 전학을 간다고 하자
　　(2) 모든 옷을 10원에 판다고 하자
　　(3) 공연이 시작되자
　　(4) 사람들이 쳐다봤어요.
　　(5) 사람들이 서로 먼저 타겠다고 몸싸움을 했어요.

(6) 나무들이 하나씩 쓰러지기 시작했어요.

5.
- (1) 네, 음식이 너무 맛있으니까요.
- (2) 네, 회사 일이 너무 많으니까요.
- (3) 일을 처리하는 속도가 빠르니까요.
- (4) 네, 날씨가 좋으니까요.
- (5) 너무 맛있으니까요.
- (6) 이곳에서 10년을 살았으니까요.

6.
- (1) 공자는 기원전 551년 중국 춘추시대에 태어났습니다.
- (2) 공자는 은나라 귀족의 자손이었지만 젊었을 때 관가의 창고지기와 소와 양을 관리하는 일을 해야만 했을 정도로 가난했기 때문입니다.
- (3) 벼슬길에 올라서도 순탄치 못했기 때문입니다.
- (4) 3천여 명의 제자를 키워 냈을 뿐만 아니라 거대한 유교 문화를 이루어 낸 것입니다.

8. 다음 문장을 한국어로 번역하십시오.
- (1) 김 교수님이 농담을 했더니 엄숙한 분위기가 깨졌어요.
- (2) 세민 씨가 드디어 어려운 상황에서 일등을 해냈어요.
- (3) 저는 그 소식을 듣자 눈물이 나왔어요.
- (4) 내가 오늘 드디어 문수 씨의 연락처를 알아냈어요.
- (5) 유미 씨는 어렸을 때 부모님을 여의고 친척들 손에 컸어요.
- (6) 나는 책을 들자 졸음이 왔다.
- (7) 청청 씨가 드디어 문제를 해결할 방법을 생각해 냈어요.
- (8) —제주도에 갔을 때 왜 한라산에 안 갔어요? —그날 눈이 많이 내려서요.
- (9) 세민이가 내가 칠판에 쓴 글을 지웠어요.
- (10) —오늘은 일요일인데 왜 이렇게 일찍 일어났어요? —친구랑 등산 가기로 약속해서요.

第17课

1.
- (1) 아니에요. 장마철이 바로 지나서 그래요. 장마철이 바로 지나면 더운 법이거든요.
- (2) 급하게 먹으면 체하는 법이지요.

(3) 네, 열심히 하면 좋은 성과가 있는 법이지요.
(4) 교육을 잘 시켜야겠네요. 나쁜 친구들을 사귀면 같이 나빠지는 법이거든요.
(5) 그러면 안 돼요. 아이는 귀여워해 줄수록 버릇이 나빠지는 법이거든요.
(6) 네, 여자는 사랑을 받으면 예뻐지는 법이거든요.

2.
(1) 네, 힘들어 보였는데 시작하고 보니 참 재미있네요.
(2) 아니요. 그러고 보니 이 선생님과 3년 동안 연락을 안 했네요. 이 선생님께 무슨 일이 생겼나요?
(3) 어려워 보였는데 시작하고 보니 별로 안 어려워요.
(4) 네, 처음에는 이기적인 사람인 줄 알았는데 알고 보니 정말 좋은 사람이에요.
(5) 가기 전에는 그냥 그런 곳이라고 생각했었는데 도착하고 보니 아름다운 곳이었어요.
(6) 네, 모르는 사람일 것이라고 생각했는데 만나고 보니 대학 동창이었어요.

3.
(1) 하늘에 구멍난 듯이 비가 쏟아집니다.
(2) 왜 알면서도 모르는 듯이 행동하세요?
(3) 성호 씨가 날 봤으면서도 못 본 듯이 외면하고 지나갔어요.
(4) 왕단 씨에게 무슨 일이 생긴 듯합니다.
(5) 요즘 이 책이 날개 돋친 듯이 잘 팔립니다.
(6) 집안에 불이 꺼져 있는 걸 보니 아무도 없는 듯합니다.

4.
(1) 신사임당은 조선 시대 사람입니다.
(2) 신사임당은 여성으로서의 덕행과 재능을 겸비한 현모양처로 유명합니다.
(3) 신사임당이 친정을 떠나 대관령을 넘어 서울 시댁으로 가면서 어머니를 생각하면서 지은 것이다.
(4) 이 시는 신사임당이 고향을 그리워하는 내용입니다.
(5) <행장기>는 신사임당의 아들 이율곡이 어머니의 효성과 우아한 성품과 예술적 재능을 찬양하기 위해 지은 것입니다.

6. 다음 문장을 한국어로 번역하십시오.
(1) 제가 어제 숙제를 다 하고 보니 이미 12시가 넘어서 전화 못 드렸어요.
(2) 부지런하면 칭찬을 받고 게으르면 지적을 받는 법입니다.
(3) 그 사람은 의사인 듯합니다.
(4) 세민 씨가 요즘 자격 시험을 준비하기 위해 미친 듯이 공부하고 있어요.

(5) —지난주 이 신발이 싸서 샀는데 신어 보니 편하지 않더라고요. —가격이 저렴하면 품질이 떨어지기 마련이에요.

(6) 추운 날씨가 다음주까지 계속될 듯합니다.

(7) 택시에서 내리고 보니 외투를 차에 두고 내렸어요.

(8) —우리 반에서 공부를 가장 잘하는 지영 씨가 전국 백일장에서 3등 밖에 못 했다면서요? —뛰는 놈 위에 나는 놈이 있는 법이에요. 우리는 계속 노력해야 돼요.

(9) 나는 이 책이 쉬운 줄 알았는데 번역하고 보니 내용이 아주 어렵다는 것을 알게 됐어요.

(10) 요즘 내가 독감에 걸려서 머리가 터질 듯 아파요.

第18课

1.

(1) 좀 더 일찍 출발했더라면 안 놓쳤을 거예요.

(2) 평소에 건강관리를 잘했더라면 감기에 걸리지 않았을 거예요.

(3) 네, 평소에 자금 관리를 잘했었더라면 좋았을 텐데 안타깝네요.

(4) 네, 평소에 적당히 쉬어가면서 일을 했더라면 좋았을 텐데 불쌍하네요.

(5) 열심히 공부했더라면 그런 점수를 안 맞았을 거예요.

(6) 조심했더라면 그런 일이 안 벌어졌을 거예요.

2.

(1) 네, 그런데 오늘 출근을 안 하는 대신에 내일 일찍 가야 해요.

(2) 아니요, 선물 대신에 제가 밥을 살 거예요.

(3) 오늘 먼저 가는 대신에 내일 일찍 와야 해요.

(4) 깎아 주는 대신에 많이 사야 해요.

(5) 제가 시간이 없을 것 같아요. 저 대신에 친구더러 도와주라고 할게요.

(6) 성격이 급한 대신에 일을 빨리 처리하잖아요.

3.

(1)

ㄱ: 한국어를 공부할까 일본어를 공부할까 생각 중이에요.

ㄴ: 한국어를 하세요. 중국에 있는 한국 유학생들이 많아서 한국 친구를 사귀기가 쉬워요.

(2)

ㄱ: 약속이 있는데 택시를 타고 갈까 지하철을 타고 갈까 생각 중이에요.

ㄴ: 지하철을 타고 가세요. 지금 이 시간에는 길이 많이 막혀요.

(3)

ㄱ: 올해 결혼을 할까 유학을 갈까 고민 중이에요.

ㄴ: 결혼을 하세요. 유학 가 있는 동안 남자친구가 안 기다려 주면 어떻게 해요?

(4)

ㄱ: 대학원에 진학할까 취직할까 아직 결정을 못 했어요.

ㄴ: 대학원에 진학하세요. 요즘 경제가 안 좋아서 취직하기가 힘들어요.

(5)

ㄱ: 머리를 자를까 기를까 고민 중이에요.

ㄴ: 자르세요. 세민 씨는 짧은 머리가 잘 어울려요.

(6)

ㄱ: 오늘 밤에 공부 할까 데이트하러 나갈까 고민 중이에요.

ㄴ: 공부를 하세요. 내일이 시험이잖아요.

4.

(1) 계림이야말로 중국에서 가장 아름다운 곳이에요.

(2) 에이즈야말로 세상에서 가장 무서운 병이에요.

(3) 좋은 친구야말로 내가 어려움에 처했을 때 헌신적으로 도와줄 수 있으니까요.

(4) 사랑이야말로 이 세상에서 가장 아름다운 것입니다.

(5) 한글 창제야말로 세종대왕이 이룬 가장 위대한 업적이지요.

(6) 열심히 하는 것이야말로 성적이 오르는 지름길입니다.

5.

(1) 낙천적이다

(2) 호기심이 많다

(3) 무뚝뚝하다

(4) 질투심이 많다

(5) 이기적이다

(6) 소심하다

(7) 사교적이다

(8) 적극적이다

6.
   (1)
      성격 - 인내심이 많습니다.
      적성 - 가르치는 것을 좋아합니다.
   (2)
      성격 - 활동적이고 호기심이 많습니다.
      적성 - 글 쓰는 것을 좋아합니다.
   (3)
      성격 - 꼼꼼합니다.
      적성 - 연구를 좋아합니다.
   (4)
      성격 - 적극적입니다.
      적성 - 창조적인 일을 좋아합니다.
   (5)
      성격 - 착실합니다.
      적성 - 주어진 일에 최선을 다하는 것을 좋아합니다.
   (6)
      성격 - 주도적입니다.
      적성 - 다른 사람을 선도하는 것을 좋아합니다.

7.
(1) 우산 장사와 짚신 장사를 하는 두 아들 때문에 걱정이 끊일 날이 없었습니다.
(2) 부정적인 사람입니다.
(3) 생각을 긍정적으로 바꿔 보라고 했습니다.
(4) 긍정적인 방향으로 생각을 바꾸고는 걱정 없이 즐겁게 살아갈 수 있게 되었습니다.
(5) 매사에 긍정적인 태도를 가져야 한다는 것입니다.

9. 다음 문장을 한국어로 번역하십시오.
   (1) 내가 좀 더 노력했더라면 상을 탔을 거예요.
   (2) 이 병원은 시설이 좋은 대신에 치료비가 비싸요.
   (3) ─김 교수님이 댁에 안 계시는 것 같아요. ─오시기 전에 전화했더라면 좋았을 텐데요.
   (4) 세민 씨가 요즘 많이 힘든 것 같아서 내가 도와줄까 생각 중이에요.
   (5) 나는 오늘 회사에 안 간 대신에 집에서 일했어요.

(6) 나는 주말에 영화를 볼까 등산을 갈까 생각중이에요.

(7) 평소에 돈을 많이 절약했더라면 지금 새 차로 바꿨을 텐데요.

(8) —수고했어요. 감사합니다. —저야말로 감사드려야지요.

(9) 나는 일을 먼저 하고 공부할까, 아니면 공부를 먼저 하고 일을 할까 생각중이에요.

(10) 사랑이야말로 이 세상에서 가장 위대한 감정이라고 생각합니다.

第19课

1.

(1) 나는 철석같이 믿었던 친구한테 배신을 당했습니다.

(2) 미스터 김은 게으름을 피우다가 회사에서 파면당했습니다.

(3) 매일 술만 마시고 노름만 하는 선영 씨 남편은 선영 씨한테 이혼당했습니다.

(4) 민수 씨는 떼돈을 벌게 해 주겠다는 사기꾼한테 사기당했습니다.

(5) 지영 씨는 난폭 운전을 하던 차에 치이는 사고를 당했습니다.

(6) 며칠 전 우리 집에 도둑이 들어서 컴퓨터를 도난당했습니다.

2.

(1) 영화표가 모두 매진이 되는 바람에 못 봤어요.

(2) 계단이 있는 것을 못 보는 바람에 넘어졌어요.

(3) 차가 막히는 바람에 늦었어요.

(4) 비가 오는 바람에 등산을 못 했어요.

(5) 네, 컴퓨터를 사는 바람에 다 썼어요.

(6) 전화번호 수첩을 잃어버리는 바람에 연락할 수 없었어요.

3.

(1) 네, 아인슈타인 못지않게 머리가 좋아요.

(2) 네, 젊은 사람 못지않게 건강하세요.

(3) 미스코리아 못지않게 예뻐요.

(4) 정말 그래요. 운동선수 못지않게 잘해요.

(5) 이제는 한국 사람 못지않게 잘해요.

(6) 많이 크죠. 중국의 농구 선수 야오밍 못지않게 크잖아요.

5.

(1) 얼굴을 제일 먼저 봅니다.

(2) 눈빛이 맑은 사람을 아름답다고 생각합니다.

(3) 조각같이 잘생긴 외모보다는 선한 인상을 풍기는 외모를 갖고 싶습니다.

(4) 네, 있습니다. 낮은 코가 제 콤플렉스입니다.

(5) 본인에게 자신감만 줄 수 있다면 성형수술을 해도 괜찮다고 생각합니다.

6.
(1) 중국 여자들에 비해서 세련된 멋쟁이들이 훨씬 많고, 유행에 민감하여 적극적으로 자신의 아름다움을 찾아서 표현하는 방법을 아는 것 같은 인상을 받았다고 했습니다.

(2) 한국 여자들은 큰 키, 볼륨감 있는 몸매, 크고 쌍꺼풀진 눈, 이목구비가 뚜렷한 외모를 미인의 조건으로 꼽는다고 했습니다.

(3) 최고의 미인으로 선발된 여성들이 모두가 동양 미인이라기보다는 서양 미인의 모습을 하고 있었기 때문입니다.

(4) 과거에는 동양적인 미를 가진 여성을 미인이라고 생각했는데 지금은 서양적인 미를 가진 여성을 미인이라고 생각한다는 뜻입니다.

(5) '나'는 얼굴이 동그스름하고 쌍꺼풀이 없는 눈을 한 여자를 미인이라고 생각합니다.

8. 다음 문장을 한국어로 번역하십시오.
(1) 나는 어제 기숙사 근처에서 낯선 두 사람한테 사기를 당했어요.

(2) 눈이 많이 오는 바람에 비행기가 3시간 연착했어요.

(3) 가정 교육도 학교 교육 못지않게 중요합니다.

(4) 아이가 열이 나는 바람에 학교에 못 갔어요.

(5) 달도 태양 못지않게 지구에 큰 영향을 끼칩니다.

(6) —유미가 이용을 당했다면서요? —네, 유미가 너무 단순하잖아요.

(7) 유미 씨 머리 스타일이 바뀌는 바람에 처음에는 알아보지 못했어요.

(8) 어제 갑자기 기온이 떨어지는 바람에 감기에 걸렸어요.

(9) —세민 씨가 왜 입원했어요? —학교 가는 길에 교통사고를 당해서 많이 다쳤다고 하네요.

(10) 그는 화가 못지않게 그림을 잘 그려요.

第20课

1.
(1) 아픈 척했다.

(2) 집에 일이 있는 척했다.

(3) 방해될까 봐 못 본 척했다.

(4) 못 들은 척했다.

(5) 모르는 척했다.

(6) 이사 간 척했다.

2.

(1) 잘한 셈이야.

(2) 이긴 셈이에요.

(3) 충분한 셈이에요.

(4) 잘생긴 셈이지요.

(5) 갚은 셈입니다.

(6) 싼 셈이에요.

3.

(1) 모자를 쓴 채 수업을 하는 것은

(2) 버스 안에서 선 채로 졸고 있네요.

(3) 안 잠근 채 외출하면 사고 위험이 있습니다.

(4) 젖은 옷을 입은 채 돌아다니면 감기에 걸릴 거예요.

(5) 안 읽은 채

(6) 옷을 모두 벗은 채

4.

(1) 못 들은 척하고 그냥 갑니다.

(2) 못 본 척하고 다른 길로 가버립니다.

(3) 바쁜 척하고 안 만나 줍니다.

(4) 시간이 없는 척하고 거절합니다.

5.

(1) 발명되었는지

(2) 실종되었습니다.

(3) 해결해야 합니다.

(4) 결정되면

(5) 추측됩니다.

(6) 체포되었습니다.

(7) 사용될 것입니다.

(8) 정돈하세요.

6.

(1) 병마용이 가장 인상적이었다고 했습니다.

(2) 진시황릉의 병마용은 1974년 3월에 우물을 파던 농부들에 의해 발견되었습

니다.

(3) 진흙으로 만들어진 병마용은 당시의 군대 규율에 따라 독특한 군사 대형으로 늘어서 있습니다. 앞에는 궁수와 사수가, 바깥에는 보병과 전차병 무리가, 뒤에는 갑옷을 입은 호위병들이 줄지어 있습니다.

(4) 수백 개나 되는 병마용 인형들이 각기 다 다른 얼굴 표정과 모습으로 당당하고 씩씩하게 서 있었다는 점이 재미있다고 생각했습니다.

(5) 진시황릉은 그 규모와 위용 면에서 볼 때 우리 인류 역사의 값진 유산이라고 했습니다.

8. 다음 문장을 한국어로 번역하십시오.

(1) 문수 씨는 회사에서 항상 열심히 일하는 척해요.

(2) 다들 다음주에 리포트를 내주시기 바랍니다. 그러면 이번 연수가 끝난 셈입니다.

(3) 사고 원인이 아직 확실하지 않았습니다.

(4) 그는 TV를 켜 놓은 채로 잠들었어요.

(5) —세민 씨는 한국어를 잘합니까? —배운 지 1년밖에 안 되었는데 이 정도면 잘하는 셈이지요.

(6) 네 동생이 기분이 안 좋은가 보다. 지금 침대에 누워 자는 척하고 있어.

(7) 그때 매달 용돈이 500원이었으면 많은 셈이에요.

(8) 회의에 필요한 설비가 이미 다 준비됐어요.

(9) 세민 씨는 무슨 잘못을 한 듯이 계속 머리를 숙인 채 말을 했어요.

(10) 공부할 때에는 모르면서 아는 척해서는 안 돼요.

第21课

1.
(1) 인간답게
(2) 만족스러운
(3) 사랑스럽습니다.
(4) 자유롭게
(5) 부담스러워요.
(6) 슬기롭게

2.
(1) 중국은 세계에서 세 번째로 큰 나라이자 인구가 가장 많은 나라입니다.
(2) 북경은 중국의 수도이자 정치, 문화의 중심지입니다.

(3) 한국의 대통령은 훌륭한 정치가이자 교육자이십니다.

(4) 오늘은 내 생일이자 오빠의 생일이다.

(5) 공자는 위대한 사상가이자 교육자이십니다.

(6) 세종대왕은 훌륭한 임금이자 좋은 남편이었습니다.

4.

(1) 조상에게서 물려받은 전통을 계승, 발전시켜 가야 합니다.

(2) 경제를 더욱 발전시켜 가야 합니다.

(3) 국토의 안전을 지켜 가야 합니다.

(4) 우리의 민간 예술을 지켜 가야 합니다.

(5) 우리의 민간 문화를 보전해 가야 합니다.

(6) 우리의 역사를 지켜 가야 합니다.

6.

(1) 덕수궁에서의 산책

(2) 무료입니다.

(3) 기념 촬영을 하러 왔습니다.

(4) 기분 전환도 되고 정신도 맑아지는 것 같아요.

8. 다음 문장을 한국어로 번역하십시오.

(1) 아버지가 아들의 성공으로 자랑스러움을 느낍니다.

(2) 그는 저의 고등학교 선배이자 대학교 선생님입니다.

(3) 요즘 경제 불황으로 실업률이 대폭 증가했습니다.

(4) 이번 시험은 도전이자 기회입니다.

(5) 이번 눈으로 세상이 하얗게 됐어요.

(6) 할아버지의 건강 상태가 걱정스럽습니다.

(7) 올해 10월 1일은 국경절이자 추석입니다.

(8) 지금 전 세계 경제가 점점 회복되어 가고 있습니다.

(9) 지진으로 인하여 생긴 이재민들에게는 지금 신속하고 효과적인 지원이 필요합니다.

(10) 방이 너무 더워서 꽃들이 점점 시들어 가고 있어요.

제22과

1.

(1) 대학 생활을 하다 보니 사회에 대한 지식이 많이 넓어졌어요.

(2) 한국어 공부를 하다 보니 뜻하지 않게 한국인 회사에 취직이 되었어요.
(3) 이성 친구를 사귀다 보니 학교 성적이 많이 떨어졌어요.
(4) 자주 여행을 하다 보니 세상을 보는 시야가 달라졌어요.
(5) 기숙사에 살다 보니 자신만의 공간이 없어요.
(6) 생각 없이 걷다 보니 여기까지 오게 되었어요.

2.
(1) 네, 힘깨나 쓰겠어요.
(2) 고생깨나 하셨나 봐요.
(3) 재미깨나 있겠네요.
(4) 어머니께 혼깨나 났겠네요.
(5) 은수 씨가 돈깨나 벌었대요.
(6) 내가 젊었을 때는 고생깨나 했죠.

3.
(1) 누군가 나가 봐야겠어요.
(2) 어딘가로 놀러 갈 거예요.
(3) 어딘가에서 만난 거 같아요.
(4) 무언가를 사야겠어요.
(5) 언젠가 꼭 가보고 싶어요.
(6) 누군가가 나 대신 돈을 내 주었어요.

4.
(1) 재미있어서 죽을 뻔했어요.
(2) 힘들어서 죽을 뻔했어요.
(3) 무서워서 죽을 뻔했어요.
(4) 고향에 다녀오느라고 힘들어서 죽을 뻔했어요.
(5) 재미있기는 했는데 너무 힘들어서 죽을 뻔했어요.
(6) 어젯밤에 공포영화를 빌려서 봤는데 무서워서 죽을 뻔했어요.

5.
(1)
ㄱ: 한국 사람들은 식사할 때 특별히 지키는 예절이 있나요?
ㄴ: 그럼요. 어른이 숟가락을 들기 전에 먼저 숟가락을 들면 안 돼요.
(2)
ㄱ: 한국 사람들은 집들이를 갈 때 어떤 선물을 사 가지고 가나요?
ㄴ: 화장지와 세제를 많이 사 가지고 갑니다.

ㄱ: 그래요? 무슨 의미가 있나요?

ㄴ: 일상생활에서 가장 필요한 생필품이기 때문입니다.

(3)

ㄱ: 한국 사람들은 아기의 돌잔치 때 어떤 선물을 하나요?

ㄴ: 반지를 많이 해 줍니다.

(4)

ㄱ: 한국 사람들은 어른과 술을 마실 때 지키는 예절이 있나요?

ㄴ: 네, 술잔을 들고 고개를 옆으로 돌려서 마셔야 합니다.

(5)

ㄱ: 한국 사람들은 어른 앞에서 담배를 피워도 됩니까?

ㄴ: 안 됩니다. 하지만 어른이 권할 때는 피워도 됩니다.

(6)

ㄱ: 한국 사람들은 어른 앞에서 어떻게 앉습니까?

ㄴ: 단정한 자세로 앉습니다. 두 다리를 쭉 펴거나 다리를 꼬고 앉아서는 안 됩니다.

(7)

ㄱ: 한국 사람들은 웃어른께 어떻게 물건을 줍니까?

ㄴ: 두 손으로 공손히 드립니다.

(8)

ㄱ: 한국 사람들은 축하나 조의를 표하는 자리에 무엇을 가지고 갑니까?

ㄴ: 돈을 가지고 갑니다.

6.

(1) 틀리다

(2) 맞다

(3) 틀리다

(4) 맞다

8. 다음 문장을 한국어로 번역하십시오.

(1) 온종일 책상 앞에서 공부하다 보니 목과 허리가 아프네요.

(2) 그 가수는 90년대에 인기가 깨나 있었어요.

(3) 오늘 세민 씨의 옷차림은 어딘가 좀 이상한 것 같아요.

(4) —무슨 소리예요? —밖에서 누군가 문을 두드리고 있는 것 같아요.

(5) —된장찌개를 좋아하세요? —처음엔 별로 맛이 없는 것 같았지만 자주 먹다

보니 점점 좋아하게 되었어요.

(6) 방금 외투를 입지 않고 밖으로 나갔다가 얼어 죽을 뻔했어요.

(7) 오늘 파티에 이름깨나 있는 사람도 참가할 거라고 들었어요.

(8) 요 며칠 동안 이가 너무 아파서 죽을 뻔했는데 오늘은 꼭 병원에 가야겠어요.

(9) 언젠가 이 식당에 와본 적이 있는 것 같아요.

(10) 요즘 일이 너무 많아서 바빠 죽을 뻔했어요.

第23课

2.

(1) 여러분 안녕하십니까! 이곳은 2008년 베이징 올림픽 개막식이 펼쳐지고 있는 베이징 올림픽 스타디움입니다. 잠시 전 60억 전 세계인의 꿈의 축제가 시작되었습니다. 이곳 올림픽 스타디움은 8만 명의 관중들의 환호와 열기가 가득 차 있으며, 인류의 평화와 환경을 주제로 한 다양한 공연이 펼쳐지고 있습니다. 잠시 후면 그리스 선수단을 필두로 본격적인 선수단 입장식이 진행될 예정입니다. 이번 올림픽에는 중국을 비롯하여 전 세계 205개국 10,500명의 선수가 참여합니다.

(2) 시청자 여러분 안녕하십니까! 저는 지금 2002년 한일월드컵 폐막식이 열릴 일본 요코하마 월드컵 경기장에 나와 있습니다. 조금 전 브라질과 독일의 결승전이 끝나고 이곳 월드컵 경기장에서는 폐막식 준비가 한창입니다. 관중들은 자리를 뜨지 않고 2002년 한일월드컵의 마지막 축전을 기다리고 있습니다. 오늘 폐막식에는 일본 고이즈미 총리와 김대중 대통령을 비롯하여 한국과 일본의 정재계 인사들이 대거 참석합니다.

3.

(1) 아니에요. 가끔 피우기도 합니다.

(2) 바닷가에 놀러 가기도 하고 친구를 만나기도 했습니다.

(3) 꽃을 선물하기도 하고 인형을 선물하기도 합니다.

(4) 운동을 하기도 하고 노래방에 가서 노래를 부르기도 합니다.

(5) 참기도 하고 싸우기도 합니다.

(6) 집에서 텔레비전을 보기도 하고 친구를 만나러 나가기도 합니다.

6. 다음 문장을 한국어로 번역하십시오.

(1) 세민 씨, 성형에 대한 자기의 생각을 한번 말해 보세요.

(2) —청청 씨, 기분이 나쁘면 보통 뭐 해요? —노래를 부르기도 하고, 쇼핑을 하기도 해요.

(3) 이 영화는 다음주에 영국을 비롯한 많은 나라에서 상영될 겁니다.

(4) 중국과 한국 지도자들이 북경에서 경제협력에 대해 협상을 할 겁니다.

(5) —유미 씨는 채식주의자예요? —아니에요. 가끔 고기를 먹기도 해요.

(6) 북경에는 만리장성을 비롯한 많은 명승고적이 있어요.

(7) 한국에 대해서 아는 것이 많아요? 한국에 대해 아는 것을 한번 말해 보세요.

(8) 우리 회사에서는 주로 휴대폰을 비롯한 많은 통신제품을 생산하고 있습니다.

(9) —문수 씨, 퇴근한 후에 보통 뭐 해요? —운동을 하기도 하고 친구를 만나기도 해요.

(10) 이것은 이번 행사에 대한 소개이니 여러분의 적극적인 참여 부탁드립니다.

第24课

1.

(1) 흥부의 형인 놀부가 아버지가 물려 주신 재산을 모두 빼앗고 집에서 내쫓았기 때문입니다.

(2) 아니요. 먹을 것을 달라고 하는 흥부를 화를 내며 쫓아냈습니다.

(3) 다리가 부러진 제비를 치료해 주었기 때문입니다.

(4) 제비가 물어다 준 박씨를 심었는데 박에서 금은보화가 나왔기 때문입니다.

(5) 도둑질을 한 줄 알고 화를 내며 흥부네 집에 찾아갔습니다.

(6) 스스로 제비 다리를 부러뜨린 후 치료해 주었습니다.

(7) 제비가 물어다 준 박씨를 심었는데 박에서 도깨비들이 나와 집을 모두 부수고 집에 있던 물건들을 몽땅 가지고 갔기 때문입니다.

(8) 놀부를 찾아가 자신의 집에 머물게 했습니다.

第25课

1.

(1) 얼마 전까지만 해도 사람이 집안일을 직접 했는데, 요즘은 전자제품을 많이 이용하기 때문에 가사 일이 쉬워졌습니다.

(2) 저는 얼마 전까지만 해도 몸이 허약했는데 요즘은 무척 건강해졌습니다.

(3) 얼마 전까지만 해도 상해의 도심이 한적한 편이었는데 요즘은 무척 번화해졌습니다.

(4) 몇 달 전까지만 해도 북경, 서울 간 항공편이 자주 운행되지 않았는데 요즘은 하루에도 몇 차례씩 매일 운행되고 있습니다.

(5) 얼마 전까지만 해도 젊은이들의 옷차림이 보수적이었는데 요즘은 자유롭고 개방적입니다.

(6) 몇 년 전까지만 해도 물이 깨끗했는데 요즘은 수질오염이 심해서 물을 사 먹어야 할 지경입니다.

2.
(1) 계속 무단횡단을 하다가는 교통사고를 당할 거예요.
(2) 계속 놀기만 하다가는 이번 시험을 망칠 거예요.
(3) 계속 돈을 물쓰듯이 쓰다가는 거지가 될 거예요.
(4) 계속 이렇게 술을 마시다가는 몸이 망가질 거예요.
(5) 계속 쓰레기를 함부로 버리다가는 경찰에 잡혀서 벌금을 낼 거예요.
(6) 계속 병원에 가지 않다가는 큰일 날 거예요.

3.
(1) 그나마 사람이 다치지 않아서 다행이에요.
(2) 그나마 사람이 다치지 않아서 다행이에요.
(3) 크게 다치지 않아서 그나마 다행이에요.
(4) 그나마 저축한 돈이 있어서 다행이에요.
(5) 평소에 어머니 속을 많이 썩였는데 오늘이나마 마음을 편히 해 드려서 다행입니다.
(6) 적은 돈이나마 아프리카의 기아들을 도울 수 있어서 다행이에요.

4.
(1) 공부하러 도서관으로 가데요.
(2) 매일 12시간씩 공부를 하니까 늘데요.
(3) 한 시간이 지나도 안 오데요. 그래서 그냥 집으로 갔어요.
(4) 나보고 자기 물건을 훔쳤다고 하데요. 너무 화가 났어요.
(5) 민수 씨가 며칠 동안 학교에 안 오데요.
(6) 제주도로 여행을 갔는데 4일 내내 비가 오데요.

5.
(1) 일회용품에는 일회용 컵, 일회용 젓가락, 일회용 비닐봉시 등이 있습니다. 일회용품은 한 번 쓰고 버리는 것이기 때문에 사용하기 편합니다. 하지만 자원을 낭비하고 환경을 오염시키는 단점이 있습니다.
(2) 소음 공해, 대기 오염, 수질 오염 등이 있습니다.
(3) 쓰레기 분리수거, 세제를 적게 사용하기 등이 있습니다.
(4) 쓰레기 종량제는 주민 각자가 배출하는 쓰레기양에 따라 시·군·구가 판매

하는 규격봉투를 사용하여 지정된 장소에 쓰레기를 내놓으며 재활용품은 무료로 따로 수거해 가는 것을 말합니다. 그리고 쓰레기 분리수거는 쓰레기를 종이류, 의류, 고철류, 병류, 플라스틱류 등으로 분리해서 수거하는 것을 말합니다.

8. 다음 문장을 한국어로 번역하십시오.
   (1) 오전까지만 해도 이가 안 아프더니 지금은 아파 죽을 지경이에요.
   (2) 비가 이렇게 계속 내리다가는 홍수가 날 거예요.
   (3) 자주 만나지 못하면 메일이나마 자주 보내면 좋을 텐데요.
   (4) 내가 지난주에 이 식당에 와봤는데 냉면이 아주 맛있데요.
   (5) —청청 씨는 한국어를 잘하지요? —네, 일 년 전까지만 해도 한국어로 대화할 수 없었는데 지금은 한국 뉴스도 알아들을 수 있어요.
   (6) 이렇게 밥을 잘 먹지 않다가는 몸이 약해질 겁니다.
   (7) —지금 북경의 지하철이 편리하지요? —네, 10년 전까지만 해도 1호선과 2호선밖에 없었어요.
   (8) 세민 씨는 외국 여행 도중에 소매치기를 당했는데 다행히 여권을 잃어버리지는 않았대요.
   (9) 이렇게 계속 놀다가는 나중에 후회할 거예요.
   (10) —청청 씨가 한국으로 출장 갔다면서요? —집에 있던데요. 금방 만났거든요.